海外中国研究丛书

———

到中国之外发现中国

毁灭的种子

战争与革命中的国民党中国（1937—1949）

Seeds of Destruction

Nationalist China in War and Revolution, 1937-1949

[美] 易劳逸 著
王建朗 王贤知 贾 维 译

江苏人民出版社

图书在版编目(CIP)数据

毁灭的种子:战争与革命中的国民党中国(1937—1949)/
[美]易劳逸著.—南京:江苏人民出版社,2009.1(2024.1重印)
(海外中国研究丛书/刘东主编)
书名原文:Seeds of Destruction:Nationalist China in War and Revolution,1937-1949
ISBN 978-7-214-04814-1

Ⅰ.①毁… Ⅱ.①易…②王… Ⅲ.①中国国民党—研究
Ⅳ.①D693.74

中国版本图书馆 CIP 数据核字(2007)第 156503 号

Seeds of Destruction:Nationalist China in War and Revolution,1937-1949
Copyright ⓒ 1984 by the Board of Trustees of the Leland Stanford Junior University
Chinese translation rights ⓒ 2007 by Jiangsu People's publishing House
Translated and published by arrangement with Stanford University Press
All rights Reserved
江苏省版权局著作权合同登记号:图字 10-2005-285

书　　名	毁灭的种子:战争与革命中的国民党中国(1937—1949)
著　　者	[美]易劳逸
译　　者	王建朗　王贤知　贾维
责 任 编 辑	康海源　王翔宇
装 帧 设 计	陈　婕
责 任 监 制	王　娟
出 版 发 行	江苏人民出版社
地　　址	南京市湖南路 1 号 A 楼,邮编:210009
照　　排	江苏凤凰制版有限公司
印　　刷	南京新洲印刷有限公司
开　　本	652 毫米×960 毫米　1/16
印　　张	18.5　插页 4
字　　数	250 千字
版　　次	2009 年 1 月第 1 版
印　　次	2024 年 1 月第 12 次印刷
标 准 书 号	ISBN 978-7-214-04814-1
定　　价	59.00 元

(江苏人民出版社图书凡印装错误可向承印厂调换)

序"海外中国研究丛书"

中国曾经遗忘过世界，但世界却并未因此而遗忘中国。令人嗟讶的是，20世纪60年代以后，就在中国越来越闭锁的同时，世界各国的中国研究却得到了越来越富于成果的发展。而到了中国门户重开的今天，这种发展就把国内学界逼到了如此的窘境：我们不仅必须放眼海外去认识世界，还必须放眼海外来重新认识中国；不仅必须向国内读者逡译海外的西学，还必须向他们系统地介绍海外的中学。

这个系列不可避免地会加深我们150年以来一直怀有的危机感和失落感，因为单是它的学术水准也足以提醒我们，中国文明在现时代所面对的绝不再是某个粗蛮不文的、很快就将被自己同化的、马背上的战胜者，而是一个高度发展了的、必将对自己的根本价值取向大大触动的文明。可正因为这样，借别人的眼光去获得自知之明，又正是摆在我们面前的紧迫历史使命，因为只要不跳出自家的文化圈子去透过强烈的反差反观自身,中华文明就找不到进入其现代形态的入口。

当然,既是本着这样的目的,我们就不能只从各家学说中筛选那些我们可以或者乐于接受的东西,否则我们的"筛子"本身就可能使读者失去选择、挑剔和批判的广阔天地。我们的译介毕竟还只是初步的尝试,而我们所努力去做的,毕竟也只是和读者一起去反复思索这些奉献给大家的东西。

刘　东

目 录

中译本序　1

原　序　1

第一章　地方和中央：云南对重庆　1

第二章　农民、赋税与国民政府的统治：战争年代　37

第三章　农民、赋税与革命：战后年代　66

第四章　国民党的政治内幕：三民主义青年团　86

第五章　国民党的政治内幕：革新运动　106

第六章　抗日战争时期的国民党军队　130

第七章　与共产党作战的国民党军队　161

第八章　蒋经国和金圆券改革　176

第九章　谁丢失了中国？——蒋介石的自辩　212

结　论：暴风雨与革命　224

Bibliography　234

参考书目　259

译后记　272

中译本序

1949年,中国共产党打败国民党,对美国政界来说,无疑是一个冲击。早在1947年,冷战的飓风已经把华盛顿的政治舞台吹得寒气逼人,而中国共产党领导人民翻身解放,又大大增强了那儿的反共逆流。1950年2月9日,即中华人民共和国诞生后的四个月,参议员麦卡锡在一次演说中宣称:"在我手上,掌握着一份为国务卿所熟悉的205人的名单,他们是共产党分子,然而却至今还操纵和支配着国务院的政策。"不久,参议员麦卡锡虽然将他名单上的"叛国者"裁减到只剩81人,但是,他讲辞的主旨依旧如故:在美国,共产党和共产党的同情分子影响了美国的对华政策,结果,美国不能给予有力的援助以防止蒋介石政权的垮台。

在最近几十年的美国历史上,对这些人的无休止审查——他们"将中国丢给了共产党",成了最可悲的冤案之一。国务院内,最富有经验和学识的中国问题专家,诸如谢伟思、戴维斯和范宣德等人,由于他们目睹了国民党政权的腐败和积弱,预感到(而不是鼓励)共产党的胜利,而被麦卡锡和他的反共伙伴们诬为共产党同情分子,断送了前程。在各个大学,一流的汉学家,像拉铁摩尔和费正清,也受到了类似的诽谤。结果,即使在学术论文和大学讲台上,只要流露出一点对共产党中国的赞赏,就会危在旦夕。因此,在美国,对中国问题的研究,受这种歇斯底里的反共压制达十几年之久。

到了20世纪60年代中期,随着反共淫威的收敛,人们才可能重新认识到中国共产党在革命斗争中的胜利,是因为它有坚强的组织和正确的军事战略,也是因为国民党政权失掉了所有社会阶层的普遍支持。不久,学者们对共产党革命运动历史的研究就为我们提供了一个了解解放区和共产党的革命战略的基础,尽管这还不太详细。

但是,当我在着手写《毁灭的种子》这本书时,还很少有学者研究国民党统治区的问题和探讨蒋介石失败的原因。那时,我们对国统区的了解主要是依据一些西方记者的新闻报道、国务院的报告以及对国民党进行揭露的书籍(像陈伯达的《中国四大家族》),然而所有这些东西都只能被看作"片面的""虚假的",甚至是"共产党的宣传"。因此,作为一个历史学家,就迫切需要研究国民党失败的真正原因。

在写《毁灭的种子》一书的过程中,我力图用确凿而无可辩驳的材料来分析国民党失败的原因。很快,我了解到实现这一目标的最好材料是国民党自己的出版物。通过与台湾地区的"国民党党史会"和"调查局档案馆"的广泛合作,我得以阅读了大量的国民政府出版的书籍、文章和报告,如兵役部公布的报告以及国防部对反共战争的正式讲评。而且,我还惊奇地发现,在蒋介石的文章和讲演集里,他对国民党政权内部的实情常常是直言不讳的。

我的研究成果,就是面前的这本书。它主要依据国民党自己的文件,说明了1949年的失败不是因为缺少美援,而显然是由于国民党自身的弊病和分裂,诸如腐败无能、纪律废弛。本书的英文版出版后不久,雷利·桑德兰(他是一部重要的关于战时在华美军历史的三卷本著作的作者)在给我的一封私人信函中曾对本书做了一个非常恰当的评价,我想,这也是我在写《毁灭的种子》过程中渴望做到的。他写道:"我可以毫不夸张地说,对国民党失败这一问题的新近研究会由《毁灭的种子》而得以开拓。它使我们联想到佛利兹·费希尔《寻求世界霸权》一书的出版(德国,杜塞尔多夫,1961年版)。在费赖堡档案馆,费希尔接触了德意志帝国政府的来往文件。我的印象是在此以前,学者们大量依据的外交文书只能有限地用日记和回忆录来补正,而这些东西自身也值得怀疑,甚至解释不清。1961年,事实取代了臆测。因此,有关德国战争罪行的新近研究是由费希尔起步的。同样,你的工作也是一个开端。谨致祝贺!"

我希望中文版的读者们也会发现这本书是精彩的和有价值的。

易劳逸

原　序

1927年4月18日，国民党在蒋介石的率领下，建立了南京国民政府。数日之前，虽然蒋介石在上海血腥镇压了共产党人，但新政府还是在群情鼎沸之中接管了权力。国民党的统治似乎预示了一个平安、繁荣和民族自强的新时代，尤其是在这个国家被军阀混战耗尽民力，为外国列强鱼肉凌辱之际。

然而，革命者不约而同地发现，治理国家要比夺取政权更艰难。孙中山的革命计划，民主、国家独立和发展经济，提出的是一个难以捉摸的目标。从1927年到1937年，国民党并没有能够解决国家在政治、经济和社会等方面的种种困难。经济的衰退，日本的侵略和中国共产党人的起义，削弱了国民党改革派的决心，耗费了新政权的物力。国民党统治的头四年，到处是地方实力派的反抗，他们有时单干，有时联合。结果，在1937年7月日本全面侵略中国之前，国民党政府大约只有六年安定的时间来推行其复兴计划。

不过，在这十年的最后一两年里，还是出现了一些吉祥之兆。经济稳步上升，各省似乎和中央政府取得了协调一致，民众也基本上对政府抱着新的乐观态度和良好愿望。特别是1936年9月两广事变的和平解决,以及蒋介石在西安事变后三个月返回南京,更大大提高了国民党政府的声望。因此,在当时的一些中外观察家看来,国民党政权大概是能够实现其初衷的。①

正是这些假象掩盖了蕴藏着的积弱和动荡。其实,国民党政权在推行其政策、计划,在改变根深蒂固的中国社会的政治习俗方面,很少表现出有何统治能力。它的存在几乎完全依赖于军队。事实上,它只有政治和军事的组织机构,而缺乏社会基础。它与生俱来就是所有政治体制中最为动荡的体制之一。

毋庸讳言,这个政权是和社会脱节的。社会中的集团和个人,譬如一些资本家、地主、学生或爱国团体,偶尔也能够对一些具体政策的制定和执行施加压力。但是,并不存在常规的沟通渠道,可以对政府产生作用。这种状况,就像亨廷顿(Samuel P. Huntington)指出的:"各种集团都可以各显神通,表现出它的独到之处和能力。商人行贿,学生骚动,工人罢工,流民抗议;还有军队政变。"②国民党政权难以摆脱这些外界的影响,同样,这些影响也很少对他有所触动。

随着抗日战争的爆发,为爱国热情所激起的广大民众,暂时忘却了这个政权所固有的弱点。尽管国民党军队在华东、华北全线崩溃,但蒋介石还是全国公认的领袖。1938年10月以前,蒋介石的司令部设在武汉,于是民众就把高昂的士气和热情誉为"武汉精神",以激励所有的政治团体,包括在国民政府领导下共同战斗的中国共产党。

但是,不到十年,世界就发生了彻底的变化,国民党政府失去了所

---

① 人们通常用"政权"这一术语来指他们不喜欢的政府。我引用这一术语出于不同原因,即表现国民党政治状态中不可预测的力量可能存在于国民党、前国民政府以及军队三者中的任何地方。此处并无任何轻蔑的用意。
② 亨廷顿,《变化中的社会政治秩序》,第196页。

有社会阶层的支持。军队缺乏战斗力,知识阶层,包括学生、教师和专业技术人员,绝大多数早已对这个政权不抱幻想。农民、城市工人,甚至商业阶层(如一向对共产党百般恐惧的资本家)也对这个政权失去了希望。与此同时,中国共产党却不断强大。到1948年中,他们的军队在数量上已经超过了国民党。这支军队具备无与伦比的坚强战斗力。他们富有革命的热忱,而这恰恰是国民党所缺乏的。因此,上帝的旨意,如果有的话,迅速而决定性地倾向于共产党人。到1949年1月21日,蒋介石被迫放弃总统职位,心灰意冷地引退到老家浙江溪口,最后来到台湾。八个月后,和平之神降临北京城门,毛泽东宣布中华人民共和国诞生。

是什么原因导致了1937年至1949年的政治巨变呢?是因为抗日战争的巨大负担,把国民党政权推向了失败的边缘,是像国民党人长期以来争辩的那样,因为美国政府在内战的关键时刻背叛了国民政府,中止了对国民党的绝对支持和物质援助,还是因为1937年以前就业已暴露的种种弊病,使这个政权在40年代同共产党斗争时,变得更加脆弱?

为了回答这些问题,我采取了类似地质学家研究地球形成的方法,不仅仅限于对表面特性的描述,也不奢望一览无遗。地质学家的方法是,在众多的断层中摘取一系列典型例子。这样,就能具备丰富的材料,对整个结构的形成和发展,提出假设性意见,避免陷于就事论事。

在我的研究中,主要材料来自1937年到1949年这段历史中国民党政权的许多典型事例。通过对这些事例的具体分析,就可以揭示出许多隐藏于政治现象之下的力量,从而,对历史的动力——它规定了中华民国的必然趋向及国民党最终败于共产党——作出恰当的评价。

当然,这个方法的成功,主要依靠对选择的事例所作的深入分析。

在这本著作中,选择事例的标准是典型性和可研究性。典型性要求事例充分反映国民党统治的各个方面。这样,再对其做仔细的研究,就能勾画出国民党统治的总的特点和过程。可研究性要求包含这些事例的材料是丰富的,能产生出有意义的真知灼见(有几次,在我研究一些事例时,由于所需的材料未能具备,所以只能放弃这种努力)。因为,如果对这些材料的研究工作带有选择性的话,那形成的看法将会是片面而经不起推敲的。因此,我认为事例的典型性和可研究性将有助于我们对两个方面都能有所了解,即国民党政权和1949年前的中国革命进程,也有利于研究现代中国的学生们推进他们对这段风云激荡的历史的学习。

本书的第一章所研究的第一个题目是,战时建立于重庆的国民党中央政府同以龙云为首的昆明地方政权的关系。早在1966年,谢里登(James E. Sheridan)就用"军阀主义余孽"来说明1928年后国民党政府尽管表面上统一了全国,实际上由割据军阀控制的地方政权仍然顽固存在。① 但是,很少有人认识到,甚至在20世纪40年代后期,这种军阀主义余孽依然深深地潜伏在这个政权的躯体之内。抗战爆发后,由于蒋介石的许多嫡系部队在战争初期就遭到了覆灭,因此,国民党政权内的政治离心力加大了。照地方军阀看来,中央政府的力量已经相对削弱。这种变化的政治后果是不同寻常的。从此以后,蒋介石政府的领导地位和声望不断遭到挑战。抗战期间,云南势力同中央政府屡次发生公开的矛盾冲突,仇视和猜忌一直延续到战后的年代里,这也许加速了国民党在同共产党斗争中的失败。

中央政府和地方军阀们不能统一,是国民党政权机制的致命弊病。但是,这种分裂状况的病因是什么呢?如果中央政府对地方军阀

---

① 谢里登,1966年发表的《中国军阀:冯玉祥一生》,第14—16页。

采取其他的措施,能否解决这个问题呢?这正是我们在下面的研究过程中,需要寻找答案的问题。

总的看来,中国共产党的革命是现代"农民革命"的典型例子。现有的关于这场革命所做的研究,主要侧重于共产党控制地区的农民以及他们对农民的政策,但是,对国统区的农民则完全忽略了。在本书的第二、三章内,希望通过对国民党政府与农民关系的研究,弥补这方面的忽略。抗战期间,国民党主要从农民那儿获得人力、财力和粮食的供给以支持战争。因此,农民的安乐是受国民党政策和行为影响的。例如,1941年,国民政府对征税办法进行了改革,开始收取土地实物税而不是货币税。与此同时,各级行政机构也把其他的一些税项加在农民身上。通过对各种税则及其对农民所产生影响的研究,可以入木三分地看到这个政权下猖獗的营私舞弊活动。更重要的是,它揭示了政府同税收的承担者农民和在乡村政治生活中起决定作用的地方士绅的关系。在此需要强调的是,如同第一章所说,国民党政权机制内的一系列弊端来自中央政府,因此它从未有效地把它的权力贯彻下去。它不得不向地方乡绅退让,允许他们来决定谁应该纳税及交纳多少。在农村中,无权无势的人被迫承担不合理的税收负担。无论在战时或战后,农民对这些及其他一些不平等现象的反应,诸如无休止的征兵拉夫,显然损害了国民党政府和军队的声誉。

本书所介绍的第三个研究成果是国民党的内幕政治。这是国民党黑暗政治制度的内容之一。因为在这个政权内部,一些实质性的行动和关系往往为宣传和公开的声明所掩盖。然而,非常偶然的是,我发现了这样两件事例可以说明问题,即三民主义青年团和革新运动。通过一些亲身经历者的证词,我们可以认识到国民党派系斗争之深与国民党和国民政府的积弱。

开始,我并未计划把三青团的研究作为本书的一个内容。因为,在我想来，它无非是一个对学生进行控制和煽动的组织。我认为，它对分析国民党政权的整个性质并无帮助。然而，随着研究工作的不断深入，尽管我对这方面的研究还没有真正展开，但我开始挖掘三青团同国民党之间矛盾冲突的线索，我决定密切注意有关这个方面的材料。台湾当局对我的这种好奇心抱以冷淡的态度。例如，我曾同"立法院"的一位首脑进行过会谈，他以前是三青团的高级干部。在回答有关三青团同国民党的关系时，他严肃地正告我：两个组织之间根本不存在什么矛盾冲突，他们有共同的革命意志，紧密团结。

事实完全不是这样。三青团的领导视国民党为老朽无能。他们认为取代国民党应该是这个政权的重大政治步骤。因此，接踵而来的就是激烈的抢班夺权，以及三青团成员对他们的政敌所给予的肆意攻击。

同样是一种巧合，我发现了1944年至1947年国民党的一场改革运动，名叫革新运动。在我早期的研究工作中，我从未听说过此次运动。秋日的一天，当我在台北"国民党中央党史会"查阅档案时，意外地发现了一种名叫《革新周刊》的杂志。在这里面，有一些著名的国民党人写的文章，他们对国民党和国民党政府的揭露，如同共产党一样尖锐。冥思苦想之后，我开始在台北的其他一些档案馆和图书馆收集有关革新运动的出版物。结果是，由此披露的政治内幕并不亚于三青团提供给我们的材料。

从三青团到革新运动的研究结果，我们看到国民党政权早已分崩离析。国民党人除了个人及派系的利益之外，根本没有共同的奋斗目标。对三青团和革新运动的揭露，说明国民党政权内的民主化要比外界想象的大一些。

国民党政权机构的支柱是军队。军队赋予了这个政权实力，从此以后，它也就依赖于军事力量继续生存下去。本书第六、七章的内容说明,抗战期间,国民党军队极其虚弱。在开战的第一年,它就蒙受了极大的、无可挽回的损失,随后他们的战斗力异常低下。第六章所分析的腐败现象,具体体现在军队军官的素质。征兵制度的施行和军队医疗服务的状况上。这些现象还说明,在抗日战争最后的艰苦决战中,国民党军队普遍表现出士气低落。

在第七章中,我指出了这样一个问题,即在同共产党进行的内战中,国民党军队的素质并没有得到改善。1950年,国民党军方曾经对反共战争做过评讲,正是在这些广泛的材料基础之上,该章的结论是共产党军队已彻底战胜了国民党军队。那些参加过这次评讲活动的国民党将领不仅承认他们的军队士气严重低落,战斗意志消沉;而且对他们对手的领导风范、献身精神和战斗能力大为赞许。这一章还有力地驳斥了这样一种看法,即国民党的失败,是因为美国政府的背叛,造成了武器弹药的缺乏,但是造成军事溃败的真正原因是什么呢?

运用地质学家的方法,我们在第八章中深入到了1948年8月至10月金圆券改革的政治和经济环境之中。这年夏天,通货膨胀失去控制,为了阻止与政治崩溃接踵而来的经济崩溃,国民党政府推行了货币改革,以3 000 000:1的兑换率,用金圆券取代法币。同时,政府宣布冻结物价和工资,希望用行政命令来阻止通货膨胀。

在上海,负责执行这次改革的是蒋介石的长子蒋经国。据我们所知,与其他国民党官僚比较,小蒋是非常廉洁的,而且热切希望币制改革能够成功。但是,70天的改革恰恰被证明是失败的。

对金圆券的研究,从微观方面剖析了战后国民党政权在经济和政治方面的种种病根。它说明了通货膨胀的不可避免,以及由此给人民生活带来的深重灾难。最后,它说明了因经济崩溃而付出的政治代价。作为未来国民党的领导人,蒋经国的风格和固有的思想意识,也在其中表现得淋漓尽致。一些对这方面做过研究的学者早已指出,这也是决定国民党命运的一段小插曲。

最后一章研究了在大陆最后挣扎的日子里,蒋介石对他的军队和政权机构方面所做的评价。在此,我们看到,蒋介石坦率地承认了蒋家王朝的种种弊病以及国民党内不断的矛盾冲突才是国民党被共产党打败的原因。因此,蒋介石对国民党人的这种怒斥,使人们不敢相信:还有谁会这样写呢!

如果说蒋介石公开承认了其政权的种种弊端,那为什么他不能加以弥补呢?如果我们能够回答诸如此类的问题,那我们就能比较好地理解20世纪40年代的中国革命了。

易劳逸

第一章　地方和中央：云南对重庆

按照魏德迈将军的说法，"委员长远不能算是一个独裁者，事实上仅仅是一帮乌合之众的首领而已。他常常难以保证推行自己的命令"①。说蒋介石不是一个独裁者，只讲对了一半。九州之地，蒋介石的手脚能够触及的地方，他的飞扬跋扈往往是独裁和专制的楷模，譬如，他会心血来潮地杀死一个贪官污吏或败军之将。但是，有一点魏德迈将军可以自信地说自己对了，那就是蒋介石以及国民党政府的权力往往受到各种牵制。

即使在那些国民党政府直接控制的省份里，基层权力机构也会由若干中央政府驾驭不住的地方士绅来把持。几乎有一半的军队是受一些并不绝对服从中央命令的将领指挥。在20世纪40年代的整个十年间，许多省是在既不忠于蒋介石，而又擅自巧立军政名目的"省主席"统治之下的。因此，如果以当代西方的国家观念来衡量，和同时代的欧洲国家相比，中国并不能算是一个现代的民族国家。这一事实对抗战中国民党的言行举止不无影响，显然也促使了它在1949年的垮台。

战前十年，国民党中央政府竭尽财力，一心想扩大它的统治区域。到1937年，中国版图的一半已不同程度地受其领导。但是，随着抗日

---

① 魏德迈，《魏德迈报告》，第323页。

战争的爆发,国民党对一些省份的政治控制程度大大减弱了。由于日本人很快占领了人口稠密、相对发达的省市,而这些地方是国民党中央政府政治和经济的立足之地,因此,1938年底,蒋介石及其政府就不得不退入国民党统治最薄弱的大西南。在那儿,封疆大吏们对中央政府充满着猜疑、敌视和戒备之心。

例如,1937年春天,在四川的地方杂牌军和中央军几乎酿成火并,只是在经过一番紧张而又微妙的谈判之后,才消除了重庆和南京之间的龃龉。1938年1月,四川省主席刘湘在南京的医院咽气之后(他八成死于胃癌),他的老婆和川军部下又大声指控中央政府是为了搬掉执掌川政的障碍,才将他暗杀的。于是,四川的实力派拒绝张群接替刘湘当省主席。八年全面抗战,川省的"诸侯",像潘文华、刘文辉、邓锡侯,就自始至终抵制着中央政府对战时天府之国的觊觎。①

抗战期间,阎锡山同重庆的关系更是一面镜子,反映了国民党的政治联合体是多么脆弱。战端初开,阎锡山就被任命为第二战区司令长官和蒋介石手下的军事委员会副委员长。可是,八年间,他从来没有莅临过重庆,更没有同蒋介石见过一面。虽然山西大部分地方已落入日本人和共产党手中,但他盘踞一隅,俨然是一个独立王国。阎锡山建立了自己的政党,名为民主革命同志会。他决不容忍中央军进驻第二战区,并且背弃了他为中央政府和蒋介石效命的诺言。尤其是1942年后,他发展了与日本人密切而亲昵的关系,甚至在日本人占领的太原建立了双方的联络处。

在阎锡山看来,战争后期,日本人对他的威胁远不如中央政府。据阎军的一个将领讲,在第二战区,写在墙头标语中的"敌人",首先指的是共产党。在阎锡山的名册上,二号敌人是时不时吓唬和插手山西

---

① 卡普,1973年发表的《四川与中华民国》,第121—141页。

事务的中央政府,下一名是日占区的汉奸,最后才轮得上日本鬼子。①

每个省同重庆中央政府的关系各有特点。有些省,像贵州和浙江,是绝对服从重庆的。另外一些省,如广东,军事长官余汉谋的忠诚度则为重庆深信不疑的省主席李汉魂所弥补。云南则大不一样,很难说它属于这类关系中的哪一种。但是,如果我们研究一下该省的具体情况,就能够看到一些对蒋介石脆弱的政治联合体至关重要的因素。

抗战爆发以后,云南才在国家政治中享有一席之地。但是,就文化和种族而言,云南还是化外之地。它离加尔各答比上海更近,缅甸和法属印度支那和它毗邻。如果以内地的标准衡量,它的人口稀疏、土地贫瘠,而且大半部分算不上汉化。法国人占有昆明到河内的铁路,为云南首先触及外部世界提供了便利,也输进了法兰西的雪茄、枪支、文化以及经济渗透。在省会昆明,颇有法国风味,鳞次栉比的法国公馆和住宅坐落在熙熙攘攘的中国街区中。一点不假,直到 1940 年,驻昆明的美国领事馆在其财务报告里还多半用法国比塞塔作货币单位,而不是云南当地货币。② 然而,云南人对一切外来势力都心存戒备,不管是法国人还是中国人。在整个过程中,他们把自己深深地禁锢在封闭自守之中,倔犟的感情壁垒抵制住了中央政府的介入。

20 世纪 30 年代和 40 年代,云南的军阀是龙云(1888—1962)。龙云出身于省内最大的少数民族之一彝族,他很少涉足家乡云南境外。年轻的时候,他参加过活跃在云南的半公开的秘密会社。1910 年,22 岁的龙云投靠了云南省武备学堂校长唐继尧。唐收下他当了一名学生兵,从那时一直到 1927 年,他们俩星月同升,交相辉映。辛亥革命后,唐继尧成了中国西南主要的政治实力派。在他手下,龙云确实从

---

① 美国战略情报局文献 XL24905,1945 年 10 月 29 日;《新民报》(重庆),见 1945 年 10 月 28 日《中国新闻评论》;谢伟思,第 57—61 页;《亚美杂志论文集》,第 1 卷第 767—775 页。
② 铂金斯致国务院函,1942 年 8 月 31 日,美国国务院文件,893.00 中国云南/162,第 8 页。

军阀和国民党杂乱无章的政治中学会了不少东西。这位乖巧的学生,终于在1927年发动了一场政变,赶走了恩师,取而代之当上了云南省主席。到1945年被蒋介石拉下台来,龙云始终是云南政治中的土皇帝。①

关于龙云的评价众说纷纭。在有些人看来,特别是国民党中央政府的走卒看来,龙云简直就是一个怙恶不悛的军阀和鸦片鬼。除了自家和自省的私利外,他对什么都冷若冰霜,他的官僚衙门也是没落腐败的。实际上,如果按照那个时代的标准来看,龙云还算是一个克己奉公、进步廉洁的地方军阀。他虽没能缔造一个繁荣昌盛的云南,但还是肃清了长期侵扰民生的匪患。虽然他自己无可挽回地沉溺于吞云吐雾之中,但在1934年11月明令取缔毒品种植和买卖后,禁烟获得了很大的成效。从1936年到1937年,云南省政府的财政收入,已经主要来自于矿山工厂,而不是鸦片。除了现代化的企业外,龙云还在城市环境和公共卫生事业上颇有建树。他在这方面获得了名符其实的荣誉。因此,在邻省四川,军阀的横征暴敛骇人听闻,在云南则鲜有所见。龙云似乎赢得了他的大多数臣民的拥戴。②

云南是中国版图中最大的省份之一,它相当于法国的两倍。可是,在20世纪30年代,龙云从来没有成为主要的政治实力派。③ 抗战以前,他的军队人数只有三四万,经济基础非常薄弱。他必须在军阀当道的暗礁浅滩中,谨小慎微,匍匐前趋。除偶尔对贵州窥视一眼外,龙云实在无心卷入外界事务。小心谨慎,忍让为怀,好自为之,使邻省

---

① 波曼编,《中国人物传略词典》,第2卷第457—459页,第3卷第223—225页;霍尔,第56—61页。我感谢约翰·霍尔先生对本书早期版本提出的意见。
② 霍尔,第119—169页。
③ 四川在1928年之前是中国本土中最大的一个省,在1928年分成四川和西康两个省。云南省在1934年的总人口仅有1 200万人。见张肖梅《云南经济》,第A29页。

和他相安和睦,对他敬重有礼。

当然,在20世纪30年代,对所有的地方军阀来说,中央政府是最凶狠的敌手。18年来,龙云以圆滑老练的手段顶住了中央的压力,却也难以扭转乾坤。屈指数来,龙云真是20世纪30年代最支持国民党政府的地方首领之一。1930年,当军阀联合意图在北京另立政府时,云南的军队向李宗仁、白崇禧领导的桂系军队发起了攻击。在1936年的两广事变中,龙云又禁止犯上作乱者退入云南,并通电拥护南京政府。蒋介石在西安遭到扣押,他立即表示愿意率部"清剿",还在檄文中把张学良骂得狗血喷头。当时,一家地方报纸登载龙云的话说:"张学良不仅孩子气,而且怀有二心,是一个地地道道的笨蛋和疯子。"①

还在20世纪30年代初时,由于国民党政府鞭长莫及,也就只能对云南庶民百姓的身家性命不理不睬了。国民党在云南设立的党部机构,因为得不到省政府在财政和其他方面的关照而名存实亡。1934年,国民党在政府衙门、军队和学校中推行新生活运动。但是,在云南,除了特别的时候如1935年5月蒋介石巡视滇省外,是很少有人再会念及此事的。偶尔,南京派出的代表团也很注重地质调查和卫生情况,不过来去匆匆,对云南的事业影响甚微。

到了1935年,中央政府开始在省内修筑公路,因为举世闻名的长征把共产党领进了西南边陲。五万多国民党中央军追踪而入,花费了大量的法币,以致街头巷尾都谣传中央银行不久就要在云南开办分行。1935年9月,中央军校在昆明成立分校。许多滇军军官还被送入中央政府在南京、杭州和四川开设的军事学校进修先进技术,有人认

---

① 1937年12月的政治报告,美国国务院文件,893.00中国云南/111,第4页,又见铂金斯致国务院函,1942年8月31日,美国国务院文件,893.00中国云南/162第22页,以及霍尔,第179—180页。

为还包括接受政治训练。南京开始集资筹划建筑公路。①

因此,抗战前夕,中央政府在云南人的心目中已不是虚无缥缈的幻影了。经过一系列的变故,龙云也应付自如了。他算计着如何尽可能快地让剿共的中央军退出云南,并且立刻收回流通在市场上的法币,稳定省币的独家经营。结果,龙云一方面巩固了他的半独立地位,另一方面又至少博取了蒋介石不可多得的青睐。当一帮中央军校昆明分校的学生要求撤销龙云省主席职务时,蒋介石甚至还扶了他一把,并将肇事者关进了牢房。② 在1935年至1936年间,蒋介石还奖赏了龙云一大把的头衔,有剿匪第二路军总司令、滇黔绥靖公署主任,乃至国民党中央监察委员。

尽管这些材料足以证明龙云已是国民党政府的忠实支持者,却很难说他对统一国家和国民党的主义就有了透彻的想法。显而易见,他只是实用主义地接受这样一个事实:中国的未来掌握在中央政府手里,而不在地方军阀手里。因此,和中枢机关保持一定的周旋对他是有利无弊的。这就像美国国务院的官员得到的印象一样,他是在"小心翼翼地走平衡木"③。

随着抗战爆发,国民党政府节节败退内地,云南和中央政府的关系也就发生了实质性的根本变化。在此之前,云南在中央政府日理万机的军政要务中只占墙头一角,南京也无须强求它对自己恭恭敬敬、俯首帖耳,如今则非同一般。云南是国民党统治区内最重要的省份之一,其地位仅次于四川,它是中央政府人力、财力和物力的关键产区。

---

① 1935年9月的政治报告,美国国务院文件,893.00 中国云南/84,第5页;1935年8月的政治报告,美国国务院文件,893.00 中国云南/83,第3页;关于公路和铁路的发展,见张肖梅,第7—9章。霍尔前引书第170—180页仔细地描述了长征之后至抗日战争前期间云南省政府和中央政府的关系。
② 1936年4月的政治报告,美国国务院文件,893.00 中国云南/91,第7页。
③ 铂金斯致国务院函,1942年8月31日,美国国务院文件,893.00 中国云南/162,第23页。

因此,在国民党中央政府的眼里,当务之急就是如何稳住云南,使其顺从君命。

在战争初期的几个月里,龙云对抗战会助一臂之力呢,还是对中央政府釜底抽薪呢?蒋介石心中实在没底。因此,他以为不能贸然命令龙云出兵打日本,而有必要先派人探询一下龙云是否真有此打算。实际上,在1938年初,龙云就已经派了三个师的兵力开赴抗战前线,似乎并没有犹豫不决的模样。① 然而,眼下蒋介石并不相信龙云的肝胆誓言。1938年1月,曾经盛传蒋介石要撤掉龙云的省主席或许便是一例佐证。②

当日本挑起战衅,无数的云南子弟群情激昂地投入反侵略的洪涛中时,战争压下的重担却把云南人民的一腔热血化成了国民党的涓涓细流。在云南,万事如潮涌,三年的变迁超过了以往30年的总和。中央政府的影响也就夹着这种变化浸透进来。因此,比起其他人来,云南的当权者自然更要千方百计地防止自己权势的倾倒。于是,到1939年中,云南同国民党中央的关系几乎接近决裂的程度了。

这种变化事出万端。例如,战争刚刚打响不久,云南就成了国民党统治区通向外部世界的主要门户。1938年,武汉和广州相继沦陷。不幸中万幸的是,恰巧在这个时候缅甸公路通了车,而且其终点的一头就在昆明!这样才保证了外界的援助没有完全被堵死。不久,两条全天候航线把云南和四川又联结了起来。这样,战争期间,昆明机场简直是中国最忙碌的地方了。它主要应接来往于重庆、香港(直到1941年沦陷)和印度的各式航班,同时,也是美国空军飞越"驼峰"喜马

---

① 金典戎,第24—25页;乔家才,第112—115页;唐德刚和李宗仁,第321—322页;张文实,第62页。
② 1938年1月的政治报告,美国国务院文件,893.00中国云南/112,第5页,迈尔致国务院函,1938年1月29日,美国国务院文件,893.00/14218,附件一第1页,附件二第1页。

7

拉雅山后的落脚之处。

瞬息之间，在文化和经济方面，云南也汇入了民族大家庭中。到1938年，大约有六万名逃难者拥入滇省。不敢说绝大部分，但确实有许多人在昆明安了家（这里战前不到143 000人[①]）。他们中间许多是中高层的社会名流，其影响和人数是不成正比的。如今昆明变成了办教育的中心。在战前，全省唯一的一所大学是名不见经传的云南大学，可是，1938年，全国最出色的三所高等学府，北京大学、清华大学和南开大学，组成了西南联合大学，再加上其他几所残缺不全的学校，星罗棋布地散落在昆明城内外。一夜之间，昆明从文化沙漠脱胎成知识界、文化界和政界人士施展本领的中心。

自从1935年以来，云南已经跨入了最现代化的工业发展时期。但是，战争又把一批新的工厂安置在昆明城乡内外。负责发展国防工业和重工业的国家资源委员会特别看准了这块地方，它既便于国民党接近缅甸公路，又远离前线战场。在这儿先后盖起了中央机械厂和电器装配厂。前者于1940年初开始生产发动机和机床设备；后者则在1939年7月就已出产铜芯、铁芯、电线、灯泡、电池以及电话。中国银行在昆明开办了棉纺织厂，军令部也设立了一家光学仪器厂。到1939年8月，共有49家企业从华东迁到了云南。[②]

这股商学齐下的热浪打破了云南百姓恬然自得的封闭状态，但是他们并不阻挡。工业的增长给云南创造了前所未有的繁荣，昆明当局一再鼓励投资，促进工业发展和农业复兴。然而，不管是公路、厂矿还是学校，也给中央政府从中渔利、施加影响，大开了方便之门。因此，

[①] 铂金斯致国务院函，1942年8月31日，美国国务院文件，中国云南893.00/162，第17页，昆明的人口数字见张肖梅前引书第E12页。又见陈达《现代中国人口》第51页。
[②] 铂金斯致国务院函，1942年8月31日，美国国务院文件，893.00中国云南/162，第4—5页，张肖梅前引书第15章；《蒋介石的云南中央化工作》第35—36页。

在 1938 年至 1939 年间,双方关系已萌发出紧张的端倪。

令人费解的是,战争头几年里,云南同重庆的争执与政治和军事并不相干。在这些方面,蒋介石深知云南人过于敏感。除此之外,倒是在银行金融、财政经济和对外贸易等范围内,摩擦有增无减。因为云南已经身不由己地被拖进了国民党政府的经济轨迹中去。

例如,云南之所以能成为半个世外桃源,支柱之一就是省政府有力地垄断了银行金融和货币发行。虽然中央政府在 1935 年 11 月颁发了币制改革命令,宣布法币(国民党政府发行的货币)是流通国内市场唯一合法的货币,可是,在云南主要使用的仍然是省政府自己开办的新富滇银行发行的钞票。1937 年 12 月,中央银行在昆明开设了分行①,业务经营也仅仅局限于办理个人存款和推销军费债券。这种活动很难插足新富滇银行对全省经济的操纵,所以,云南当局也并不把它放在眼里。但是,到 1938 年,中央银行借昆明分行之手开始发行法币,这就威胁到云南的地位了。于是,新富滇银行赶忙公布云南钞票和法币兑换率,想以此堵住法币的灌入。在 1939 年 5 月的几天里,云南方面甚至根本拒绝承认法币。② 不过,最终还是失败了,因为法币通过其他渠道源源不断地倾泻进来。在云南,中央政府雇佣的工作人员数目大幅度上升,像国家资源委员会和中央航空学校(1938 年迁滇)所属的企业,工人都以法币支付薪金。另外,逃难者和络绎不绝的过路客也都腰缠法币。因此,在 1939 年中,云南钞票还能打些折扣用于结账,到 1942 年时,法币就支配一切了。③

---

① 1937 年 12 月的政治报告,美国国务院文件,893.00 中国云南/111,第 6 页。
② 迈尔致詹森函,1938 年 1 月 29 日,美国国务院文件,893.00/14128,第 2 页;1939 年 5 月的政治报告,美国国务院文件,893.00 中国云南/126,第 4 页。
③ 铂金斯致国务院函,1942 年 8 月 31 日,美国国务院文件,893.00/中国云南 162,第 9 页。云南的一些边远地区,在 1944 年仍然普遍使用云南本地货币。见《美国外交文件》1944 年,第六卷第 375 页。

与此同时，其他几家国有银行也都趁火打劫，欲在昆明抢占地盘。财大气粗的中国银行董事长宋子文，决意在1938年11月开行就市。后来，只是由于昆明当局设置了重重障碍，才被迫于12月匆匆鸣锣收兵，将人员撤往香港。一位在昆明的美国官方人士说，中国银行的让步，"在此地看来，说明合作的可能性破灭了，它也是一份下给省行（新富滇银行）的战书"①。

然而，祸不单行，云南方面再也无力抵抗中央当局的威逼了。到1939年初，国民党的四大银行，包括中国银行在内，都在昆明和其他城市开办了银行业务。云南经济陡然间改头换面，使新富滇银行根本无法应付日益增加的银行贷款以及外币兑换的需求。因此，中央政府各银行的崛起，将无可挽回地削弱云南方面对省内经济的控制。这些银行有足够的资金，并且慷慨解囊，为复兴农业而贷款，特别是为振兴云南的工业而集资加股。于是，对它们的谴责声不久也就偃旗息鼓了。②

先破篱消藩，继之以赏钱来安抚云南百姓的怒气，中央政府的这套把戏在争夺税收方面一样昭然若揭。抗战初期，国民党中央宣布将接管所有由各省处理和掌握的"国家"税收项目，如盐税等等。对此，昆明当局首先表示反对。最终，在中央政府允许云南方面提取出相当于盐税收入的"截流"数目后，彼此也就善罢甘休。即使这样，从长远来看，掌管税收这一权柄的丢失，对云南的自主也不是什么好兆头。但是，这毕竟还是一场美满的离异，它顾及了各方面的

---

① 塞哈德致国务院函，1939年1月12日，美国国务院文件，893.00 中国云南/14300，第1页；又见铂金斯致国务院函，1942年8月31日，美国国务院文件，893.00 中国云南/162，第8页。
② 铂金斯致国务院函，1942年8月31日，美国国务院文件，893.00 中国云南/162，第7—8页。

面子。①

正当同中国银行的斗争达到白热化时,1938年12月,汪精卫的叛逃更是火上浇油,加剧了昆明和重庆之间的猜忌。② 12月18日,汪精卫给自己赋予了和日本人谈判结束战争的使命,他脱离重庆的第一站就是昆明。龙云是一位众所周知的亲汪派人物③,眼下,汪精卫当然希望能说服龙云和其他几位西南军事首领,像张发奎等,响应他的"和平运动"。

12月19日,汪精卫同龙云在密室会谈中干了些什么无从知晓。事后,龙云声称他告诫汪说他的计划根本不合实际。可是,重庆却如坐针毡,因为在随后的几个月里,龙云的言行举止足以令人担忧他很可能参与了汪精卫的阴谋。例如,1939年1月10日,他竟然明目张胆地不参加在重庆召开的各省首脑会议。香港的一位汪派富翁,辗转送给昆明300万元,表面上说是支持滇省的财政改革计划,实际上大概算是争取龙云援汪的一种贿赂吧。④

终于,龙云在2月10日向报界发表了谈话,可是含糊其辞。他否认同汪精卫的"和平运动"有何联系,声称拥护中央政府继续抗击日本侵略的政策。同时,他又补充说如果日本人同意在民族平等的基础上对待中国,他也不反对"和平运动"。汪精卫去了河内,龙云也没有和他断绝来往。一直到5月2日,汪从河内潜回到国内日占区一个星期

---

① 铂金斯致国务院函,1942年8月31日,美国国务院文件,893.00中国云南/162,第11—14页。一个类似而又更尖锐的争论焦点集中在中央政府认为云南的特别损耗税完全非法。在中央政府看来,云南的特别损耗税是完全非法的,它只不过是1931年由南京政府废除的"厘金"税的变换形式。双方就此进行了激烈的争吵,一直到1942年重庆方面同意向云南提供与先前税收大致相等的补贴后,才算平息。
② 关于汪的背叛,见博伊尔《1937—1945年中日战争》及邦克《和平阴谋》。
③ 刘健群,第127页。
④ 1939年2月的政治报告,美国国务院文件,893.00中国云南/123,第7页。

后,龙云这才正式予以谴责。① 虽然汪精卫叛逃的闹剧很快就收了场,但是肯定留下了无穷的后患,它加剧了云南和中央政府势不两立的局面。

为了争夺云南日益扩大的对外贸易控制权,一场新的冲突又爆发了。自从汉口和广州沦入敌手后,国民党统治区的对外贸易只能通过云南这条渠道。可是云南省府竟然公开与中央当局作对,向来往货物征收类似厘金的过路税,还美其名曰特别损耗税,这成了云南数量最大的单项财政收入。② 此外,云南还自行其是,出口了大批的茶叶、生丝、桐油、各式皮毛和猪鬃。锡是云南主要的出口商品,是省府税收的摇钱树,也是新富滇银行大宗资金的财源。③ 因此,云南方面对此讳莫如深,并且在1938年10月定下规矩,垄断所有锡的出口。结果,在中央政府想统管所有金属物资之前,云南已经捷足先登了。

1939年初,中央政府开始逼近了。2月,国家对外贸易委员会在昆明成立办事处,跟着交通部通知省府除锡之外,它将对云南所有出口物资执行检查。到4月,重庆明令禁止地方政府对其他各省路经云南出口的商品征收特别损耗税。④

这对云南省政府的经济建设无疑是毁灭性的一击。龙云暴跳如雷,奋力抗争。6月,美国国务院接到的报告说,"由于对龙云主席的金兰之好缺乏信心,重庆当局已经准备着手对云南进行全盘接管"。与此同时,中央政府在滇省边界频繁调动军队。⑤

---

① 1939年2月的政治报告,美国国务院文件,893.00 中国云南/123,第7页;1939年5月的政治报告,美国国务院文件,893.00 中国云南/126,第4页。
② 张肖梅前引书,第U32—33页和U4—49页;铂金斯致国务院函,1940年2月12日,美国国务院文件,893.51/7060,第3页。见第10页注①。
③ 铂金斯致国务院函,1942年8月31日,美国国务院文件,893.00 中国云南/162,第10页。
④ 铂金斯致国务院函,1942年8月31日,美国国务院文件893.00 中国云南/162,第10页。
⑤ 裴克致国务院函,1939年6月3日,美国国务院文件,893.00/14381,第1—2页。

为了扩大战果,7月,重庆宣布它将保证掌管全国所有的对外贸易项目。这就是说,中央政府不仅要征收进出口关税,把吃在云南嘴里的肉掏出来,这是破天荒的,而且还要对全部出口物资,包括锡在内实行垄断控制。

昆明并不示弱,刹那间就反手一击。龙云规定任何云南产品,没有领到新富滇银行贸易许可证的,一律禁止出口。这样,只要滇省银行拒绝发放许可证,云南这条出口渠道也就彻底被卡死了。于是,双方在重庆摆开了一轮马拉松式的谈判。昆明来的代表决意要解决的不仅仅是有关对外贸易和锡的争吵,还包括中央政府和省之间一揽子的问题。这时双方的关系像是绷紧了的弦,一拉就断。8月,由云南一方提出的达成和解的议案全部遭到否定,他们只得返回老家。重庆方面也不敢稍有麻痹,密切注视着滇军的调动情况。结果,在四个月里,没有一两锡或任何云南物资运出云南境外。①

云南的第二批谈判代表前往重庆后,双方终于在1939年10月12日达成协议。显然,中央当局再一次做出姿态,以免背上恣意孤行、欺诈地方利益的嫌疑。妥协促成了和解。从此以后,云南省全部出口贸易都由国家对外贸易委员会昆明办事处掌握,但是,办事处必须由双方派出的代表联合组成。锡、桐油、茶叶和猪鬃的出口由中央政府垄断;作为赔偿,中央每年付给云南省政府160万元的补贴费。这笔数目也许大大超过了云南方面因为放弃出口权益而牺牲的利益。②

伴随着10月中旬的和解气氛,国民党中央和云南之间似乎又恢复了风平浪静。只要一有机会,龙云就重申他对中央政府的赤胆忠

---

① 迈尔致詹森函,1939年10月19日,美国国务院文件,893.00/14457,第5页;铂金斯致国务院函,1942年8月31日,美国国务院文件,893.00 中国云南/162,第10页。
② 铂金斯致国务院函,1942年8月31日,美国国务院文件,893.00 中国云南/162,第1—5页,9—11页。

心,还信誓旦旦,决心要干掉卖国贼汪精卫。① 10月19日,一位美国官方人士报告说:"现在,从政治上看,云南对国民党中央来讲算是平安无事了。"②这个估计,未免有点过于乐观了。实际上,云南和重庆之间的关系只是跨入了一个新的更关键的阶段。

迄至此时,云南与重庆之间的相互倾轧,焦点还是在经济问题上。其中缘由昭昭在目。国民党必须在内地打下战时经济的底子,而云南显然适于建立一个战略基地。它远离日本人的进攻,蕴藏的自然资源不计其数,可以和天府之国四川媲美。更有利的是,云南拥有通往河内和缅甸的公路河道,这使昆明一跃而转变成全国对外贸易的主要集散地,当然也就同时会在金融和税收方面结出意外的硕果。

但是,要云南有意识地顺应这种经济地位的变化,的确是一个痛苦的过程,因为它的经济自主将会由此遭到损害。国民党政府自知要达到把云南纳入战时经济体制中的目标,唯有在财政方面给予赔偿。事实上也确实如此,每次潜在的破裂都是靠巨大的补贴,为省内经济复苏提供贷款,或在云南方面所有的企业中投入资本等方法加以弥合的。到1939年10月,经济上七高八低的大皱褶算是熨平了。

现在,政治上的分歧又蹿上了浪尖。还在1939年9月,中央政府就决心要勒紧套在各省脖子上的绳索。结果,四川省主席王缵绪被派军职出省作战,由蒋介石亲自代理省主席职务。10月,中央政府又命令云南调遣两个军的兵力去湖南前线;与此同时,中央军却奉命进驻云南境内。③

这项命令直接威胁到了龙云对云南的控制。因此,虽然陈诚将军(军委会政治部部长)和蒋介石本人都私下造访过昆明,可龙云还是一

---

① 1939年10月的政治报告,美国国务院文件,893.00中国云南/131,第4—5页。
② 迈尔致詹森函,1939年10月19日,美国国务院文件,893.00/14457,第4页。
③ 《蒋介石的云南中央化工作》,第36—37页。

口回绝了重庆的雅意。11月,当中央军向云南省界开进时,龙云也向他的部队发出了动员:坚决打退那些不义之师的攻击。然而,龙云毕竟是胳膊拧不过大腿,迟至1940年初,中央军的第一个师终于获准在云南驻防,算是一种让步,蒋介石又将龙云晋升为军事委员会委员长滇黔行营主任。这是一个有职无权的虚位,除了每月取10万元的开办费外,不负任何军事上的责任。①

重庆的一只脚已经踏进了门槛,当然要把另一只脚也伸过来。它强硬地坚持要派更多的中央军到云南驻防。国民党的高级官员也像穿梭似的出入春城,忙得不亦乐乎,其中包括总参谋长何应钦和陈立夫(国民党中央社会部部长),这表明龙云正受到削弱。1940年8月,龙云当众拒绝了何应钦提出的将剩余的中央军放进云南的请求,并且毫不客气地说,由于省内兵马过多,肯定会出现粮食供应极端紧张的后果。② 开始,龙云还自信如果把驻守在别处的云南军队抽回来,那么力量就会超过小股的中央军。但是,1941年的后半年,中央军已经遍布整个云南,到1943年3月,他们在数量上也大于滇军,占四比一的优势。③

国民党中央要把他的一套政治班底搬进云南,以便驾驭省府的企图不免又埋下了冲突的祸根。1939年,由于统一战线的建立而激发出来的融洽和睦的政治热情开始降温了。在国民党统治区,中央政府的一些特务机构——大多数嫡属于臭名昭著的"中统"和"军统",以及三

---

① 《蒋介石的云南中央化工作》,第32—41页;《云南政治经济形势》,第27—30页;铂金斯致国务院函,1942年8月31日,美国国务院文件,893.00中国云南/162,第20页;《东亚日志》,1940年1—6月,第1卷第5部分第84页。
② 1940年8月的政治报告,美国国务院文件,893.00中国云南/141,第4页;铂金斯致国务院函,1942年8月31日,美国国务院文件893.00中国云南/162,第20—21页。
③ 铂金斯致国务院函,1942年8月31日,美国国务院文件,893.00中国云南/162,第20—21页;卢登致高斯函,1943年3月5日,美国战略情报局文献34044,第2页;荣斋,第121—122页。

15

民主义青年团陆续被雇用来充当武力推销一个主义和政令统一的工具。可是，龙云也像其他几个省的军事首领一样，注意到如果对国民党的政治反对派予以庇护的话，那么他就能在政治上赢得主动权。这或许是因为反对派的责难常常叫中央当局陷于尴尬窘迫的境地，或许是因为把这种对一个"江河日下"的政府所抱有的不满情绪积蓄起来的话，就能够在民众中提高自己掺杂着云南人种族优越感的声望了。

因此，在中央当局的高压迫害下，特别是在1941年香港沦陷，不再是一个政治避难所之后，昆明却成了中国自由主义知识分子的伊甸园。曾任西南联大教授和国民参政会会员的罗隆基，抗战期间对国民党政府进行了猛烈的抨击，以致重庆在1941年恼羞成怒地下令解除了他上述的两个职务。但是，罗隆基反而受到了龙云的礼遇。1944年，当国民党政府坚持要把他驱逐出云南时，龙云一口回绝，并不软不硬地回答说他会严密监视罗隆基的。①

罗隆基是1941年成立的中国民主政团同盟（编注：1944年10月10日后改称中国民主同盟，简称"民盟"）的领导人之一。事实上，正因为同盟的宗旨是反对国民党的专制独裁，所以龙云才和他一拍即合，交了朋友，甚至具结庇护。龙云始终否认在经费上资助过同盟，但实际上，在他济济一堂的"参议"中，则任用了同盟的几位领导人，包括潘光旦、潘大逵以及罗隆基。在同盟出版的刊物碰上经济拮据时，龙云也曾经慷慨解囊，帮助度过困境。此外，一般人都知道，龙云在昆明的公馆有一半充作了西南联大的宿舍。能在这里享受衣食住行照顾的，不是中央政府派来的党徒，而是一些自由主义习气很浓的教授学子。②

长此以往，龙云是不会和中央政府内死守政治道统的僵硬派同舟

---

① 石博思备忘录，1945年2月27日，美国国务院文件，893.00/2—2745，第2页。
② 徐乃力，《国民参政会和中国战时问题》，第149页；张文实，第16、42页。

共济的。1939年9月,三青团在云南建立了支团筹备会。① 可是,龙云在第二年就禁止他们再去中山大学开展组织分团的活动。他甚至下令逮捕了三青团的几个负责干部,一直到重庆出面交涉后,才释放了他们。确实,龙云和三青团的关系非常糟糕,结果,在1940年4月,一名狂妄的三青团员竟然竭力怂恿龙云的一位厨师在饭中下毒。② 抗战期间,虽然三青团没有被撵出云南,却也不像在其他地方那样上蹿下跳,抛头露面,完全受国民党的操纵。

龙云要把国民党中央的特务驱赶出云南,也是不可能的。因为几乎所有中央政府的企业、军事机构或者党部组织都附带有"统计调查"的业务。他们在省内刺探情报,甚至在滇军内部煽风点火,只是不敢过分出格。据1944年的一份报告说,这大概是因为龙云曾经让中央政府保证,要收敛国民党特务在云南的活动。③

在云南,更多的政治自由体现在当地的报纸杂志拥有相当的发言权。西南联大的师生们出版了许多小型的刊物,譬如《学生报》《民主周刊》等等。这些东西,不管在重庆还是在西安,即使他们的政治评论客观、公道、不露锋芒,也休想活过一个星期。除此之外,由省府官办的《云南日报》,有时也是旗开一面,对中央政府的政策予以辛辣的抨击。④

熟知龙云的人谁也不会相信他的这种自由开放,除了逢场作戏,给自己捞取一个政治上主动有利的面具之外,还会有什么他念。在云南,对龙云自身的批评不能得到宽容。尽管如此,在八年全面抗战中,

---

① 1939年9月的政治报告,美国国务院文件,893.00 中国云南/130,第4页。
② 《东亚日志》,1940年1—6月,第1卷第5部分第85页。
③ 兰顿致国务院函,1944年7月14日,美国国务院文件893.00/7—1444,第2页;1944年12月1日,美国战略情报局文献 L50379,第1页;美国战略情报局文献 355.2/AX1231S/c2,第3页;裴克备忘录,美国国务院文件,893.00/15319,附件一第4—5页。
④ 石博思备忘录,1945年2月27日,美国国务院文件,893.00/2—2745,第1—3页。

如果不算桂林的话，在国民党统治区内，昆明还是要比其他大城市享有更多的政治自由。国民党当局对龙云的最大怨恨之一，就是他"窝藏左倾分子，结果把昆明变成了共产主义的温床"①。

在 1939 到 1942 年间，虽然云南和国民党中央的关系时常恶化，然而，也只是在这场旷日持久的战争进行到严峻的 1943 年时，隐藏的病菌才开始一并发作。在此之前，通货膨胀一直比较缓慢，可是从这一年起，它破坏了国民党政府的整个经济和社会基础。官僚衙门贪污成风；工业经济在这年 9 月猛然下跌；军心涣散，士气低落。国民党里外受挤，一片怨声载道、冷嘲热讽。

当国民党政权意识到自己已经病入膏肓，政治上更加虚弱无力时，借着战争的延迟，它开始变本加厉地倾向集权专制，或确切地称之为独裁。蒋介石对任何批评毫不忍耐，孤身独影，一心只想把权力操纵在自己手里。1943 年 12 月，美国驻华大使高斯（Clarence Gauss）注意到，"蒋介石……似乎愈来愈渴望，事无大小，都必须向他面呈细报了"②。

和蒋介石的这种架势相呼应，在整个国民党统治区，政治迫害日益加剧；而在国民党内，各种反动势力扶摇直上。特务分子更是有恃无恐。教育界受到了严密的监视，一些进步人士，像自由派的记者萨空了等，也都当上了政治犯。新闻检查成了窒息言论的棍棒。国民党几个派系中最蛮横霸道的 CC 系分子，又重新昂首挺胸，在中央党部各机关中（不是在政府部门内）取代了那些不重思想单求实用的人物。③

---

① 李宗黄，《李宗黄回忆录》，第 4 卷第 215 页。
② 高斯致国务院函，1943 年 12 月 10 日，美国国务院文件，893.00/15214，第 2 部分第 2 页，又见《美国外交文件》，1944 年，第 6 卷第 493 页。
③ 到 1944 年 5 月，CC 系已占绝对优势，它的成员控制了国民党中央执行委员会第十二次全体会议的一切活动。见高斯大使致国务院函，美国国务院文件，893.105/93，1944 年 6 月 8 日。

第一章 地方和中央：云南对重庆

这个时候，即使像龙云这样的地方实力派，也嗅出了政治空气中的这股霉味。他们有点害怕，因为他们明白蒋介石加紧独裁所暗藏的杀机不仅仅是针对民主人士和共产党，也是针对他们这些地头蛇的。他们感到愤恨，因为他们自知蒋介石是在趁战争的机会把各省的杂牌军赶到前线同日本人打仗。他们觉得嫉妒，因为蒋介石的嫡系部队独吞了美国人根据租借法案提供的物资，而他们的军队只能穿着破衣烂衫，吃着粗茶淡饭，扛着烂枪烂炮。因此，庄莱德（Everett F. Drumright）在1943年4月报告说："一方面是国民党政府的九五之尊，一方面是地方军阀的半信半疑。就是在这层面皮之下，包裹着凄楚和仇视之情。"①

眼看着一对一敌不过重庆的手腕，于是，最迟在1943年春，各地的实力派人物开始互相试探有没有联合起来一致对抗中央政府的可能。出于不同的动机，民主政团同盟也怀着对国民党政府同样的仇恨，参加了这次密谋策划。

到了1944年4月，当这场密谋还在酝酿中时，日本人发动了豫湘桂战役。这是日本人在中国打得最凶猛的一仗，主要想摧毁设在华东华南一带的中美空军基地。除了在衡阳前线，陈纳德的第十四航空队、薛岳将军的部队激战了六个星期外，日本人简直是轻而易举地开辟了从华北到印度支那的通道，尽管还不太稳固。到1944年12月，豫湘桂战役进入白热化的程度时，日本人要想进攻云南和四川的意图似乎是肯定无疑的了。②

对中央政府来说，豫湘桂战役造成的政治影响几乎和军事后果一样，是一场灭顶之灾。日本人得意洋洋地戳穿了国民党政府的腐败、

---

① 庄莱德致范宣德函，1943年4月26日，美国国务院文件，893105/93，第2页。
② 《大东亚战争》第617—629页；罗曼纳斯和桑德兰，《史迪威指挥权问题》，第316—320页；罗曼纳斯和桑德兰，《失去的时机》，第169—176页。

19

虚弱以及堕落。蒋介石当众出丑,他一心只想用各地杂牌军去同日本人拼杀,而保存自己美式装备的嫡系军队。然而,更重要的是这场战斗使蒋介石失去了民众的信任。如果说在此之前,他还一直被推崇为勇于献身、不可缺少的领袖的话,那么现在,至少一部分人在心目中好像突然发现,国民党政府所有的贪污舞弊、派系争斗、消极无能、政治黑暗并不完全是蒋介石亲信们的过错,而是他一手造成的。因此,据说一些在早先还对他忠心耿耿的民主人士,现在也预感到,"中国在蒋介石的领导下是没有出路的"①。

也就在豫湘桂战役接近尾声时,各省的反蒋活动进入了高潮。这正像李济深指出的,因为地方实力派们确信"中央政府也有一个精心策划的计划正在瞻前顾后地反复推敲着,目的就是要取缔或消灭只顾及一派一系的南方军人"②。可是,豫湘桂战役反倒为各省的密谋者们提供了一个前所未有的行动机会,因为重庆现在正遭受着军事危机和政治困境的夹击。

在各省,反蒋活动发展成两个中心。龙云很幸运地挤进了他们的行列。第一个是在老资格的政治反对派李济深领导的广西省。③ 据说在龙云、张发奎和余汉谋这些南方军事首领的竭力支持下④,李济深正打算在靠近广东边界的广西中东部地区组织一个自治、民主的政权。在1944年11月初,李济深首先成立了民众动员委员会,他自信

---

① 《美国外交文件》,1944年第492页,又见兰顿致国务院,1944年7月14日,美国国务院文件,893.00/7—1444,第3、5页。
② 林沃尔特致高斯函,1944年7月6日,美国国务院文件,893.00/7—644第2页。
③ 关于李济深的传记,见波曼编,第2卷第292—295页;《近代中国人名词典》,第1029页;林沃尔特致高斯函,1944年8月28日,美国国务院文件,893.00/8—2844,第2—4页。
④ 林赛致贺恩函,1944年7月21日,Rad♯CCA71,史迪威文件,第4盒第2703号。龙云在1944年初就同日本人进行过谈判。日本人希望能说服龙云反对重庆。龙云也一直通过他的信使和无线电台同日本人保持着接触。但最终没有成效。《第二次世界大战日本军官的供述》,供述第516号,第2页。

在蒋介石政府分崩离析的时候,他的政权是满可以充当新的中央政府的核心力量的。①

密谋反蒋的第二个中心是在昆明。这儿,最活跃、抛头露面最多的要算民主政团同盟的一些狂热分子。其中,最引人注目的数罗隆基。② 比起广西的伙伴们,昆明的活动范围要广泛得多,目标也刺眼得很。到1944年中,民主政团同盟已经和许多素有声望的政治人物建立了广泛的联系,其中包括四川的军事首领潘文华、刘文辉和邓锡侯,还有冯玉祥、阎锡山,以及支持张学良的东北籍国民党人,像余汉谋这样的部队长官以及孙蔚如等陕西将领。自然,李济深也积极投身其间。实际上,白崇禧是仅有的一个没有和这次运动发生接触的地方实力派。甚至连始终保持不介入态度的共产党人,在1944年5月,也表示赞同这次运动的方针,尽管他们并没有直接参与其事。③

然而,这是一个非常松散的联盟。对此,美国驻昆明的领事作了一个恰如其分的评价。他说:"如果试图把封疆大吏、激进分子、理想主义者和讲究实干的政治家纠集在一起,那无疑要比登天还难。"④因为像罗隆基这样的同盟领导人,已经给自己确立了根深蒂固的民主信条,而军队的首领和先前的军阀,他们的动机大概主要是为了保护势

---

① 理查德致艾切森函,1945年3月23日,美国国务院文件,893.00/4—545,附件;林沃尔特致高斯函,1944年7月6日,美国国务院文件,893.00/7—644;林沃尔特致高斯函,1944年8月28日,美国国务院文件,893.00/8—2844,第8页。
② 同盟的领导人并没有全部都支持这一运动。林沃尔特致高斯函,1944年8月28日,美国国务院文件,893.00/8—2844,第5页;兰顿致国务院函,1944年7月14日,美国国务院文件,893.00/7—1444,第5页。有可能卷入这一运动的同盟领导人是:张君劢、左舜生、沈钧儒和章伯钧。见高斯大使致国务院函,1944年10月30日,函内附件1,第1—2页,OSS文件第102284号。
③ 高斯致国务院函,1944年10月30日,附件1第1页,美国战略情报局文献102284。又见石博思致美国国务院函,1944年7月14日,美国国务院文件,893.00/7—1444,第3页;石博思致高斯函,1944年8月14日,美国国务院文件,893.00/8—2344,附件1第1页。
④ 林沃尔特致高斯函,1944年5月8日,美国国务院文件,893.00/15420,第3页。

力范围。其实,同盟的人心里也明白,龙云支持他们与其说是思想上的一致,倒不如说是迫于寻求战后生存机会的压力。因为这种"民主"运动的成功,肯定有利于维持一个地方分治的政治局面。① 相反,倒是同盟的领导人表现出了心甘情愿的样子,来和这些地方实力派联合。他们自以为他们能够和这班"封疆大吏"合作共事,因为中国已经发展到了一个新的阶段,要恢复军阀割据是不识时务的。那么,像龙云这样的人会如何采纳民主自由的主张呢?对此,他们只好不得要领地解释说,龙云是一位"绝对的传统式人物",所以他是不会食言的。②

同盟的这种指导策略是根据这样的设想制定出来的,即重庆政府已经到了崩溃的边缘。因此,同盟的领导人认为避免暴力,而代之以填补权力真空的办法是可行的。当然这种真空是由于国民党政府日渐衰弱而造成的。他们积极联络各方的反蒋力量,并且有意要提出一个大家都能接受的政治方案,作为未来接管政权的基础。按照这个方案,该政府是一个民主联合体,它将保证人民最基本的政治自由。但是社会革命被一脚踢开了去。作为对各省首脑的回报,新政权不会行使重庆政府那种严厉的中央集权制,而是鼓励更多的地方自治。③

为了完善这项政治计划,他们还打算 1944 年 10 月 10 日在成都召开国民大会,代表分别由国民党占 40%,共产党占 20%,民主政团同盟占 20%,其他团体占 20%。此外,还将在国民大会的基础上组织国防政府,作为从蒋介石下台到打败日本后一个正式的新政府诞生之前的过渡政府。虽然这场运动的领导人预感到国民党政府已经危在

---

① 石博思致高斯函,1944 年 8 月 14 日,美国国务院文件,893.00/8—2344,附件 1 第 3 页。
② 同上;石博思致国务院函,1944 年 7 月 14 日,美国国务院文件,893.00/7—1444,第 4 页;理查德致赫尔利,1945 年 1 月 23 日,美国国务院文件,893.00/1—345,第 2 页。
③ 林沃尔特致高斯函,1944 年 5 月 8 日,美国国务院文件,893.00/15420,第 2 页,兰顿致国务院函,1944 年 7 月 14 日,美国国务院文件,893.00/7—1444,第 4 页,石博思致高斯函,1944 年 8 月 14 日,美国国务院文件,893.00/8—2344,附件 1 第 2 页。

且夕,但是,国民大会还是要以请愿的方式促使蒋介石尽快辞职。①

实际上,这场精心策划的反蒋运动得到的只是水中捞月一场空。如果相信这种同床异梦般的撮合能够对建设一个生气勃勃的国家政府有所作为的话,那简直是太幼稚了。也许出自一种共有的德性,在这帮运动的参加者中,他们甚至连谁来担任国防政府的领导人都难以达成一致的意见。被提及的可能的人选包括李济深、张学良和阎锡山。毛泽东也被提及,但后来撤掉了。可以想象,一场充满了天真幻想和善良心计的反蒋运动,尽管它明摆着,而且还打通了全国各阶层的政治力量,可是它究竟能够在多大程度上对已经跨入1944年的重庆政府作出反抗呢?

倒是在1944年的秋天,龙云和重庆的关系真的愈来愈恶化了。9月下旬,云南的部队捉到了一名信差,他携带着蒋介石和日占区汉奸政府来往的密函。可是,就在刚刚抓到后不久,中央政府的宪兵队却把他抢走了。于是,龙云大怒,立即派出部队包围了宪兵司令部,大有不交还人犯就要火并的架势。后来,龙云答应可以由他负责把那个信差押送到重庆,同时,他还把中央政府的宪兵司令也看管起来。②

在这场明火执仗的冲突过去不久,中央政府的一帮特务又决定要捣毁由民主政团同盟召开的一次几千人的群众大会。当然,龙云是不会忍气吞声的,他的宪兵队干脆把重庆派来的特务分子禁闭起来,关上了几个钟头。③

当然这一连串的较量只不过是浮在水面上的浪花。龙云之所以不肯迁就,虽然不无对日本人进攻云南的担忧,但是更主要的原因还

---

① 林沃尔特致高斯函,1944年8月28日,美国国务院文件,893.00/8—284,第8页。
② 石博思备忘录,1945年2月27日,美国国务院文件,893.00/2—2745,第1页;美国战略情报局文献,108069,1944年11月25日。
③ 石博思备忘录,1945年2月27日,美国国务院文件,893.00/2—2745,第1—2页。

在于蒋介石一直狭隘地只把美国供应的军火分给他的嫡系部队。因此，和其他省的军事首领一样，龙云对保卫他自己的省份深感前景不妙，因为他知道自己的军队是不能和日本人匹敌的。换句话说，就算他胜利地顶住了日本人的进攻，也同样是一件麻烦事。因为这样做，他肯定会伤亡惨重，结果也就无力抵制国民党政府的步步进逼了。

龙云曾经伸手向重庆要过美国武器。到了1944年10月，各种险象恶境更迫使他甚至在民众集会上也直言不讳地要求中央政府给各省的防务提供美国装备。他的报纸《云南日报》更是火上浇油，在社论中对中央政府的大政方针加以口诛笔伐。①

对于龙云的要求，重庆的反应冷若冰霜，倒是日本人加快了向西南的进军。于是，有若干地方将领，就决定如果日本人侵入他们的省界，他们就准备在拖延性的谈判之后放弃抵抗。而且在危急关头，他们也不打算事先去告诫重庆方面，尽可先把自己的部队撤退到深山中的安全地带，然后再在一旁看着日本人是如何把蒋介石的军队打得落花流水。这样，等同盟国赢得战争胜利后，他们也就可以重返昔日一省之主的地位了。如果日本人没有把蒋介石彻底打趴下，至少也会将他的部队打得溃不成军，那么，到时候他们就可以轻而易举收拾好日本人没有做完的事了。②

这些诡计多端的地方实力派还为自己留下了另一条后路。毫无疑问，蒋介石是不会答应给他们租借物资的。但是，他们可以直接向美国政府提出呼吁。他们认为如果美国要想让他们继续抗击日本人，就必须立刻给他们的部队装备上现代化的武器。当然，他们表示他们

---

① 石博思备忘录，1945年2月27日，美国国务院文件，893.00/2—2745，第1—2页；《美国外交文件》，1944年第6卷第175—176页。
② 理查德致赫尔利函，1945年1月20日，美国国务院文件，740.0011P.W./1—2045，第2页。

希望由美国军官来全权指挥他们的部队。因为在他们想来,这个方法一方面可以抗击日本人,另一方面也可以在战斗中显示出他们的实力地位,至少能和蒋介石平起平坐。①

这一招把蒋介石推到了遭受日本人进攻的前沿,也是30年来军阀们合纵连横中最巧妙的一次背信弃义。但是,蒋介石探听到了风声,并赶忙采取对策。就在龙云打算把滇军撤回到云南北边的狭长地带昭通时,蒋介石派出了他的两位亲信说客。这两人都是云南的邻里贵州人,颇受龙云的敬重,对中央政府也忠心不二,他们是刘健群和何应钦。例如,刘健群就提醒龙云,日本人的败局已定,如果在这个时候还要和各地军阀串通一气,肯定要翻了自己的船,落得个卖国贼的罪名。刘健群告诉他说,明智的办法还不如打日本。即使你龙云的部队吃了败仗,你也会被推崇为民族英雄,那么,你在云南的地位只会加强不会削弱。刘健群说,这就叫一举两得的"战略",你赢了是胜利,败了也是胜利。②

刘健群的这番话效果如何,不得而知。但是,有一点很清楚,大概在1945年1月,龙云终于和中央政府又达成了和解。重庆作出让步,同意拨发大量的租借物资以装备龙云的3个整编师。在云南这一边,龙云也允许蒋介石的特务有更大的活动自由,并且限制民盟的行动,解雇了《云南日报》中曾经对重庆政府给予猛烈抨击的编辑人员。此外,据推测,龙云还放弃了在日本人打来时撤退进山、袖手旁观的计划。③

但是,重庆和昆明之间的这种妥协最终也没能化干戈为玉帛。

---

① 理查德致赫尔利函,1945年1月20日,美国国务院文件,740.0011P. W. /1—2045,第2—3页。
② 刘健群,第125—126、128页。
③ 石博思备忘录,1945年2月27日,美国国务院文件,893.00/2—2745。

1945年春，蒋介石开始估算战后的局面。从重庆所处的优势地位来看，同共产党决一死战似乎已经迫在眉睫。然而，对龙云来说，如果这一切都成为现实的话，那么他要想继续统治云南就有些不识时务，甚至是危险的了。这就像蒋介石指出的："重建国家的前途还是任重而道远。因此，我们必须加强中央政府的力量，改变地方政府的面貌。因为只有统一我们才能强大，然后胜利才会成为现实。"[1]不言而喻，龙云是统一的绊脚石，也就当然属清除之列。

早在1945年4月，蒋介石已经决定要把龙云从云南撵走。[2] 就目前所知道的情况来看，他的第一步棋是把杜聿明将军召回了重庆。杜聿明当时任昆明警备司令部司令，是蒋介石的亲信将领之一。在他们的会谈中（谈话是绝密的），蒋介石告诉杜聿明他准备把龙云从云南调出来，任命为军事参议院的议长（这个位子一直是蒋介石为他的敌手准备的一处珍贵的坟地。议长只有虚名，没有任何职权）。可是，蒋介石又有些后怕，他担心龙云不会那么乖巧地让出自己的政治席位。因此，他指示杜聿明必须加紧控制昆明城内外的所有军事关隘，以防止龙云武力抗拒。[3]

要不是日本人突然投降，蒋介石的这场驱龙政变大概早在8月中旬就见报了。5月，蒋介石召见了祖籍云南但是属于CC系骨干的李宗黄，叫他准备就任云南省主席的职位。8月9日，杜聿明又一次返回重庆和蒋介石面谈，大概是接受了发动政变的最后一道金牌。但是，恰好在这个时候，蒋介石得知日本人已经决定投降。这样，政变也就

---

[1] 李宗黄，《李宗黄回忆录》，第4卷第210页。
[2] 关于美国曾经参与策划推翻龙云一事，在中国和西方都有史料记载，但我还没有发现有关此事的真凭实据。富兰克·多恩谈起过"美国曾计划支持推翻云南军阀龙云。"多恩，《中日战争》，第163页。又见荣斋，第122—123页。
[3] 荣斋，第93—95页。

推迟了6个星期。①

在这段时间中,各种小道消息已经绘声绘色地传播开来,说蒋介石正准备解除龙云的云南省主席职务。确实,龙云也在8月份对一个美国人说,如果重庆想逼他下台的话,只需要发一纸命令就行了,大可不必搞得神乎其神,因为他根本无力抗命。② 正是由于这种听天由命的态度,使龙云一头栽进了蒋介石的诡计之中,得不到有效的军事支援。也许他早已从各方面的暗示中了解到了蒋介石的意图,于是他请求重庆派他的4个师的部队,由他的亲信助手卢汉指挥,去印度支那接受日本人的投降。9月中旬,在这批部队出发之后,龙云也就完全失去了自己的军事后盾。这时,连正规军加县保安队,龙云一共只有9 000人的兵力可以护驾。③

到10月初,戏终于开了场。10月2日,在夕阳西照的时刻,李宗黄和一批经过筛选的大小官员带着蒋介石的手谕飞临昆明。杜聿明将手谕转交给了龙云,并且宣布撤除他在云南的所有党、军职务,调任军事参议院议长。④ 同时,杜聿明还向龙云传达了另一项命令,即由杜聿明来接管所有的滇军部队。3日凌晨四五点,龙云突然被一阵阵枪声惊醒。他迅速穿好衣服,起床一看,这才发现中央军的精锐部队第5军已经把他的住宅包围得水泄不通。在无可奈何之下,他只好和两名警卫化装成平民百姓,从一扇边门偷偷地溜了出去,潜逃到半里开外由工事和重兵把守的滇军司令部。与此同时,中央军和滇军之间

---

① 李宗黄,《李宗黄回忆录》,第4卷第204—208页;石博思致国务院函,1945年10月29日,美国国务院文件,893.00/10—2945;荣斋,第95,105—106页。李宗黄实际上获得了代理主席的位置,不久卢汉接替了省主席的职务。
② 石博思致国务院函,1945年10月20日,美国国务院文件,893.00/10—2045,第8页。
③ 波曼编,第2卷第446页,关于保安部队,见李宗黄回忆录,第4卷第211页;荣斋,第108页。
④ 李宗黄,《李宗黄回忆录》,第4卷第210页,石博思致国务院函,1945年10月20日,美国国务院文件,893.00/10—2045,第3页,整个事件又见司徒霓影,第4—6页。

发生了小规模的交战。从整个上午到晌午,汽车、大炮、机枪和步枪的声音一直回荡在各条街上,始终没停。

下午,战斗大概进行了七八个小时之后,杜聿明这才宣布龙云已经调任重庆。接着,龙云也得知了这项任命,并且表示他已经向他的部队发出了停火的命令。但是,战斗还是在继续着,这大概是龙云的个人意气用事,因为他实在是被杜聿明恣意使用武力的专横态度激怒了。另外,既然杜聿明已经诉诸枪炮,他也只能以此来保护自己和家人的身家性命了。①

在还没有确定龙云会对撤职一事作出何种反应之前,杜聿明就擅自动用武力加以威胁,在当时就遭到了严厉的谴责。甚至直到今天,人们还怀疑:如果通过谈判解决,这场流血冲突是否也难以避免?实际上,无论在事前或是事后,龙云早已流露出他准备服从委员长的调遣。如果蒋介石希望他去重庆的话,他也只需要发一纸命令就行了。②

虽然龙云的这次抗旨并不理直气壮,但是蒋介石似乎也赞同了对杜聿明的控告,说他处置不当。10 月 16 日,他撤掉了杜聿明昆明警备司令的职务,作为对杜聿明的处分。此外,蒋介石还找了一个替罪羊,来敷衍云南人民因中央政府倚重暴力而引起的愤慨情绪。可是事实上,杜聿明分兵出击完全迎合了蒋介石的心意。因为蒋介石害怕的就是龙云拒不退出云南。为此,在政变之前,他还专门和杜聿明谈过这方面的担心。10 月 2 日,蒋介石手谕杜聿明要控制云南省内所有的机场,"以防叛乱骚动",就很清楚地说明蒋介石预感到龙云会武力抵制对他的撤职。③ 因此,对杜聿明的处分不过是表面文章,不久,他就受

---

① 石博思致国务院函,1945 年 10 月 20 日,美国国务院文件,893.00/10—2045;战时情报局档案,第 378 盒,C:中国 0.1—C(1945 年 10 月 11 日)。
② 金典戎,第 9 部分第 8 页。
③ 李宗黄,《李宗黄回忆录》,第 4 卷第 209 页。

到了嘉奖,去东北出任国民党军队更高的职务了。①

如果龙云真心实意想执行蒋介石的命令,那么,动用武力实在是极大的失算。因为这种内斗并不合乎军阀开战的规矩。云南的老百姓和中央军之间没有伤过和气,况且这种互相厮杀的劲头本来应该留着对付日本人的。可是,它却让自己的几百人丧失了性命。据报道说,许多俘虏都当场枪毙;云南士兵的尸体被发现后,也要再补上几刀;当地的老百姓也成了对中央军心怀不满的细探,一旦被抓到,立即"就地正法"。②

在一天激战之后,龙云已经寡不敌众,他唯一的希望就是能够获得外界的增援。于是,他打电话给附近各县的县长,要他们向昆明进军。同时,龙云的儿子也带着一旅的部队从二百里外的昭通火速撤回昆明。在这些增援部队赶到之前,龙云使用了缓兵之计。他告诉进攻者,他愿意去重庆,但他希望能够等卢汉将军从河内回来,接替他的主席职务。但是,龙云的拖延引起了蒋介石的不满,他害怕抵抗再持续下去的话,就会刺激其他各省的首领。因此,蒋介石限定10月5日是龙云到重庆的最后期限。③

与此同时,龙云期望的增援部队并没有到达。因为杜聿明已经切断了所有的电话线路。龙云的儿子也在离昆明四十里外的地方遭到了中央军的围歼。④ 了解到上述情况后,特别是通过同宋子文和何应钦的谈判,龙云只好投降。因为何应钦曾经告诉他,蒋介石的忍耐是

---

① 荣斋,第93—95,115—116页,又见李宗黄,《李宗黄回忆录》,第4卷第207—208页。
② 战时情报处档案,第378盒,C:中国0.1—C(1945年10月11日),第1—11页。该报告(第2页)估计军队的总死亡人数约600人。又见佩恩《中国觉醒》第183—192页。但据国民党官方讯息,总的伤亡人数较谣传少,三天激战中总共伤亡人数仅为236人。见李宗黄《驻滇》,第4—7页。
③ 荣斋,第109页;《李宗黄回忆录》,第4卷第211—217页。
④ 荣斋,第108页;佩恩,第188页。

很有限的。10月6日下午,龙云飞往重庆。① 这对蒋介石和中央政府来说,真是战果显赫。照重庆的报纸看来,"简直和收复敌占区差不多"②。

在重庆,龙云过着惶恐不安的日子。蒋介石不打算和他见面,甚至不准备向他作出正式的解释,为什么要把他调离云南。戴笠的特务对他步步跟随,严密监视,连以前的老朋友也避之唯恐不及。对此,他自己也有些提心吊胆。③ 在重庆和南京的三年岁月中,龙云实在只是一个囚犯,尽管他的监狱生活过得很舒坦,而且还保留着军事参议院议长的头衔。

即使在若干年之后,十月政变的余音也依然清晰可辨。从某种角度来讲,它导致了1949年国民党政府的最后失败。显然,政变的直接后果是放任了中央政府的打手们对昆明不驯服的知识分子进行镇压。1945年11月,当国共谈判出现了明显的破裂时,昆明的师生员工开始抗议示威,反对内战。他们非常嫉恨国民党大权独揽;此外,经过长期的战乱之后,他们又非常渴望有一个和平、安定的生活环境。因此,他们对重庆政府的指责要远远超过共产党。他们声明,为了避免内战,国民党必须放弃"一党专制",而成立一个民主联合的政府,以恢复政府的活力和道德,保护庶民百姓的自由。此外,一些学生还猛烈抨击美国,因为它对重庆政府的支持助长了蒋介石打内战的嚣张气焰。④

中央政府的打手们对这些抗议和随之而来的示威,自有一套高压

---

① 李宗黄,《李宗黄回忆录》,第4卷第216—217页,石博思致国务院函,1945年10月20日,美国国务院文件,893.00/10—2045,第4页。
② 《世界日报》(重庆),见《中国新闻评论》,1945年10月5日,第1页。
③ 金典戎,第9部分第9页。
④ 石博思致国务院函,1945年11月17日,美国国务院文件,893.00/11—1745,第1—5页,石博思致国务院函,1945年12月20日,美国国务院文件,893.00/12—2045,第1—18页。

手段。在著名的"一二·一"事件中,特务们用手榴弹炸死了四名学生,用匕首刺杀了另一名,还伤害了无数同学。七个月后,民盟的领导人李公朴、闻一多又惨遭暗杀(1946年6月)。①

这一系列事件的后果是难以估算的。毫无疑问,学生和知识分子的不满情绪在很大程度上加速了国民党政府的垮台。而且,这种不满主要来自他们对危害国家利益的各种政治和经济弊端的看法。国民党的残酷镇压,更挑起了大规模的学生运动。在广州、南京、上海和全国其他城市,很快就掀起了对"一二·一"殉难烈士的声援、纪念活动。李公朴、闻一多的被杀,触动了国家和社会道德中的每一根神经。从此以后,知识分子逐渐丢弃了对国民党的拥戴和幻想。

过不了多久,逼走龙云的遗症在东北也显露了出来。在1945年8月被派往印度支那的云南部队很快发现,他们上了中央政府的当。因为把他们调出云南,只是为搬走龙云扫清道路。而现在,在国民党政府的眼里,这批五万云南子弟兵已是无家可归,他们誓死效忠的司令长官已在重庆受到监禁。因此,当他们完成了在印度支那的使命后,不是凯旋回到故乡,却被发配到东北同共产党打内战。在东北,共产党利用了云南部队的这种怨恨情绪,不厌其烦地对云南人说,蒋介石不怀好意,把他们当炮灰,而云南却在中央政府的统治下民生凋敝,以致他们的父老乡亲"都不堪忍受"。因此,共产党和他们的共同敌人是蒋介石,可是共产党和他们现在却在这儿互相残杀,让南京政府的反动派袖手旁观,渔翁得利。②

这些宣传是卓有成效的。1946年3月,云南部队第60军第184

---

① "一二·一"事件有各种各样中英文版本的描述。参见《一二·一惨案特辑》和胡素珊,第44—52页。关于暗杀李公朴和闻一多,见许芥昱,《闻一多》,第169—175页,及胡素姗,第143—145页。
② 张文实,第25页。

师全部奔向了共产党。从此以后,国民党将领就对第 60 军剩下的官兵心怀敌意,在各部队中派了特务,还把他们和国民党的嫡系师混编在一起。尽管如此,1948 年 10 月长春战役中,第 60 军又大批哗变,投向了共产党。这支部队的长官曾泽生将军就在通电中公开声明说:"抗战胜利后,蒋介石设下骗局,借口接受日本人的投降,把我们全军派到了河内,而他趁机发动昆明事变,为了清除他的政敌可以不惜牺牲云南的百姓。"①因此,三年后,在遥远的东北,对龙云的逼宫总算有了回报。②

到了内战的最后一刻,当国民党土崩瓦解时,云南的主要首领完全站到了共产党而不是国民党一边。1948 年 12 月,龙云在度过三年的荣华富贵后,神秘而奇迹般的从南京逃往香港。接着,他又于 1950 年来到了北京,担任国防委员会副主席③,一直到 1958 年被打成右派,1962 年逝世。

从 1945 年 12 月到 1949 年,卢汉担任了云南省主席和省警备司令的职务,表面上看,他对国民党政府是竭力取媚讨好。可是,当 1949 年底,蒋介石准备在西南建立最后一个反共基地时,卢汉却拒绝合作。结果,蒋介石不得不放弃他在大陆的最后一个落脚点,退居台湾。共产党执政后,卢汉留在了大陆,和其他英雄一样,他被授予一级解放勋章,作为他对中国革命所作贡献的奖励。④

显而易见,中国是在国民党政府的统治之下,可是国民党从来没有牢固地掌握过对全国领土、人口以及资源的控制。有这样一个事实

---

① 张文实,第 58 页。
② 同上,第 22—25,56—63 页。
③ 同上,第 64—67 页;波曼编,第 2 卷第 458—459 页;冯友达(音),第 11 页。
④ 波曼编,第 2 卷第 446—447 页。

是很能说明问题的,1944年,国民党政府能够支配调拨的用于维持政府运作的产品,只占全国产品总值的3%。相比之下,在美国则占到47%。① 更有甚者,即使在国民党控制比较严实的地方,它也不能一手遮天。在政权的底层,地方乡绅们把持着权柄的各个环节。这就像历史学家黄玉权(音译)说的那样:"命令可以从中央下达到县里,可是如果没有乡绅的赞同,县长是执行不了命令的。在这儿,掌握政权的是乡绅,而不是县长。"②这段引文讲的是内战初期山东省的情况,但它完全能够概括整个国民党统治下的农村地区,一直到1949年都是如此。③ 由于老百姓普遍对衙门和军队保持冷落和敌视的态度,国民党政权也就失去了民众支持的基础。④

云南和中央政府之间的关系就暴露了国民党政权结构中这样一条最深的裂缝。自说自话的地方实力派成为权力的中心,他们的首领不仅不分担贯彻中央政府的政策纲领,还时不时要对它的存在敲打一棒。事实上,中央已经积弱不堪,因为它掌握的资本微乎其微。在这种情况之下,蒋介石只好采取了一种被称为虚弱平衡的战略。意思是说,他是在保持其他各派政治势力一样虚弱的基础之上,来支撑他和他的政府的权威。因此,蒋介石不向地方杂牌军提供装备;他压制知识分子,因为他们的脑子里藏着对他不利的念头;他甚至用平衡的办法让他的部下互斗,从而保持他们谁也不比谁强的局面。在相当一段时间内,这个战略是成功的,它维护了蒋介石的权力地位。但是,实质上它是失败的,因为当各方力量都萎靡不振时,蒋介石也就阻碍了整个国家的强盛。因此,中国被丢失了,同样,从长远来看,蒋介石也被

---

① 伍启元,第17—18页;罗曼纳斯和桑德兰,《失去的时机》第10页。
② 王友专(音),《鲁南一个典型的游击区的组织》,第88页。
③ 例见卡普《国民党和中国农村》,第165—173页。
④ 易劳逸,《矛盾关系的多重面相》,第298—300页。

抛弃了。

那么，出路何在呢？如果我们假设，一般来说，政治家可以在尽可能长的时间内，握有绝对的权力，那么有没有两全其美的办法，能够叫蒋介石既保住权力，又使中国强盛呢？蒋介石能不能在和地方实力派分享权力和武力的基础之上，把国家建设起来呢？这一点看来是值得怀疑的，因为像龙云、刘文辉和李济深等并不是什么开明人士，或具有现代思想的人。作为一个整体，他们似乎也迫不及待地想掌握权力，就像蒋介石嫉恨别人操纵权力一样。在如何以国家利益为主来行使权力方面，他们也不比蒋介石更光明磊落。因此，蒋介石对地方实力派的退让，大概迟早会导致他自己垮台的，而地方实力派也并不一定会把中国向前推进一步。

如果蒋介石组织一个由各方代表参加，包括共产党在内的联合政府，是不是对他更有利呢？在短时期内，这可能是个聪明的办法。但是，共产党和国民党毕竟比水火不容好不了多少。我想，在这一点上蒋介石是看准了的，共产党组织完整，纪律严密，不谋私利，只要任何一个联合政府有他们参加，就难免会由他们决定一切了。因此，如果人们相信这一点，就像蒋介石一样，共产党的统治也就合乎逻辑、顺乎自然了。

对蒋介石来说，如果他既想绝对拥有权力，又想使中国强盛，唯一可行的出路就是扩大支持自己的政治基础。要做到这一点，他就必须建立群众基础，至少要把全国没有共产党渗入的势力都拉过来。但是，这就要求他必须制定一个和当政以来的政策完全不同的政治战略，要求他必须为将来的支持者——诸如知识分子、农民、资产阶级——提供参政的机会。而允许这些人在政治舞台中占有一席之地，又要求他必须改变政府的整个社会和经济基础。只有如此，才能获得他们的支持。

令人遗憾的是,蒋介石不理解现代多元政治的这套方式。在他的经历中,对这种分权政治的组织系统还毫无思想准备。这种开放、灵活的系统只能使他感到别扭。例如,他对国民参政会的反应就是很清楚的证明。国民参政会是抗战初期,为促进全国统一而由各种利益和观点的代表组成的一个广泛的协商团体。蒋介石一度和参政会相处得平安无事,因为后者支持他的政策。可是,到1942年,在参政会内的非国民党议员对国民党政府的所作所为提出了尖锐的指责之后,蒋介石就对它另眼相看了。从此以后,非国民党议员的名额明显减少,参政会成了中国民主的点缀品,它对改变政府的行动和政策发挥不了任何影响。① 因此,当把这条显然能够扩大他政治基础的出路堵死之后,蒋介石也就注定了他政治上的虚弱和同地方实力派角逐的败局。

有些人认为,蒋介石在对付地方实力派中犯下的一个基本的错误,可以追溯到上世纪二三十年代。当时,他没有对军阀的基层权力组织进行撤换,就把他们放进了中央政权。其实,在那种时刻,明智的做法还是把这些地方实力派吸收到国民党军队中来,这样才能把革命的战争阶段尽量缩短。可以想象,在1926年到1928年期间,如果国民党人不向这些地方实力派妥协,而把他们拒之门外,那北伐就不会成功。

那么,在和地方实力派的周旋中,国民党人有没有出错呢?中国共产党后来的经验说明国民党人并没有过错。因为1945年后,中国共产党很快发展成为一股坚强的军事力量,在很大程度上也是靠的这种办法,即同原先并不属于共产党的杂牌军达成默契或将其改编。这种对国民党投诚过来的部队加以改造的事已经是众所周知了。而鲜为人知可对东北战役起了关键作用的是30万被国民党丢弃的伪军,

---

① 关于国民参政会,参见徐乃力,《中国的战时国会》,第273—313页。

也被收编进了共产党的军队。①

　　我们对共产党改造这些杂牌军的方法还缺乏研究。但是,有一些做法是很明白的,譬如政治教育,对战士关心爱护以及共享在整个社会中的社会和经济成果。共产党是以此来激励官兵英勇奋战和忠心耿耿。不言而喻,国民党的问题不在于把许多地方实力派拉到队伍中来,而是因为他没有采取相应的政治、社会和经济政策,所以也就难以把杂牌军对军阀的忠诚吸引到中央政府这边来。

---

① 唐德刚和李宗仁,第 435—438,470 页;梁声全,第 22 页;张赣萍,第 183—184 页。

第二章 农民、赋税与国民政府的统治：战争年代

长期以来，人们一直认为农民在抗日战争时期的经济状况相对要好一些。用经济学家的术语来说，农民"实际收入"的下降程度要比绝大部分其他类别的人小得多（见表一）。由于在通货膨胀的形势下农民一般要比依赖薪水的劳动者好过些，这种关于中国农民生活的假定看起来似乎是合乎常理的。然而，建筑在这种"实际收入"统计基础上的关于生活水准的判断也许是非常具有误导性的。例如，政府官员也许确实看到他们的工资在1943年下降到1937年水准的10%，但是他们的总报酬通常包括那些并不在表一上反映出来的配给的粮食、房子和其他工资以外的收入（官员们的薪水在1937年不会如此之高，以至于他们能够经受得住削减90%而依然活得下去！）同样，对于农民的实际收入的统计也完全忽视了国统区的政治和社会现实，因此它很少能反映出乡村的实际生活水平。

实际上，战争也给农民带来了沉重的税捐。作为一系列复杂因素的结果——包括减产、不利的价格关系以及不断增长的租税——战争后期乡村的生活条件严重恶化。

表一：1937—1945 年中华民国实际收入指数
（1937 年＝100）

年份	(1) 农民	(2) 政府官员 （重庆）	(3) 教授 （成都）	(4) 军人 （成都）	(5) 劳工	(6) 产业工人 （重庆）	(7) 乡村劳工 （四川8个县）
1938	87	77	95	95	143	124	110
1939	85	49	64	64	181	95	126
1940	96	21	25	29	147	76	66
1941	115	16	15	22	91	78	82
1942	106	11	12	10	83	75	78
1943	100	10	12	6	74	69	60
1944	81		11		65 （4月）	41 （4月）	89
1945	87		12				

资料来源：第1列数字，见周舜莘，第243页。第2、5、6列数字，到1943年，见张嘉璈，第63页；第5、6列中1944年的数字，见周舜莘，第64页。第3列，到1943年，见汪荫元《四川战时物价与各级人民之购买力》，第263页；1944年与1945年部分，6月份的工资与生活成本比率，见《经济统计》第34期第479页，第46期第701页。第4列数据，见汪荫元《四川战时物价与各级人民之购买力》，第263页。第7列数字，见汪荫元《四川战时农工问题》，第107页。

影响农民的经济趋势

在战争的第一年，大自然惠顾国民政府统治下的中国农民：1938年和1939年的粮食产量比战前时期的平均水平高出8%。然而，从1940年到1943年，粮食产量均低于战前平均水平。最严重的是国民党统治区主要的粮食作物——稻谷在整个1940—1945年中均明显地低于战前标准（见表二）。

表二：1938—1945年中华民国十五省粮食产量

（单位：百万市石）

年份	稻		麦		所有粮食	
	产量	指数	产量	指数	产量	指数
1931—1937平均数	726.3	100	169.2	100	1 576.5	100
1938	747.6	102.9	202.9	120.0	1 766.9	112.1
1939	763.6	105.1	198.2	117.2	1 702.0	108.0
1940	618.9	85.2	201.1	118.9	1 545.6	98.0
1941	643.5	88.6	165.1	97.6	1 516.4	96.2
1942	635.3	87.5	209.7	124.0	1 512.2	95.9
1943	609.5	83.9	199.2	117.7	1 530.2	97.1
1944	674.7	89.2	248.3	146.8	1 768.8	112.2
1945	586.0	80.7	215.9	127.7	1 594.9	101.2

资料来源：关于1931—1937年的平均值，见《中华志，1937—1945》，第433页；关于1938—1945年部分，见杨家骆编，第4卷第1279页。这是一些大概的数据，因为国民政府缺乏搜集关于农业生产的全面的准确的情况的行政资源和政治控制力。周舜莘，第92—93页，提出了不同的指数。多伦多大学的托马斯·劳斯基教授对1944年麦产量的较大增长持怀疑态度。

说明：一市石＝100升 ＝2.84美制蒲式耳

然而，在战争的前两年，实际上所有的农民——尤其是农村人口中的贫困部分——获享了相对的充裕。大丰收抵消了农产品价格下降的影响。悄悄的比较温和的通货膨胀趋势所导致的资金充裕，缓和了农村地区传统性的现金短缺，因而有益于那些债务人，包括借贷者和购买土地者。税收的负担也大为减轻，因为税收机关一般都不能以增加税率来弥补通货膨胀所造成的损失。如果农村人口中有什么人因这些经济趋势而蒙受损失的话，那就是那些大概能够不费力地承担轻微损失的人：债权人和靠固定地租或债券利息生活的人。①

然而,从1940年始,趋势改变了,农村贫富之间的传统差距扩大了,大地主阶级更趋富裕,而同时其他的大部分农户(包括小地主)感到日益增长的经济贫困。看起来矛盾的是,农村民众经济上的两极分化,却是农产品价格急剧上涨的结果。如在重庆,米价在1940年5月至12月间就上涨了50%。② 那一年的稻谷歉收——比上一年减产19%——是价格上涨的原因之一。然而它不足以说明随之而来的事件的全过程。也许,更为重要的是,政府正在公开市场上大批购进稻米以供应它的正在膨胀的军队,以及1940年6月宜昌城的沦陷,它是产稻省湖南和湖北通往四川的转运点。这些事件造成了人们的恐惧,害怕稻谷供应量的减少不只是一个暂时现象,大批的囤积和投机由此而产生。个体消费者购存大量的稻米以防备短缺和更高的价格,而同时,地主和商人积贮稻谷不投入市场以期待价格上涨。由短缺刺激起来的进一步的短缺就这样伤害了民众的士气,并开始使政府难以获取必需品。恐慌在蔓延,爆发了一些米骚动。③ 对于这些,蒋介石在

---

① 有关战争前期农民生活状况的报告,在当时也是各不相同且常常发生矛盾的。傅瑞(Freyn)著(131页)认为"农村衰退"延至1940年末,以后农民的生活水准有所改善。与之相反,1941年,美国国务院的一位官员到四川西部旅行,他在报告中写道:"一般农民似乎从未如此富裕。通货膨胀给他们带来了很大的利益似乎是不容置疑的。他们所获得的农产品的极大增产,使他们能够还清旧债。由于通货膨胀以及政府税务机关无法以提高税率来补偿通货膨胀而造成的损失,农民的税务负担不超过战前的1/10……说真的,中日冲突的一个最有意义的进展似乎是普通的中国农民的解放,他们去除了债务的束缚和赤贫的经常性负担"[庄莱德(Everett. F. Drumrignt):《关于川西和西康东部六周旅行的观察报告》,1941年9月16日,第15—16页,见美国国务院文件,893.00/14800,高斯致国务院函,1941年9月18日。再参照董时进,《抗战以来四川之农业》,以及陈达《浪迹十年》第288页。]那些认为在战争前期农民的生活水准降低了的人,显然是强调了农产品比较低的价格,而未对乡村情况作直接的研究。
② 吴相湘,《第二次中日战争史》,下册,第631页;张嘉璈,第34页;张培刚,第13页。
③ 沈宗翰,《粮食生产和分配》,第182、187页;陈友三、陈思德编,第41页;徐堪,《抗战时期粮政纪要》,第10页,《徐可亭先生文丛》,第110—111页。

1940年11月宣称:"我们一定要惩罚这些自私的有钱人……不论他们怎样分散囤积物资,也不论他们多么狡猾地藏匿这些物资,我都会把他们的底细弄清楚……如果他们不拿出存粮……就应该受到严厉的惩罚。"①为了兑现这一诺言,成都市市长因囤积而被捕,并于12月被枪决。然而,政府的执法举动,甚而一个物价控制计划,并不能阻止囤积或稻米价格的逐步上涨。②

大地主从日益上涨的价格中获得暴利,但大多数农民,无论是小自耕农还是佃户,都未得分享这种上涨的好处,因为他们很少有稻米拿到市场上去销售。例如,在富饶的成都平原,能够有一些剩余物拿到市场上出售的农户还不足20%。③ 在这方面还应值得认真注意的事实是,那些拥有可销售的剩余稻米的小农很少从上涨的价格中获利,因为他们通常必须在收获后不久便出售,而那时价格是相当低廉的。④ 与之相比,大地主拥有保证他们的家庭生活几个月的充足财物家底,他们囤积稻米,不进入市场,直到市面上日益减少的库存促使价格上升时才出手。

此外,佃户们承受着越来越沉重的负担,尤其是1941年后,地主以粮价上涨和税收增长为借口同他们的佃户重新谈判土地契约。一方面,他们增加了地租的绝对数,另一方面,那些迄今为止一直征收货币租的现在也开始坚持用粮食支付地租,因为它比正在贬值的货币更

---

① 罗斯,第365页。
② 吴相湘,《第二次中日战争史》,下册,第631页;张嘉璈,第344—345页;梁雄,第1卷,第252—253页。
③ 罗斯,第364页。又见《大公报》(重庆),1943年10月31日,第2版。以及章士钊著。农民可能会出卖一些杂粮——薯、豆类等等,但出卖这些东西对他们的困境并无多大改善。
④ 例如,在四川彭县,农民们通常在收获后的两个月内卖掉他们90%的准备上市的产品。《四川省农产品之销售》,载《经济统计》第26期(1943年11月)。

有价值和更为安全。① 佃户们此时还普遍抱怨地主开始要求他们支付正日益上涨的部分土地税,或是增加租佃押金(在签订契约时由承租者支付的一笔钱,通常在退租时归还但并不总能做到)。当佃户们反对增长地租、押金和税金时,地主们便以那些愿意支付更高勒索的农民取代他们。②

　　作为这些各式各样的经济趋势的结果,到1942年和1943年,地主和佃户间的冲突已成为一种普遍现象。③ 一些佃户被从他们承租的土地上驱赶出去。那些仍然留下来的同意付高租的人感到了他们经济地位的衰弱——中等农户常常降到贫农地位,贫农降到雇佣劳动者的地位。④ 与此矛盾的是,大农户们却抱怨雇佣劳力的短缺,因为征兵、年轻人逃离村庄躲避征兵以及城市职业的吸引,正使农村再没有可雇佣之人。⑤ 农活报酬由此而上升。例如,在成都平原,劳力报酬在1937年只占整个农业开支的12%,而到1941年已经上升到26%。⑥ 结果,许多过去从未在他们的土地上劳动过的地主,据报告此时也回到村庄亲自参加劳动。⑦

---

① 振光,第10页;《四川省经济调查报告》,第143页;张锡昌等编,第110—111页。现存资料未能提供关于租金增长的确切数字。又见《国民日报》,1942年4月25日,载"中国地政研究所"论文集《农业调查》第2册;陈洪进,第254—255页;陈伯达在《解放前中国地租》中也强调了战时地租的增加,但他的著作不可靠。
② 张锡昌,第111页;《大后方农村经济破坏的惨象》,第1、5页。《大公报》(重庆),1942年10月31日,第2版。
③《大公报》(重庆),1942年10月29日,第2版;《大后方农村经济破坏的惨象》,第1、5页。
④ 章士钊;陈翰笙,第3页;《大公报》(重庆),1944年4月10日,第3版;陈洪进,第254—255页。在像山西、甘肃这样的北方省份中,租金和佃农的问题比较少,但是农民的生活也变得更困难。见振光,《川陕甘农村经济鸟瞰》,载《经济周报》第2卷第3期(1946年1月17日)。
⑤ 许道夫,第13页;张锡昌等编,第112页;振光,第11页;胡风,第13页。
⑥ 汪荫元,《四川农工的变化》,第63—66页;《四川战时农工问题》,第106页。
⑦《国民日报》,1942年4月25日。

第二章　农民、赋税与国民政府的统治：战争年代

田赋

减产、不利的价格关系和地租的增加明显地损害了大多数农民的经济地位。但是，政府的种种税捐——有税金、捐款、征借、征购、征兵以及劳役等形式——也把沉重的负担加到农民身上，这深深地影响了农民对于政府当局的态度。因此，这些苛捐杂税在导致1949年革命成功的复杂的政治动力中是一个重要因素。

在政府的苛捐杂税中，田赋的重要性仅次于征兵（这将在第六章中讨论）。自1928年以来，田赋及有关的附加税一直由省和地方政府征管。但是，在1941年7月，中央政府把田赋国有化，并开始以实物征收——即征收粮食及其他的农产品——而不是征收现金。这是一个重大的财政改革，它对农民甚至政府本身产生了深远的影响。

战时实物税最初起源于山西省，自从战争开始以来，许多部队驻扎在那里，对他们的供应已成为一个大问题，这尤其因为市场的巨大需要把价格推到了前所未有的高度。在1939年下半年，山西当局想出了一个办法，决定以麦子充缴田赋，以保证粮食的充足供应，避免政府在公开市场上的大量开支。①

面对着必须以高价为军队和文官购买粮食所造成的日益增加的财政赤字，中央政府当局很快意识到田赋征收的潜能。但是，田赋是省政府的而不是中央政府的税收这一事实使它踌躇。它进而又意识到征收实物税将具有比征收现金税更无法估计的复杂性，因此重庆谨慎地行动。1940年7月，它只批准了山西的首创性行动，命令其他地

---

① 陈友三、陈思德编，第3页；宋同福，第167—170页。

方政府"考虑"仿效山西的做法。福建、浙江、陕西是响应这一建议转而实行田赋征收的第一批省份。①

到了1940年底1941年初,形势迫使国民政府以新的眼光看待田赋。它现在非常需要税收的新来源。自从撤退到内地后,它的岁入已经降到只有战前水平的37%,而它的开支却上升了33%。② 而且,稻米市场的危机需要尽快地解决。政府为军队大量购买粮食使国家预算更为紧张,并推动粮价直线上升,囤积又加剧了获得必需粮食的困难。由于市场的波动,民众惊慌不安,因此,1941年春重庆政府决定田赋国有化并以实物征收。经过4月的国民党中央执行委员会和6月的第三届国家财政会议的广泛讨论后,行政院下令新政策从1941年7月1日起开始生效。③

两个机构负责管理这项新的国家税收,财政部负责评估(征)应缴之税,新建立的粮食部负责征收、运输、储存和分配税粮。设计这种工作分工是为了使腐败降到最低程度。然而,从一开始低效率就搞糟了这个制度。于是,到1942年,财政部既估税也收税,粮食部则负责运输、储存和分配税粮。次年,省级和省级以下的税务管理完全合一。但是在中央政府方面,财政部和食品部保持着对这一系统的双重控制。④

新的税率按照这样的原则而确定,即每亩地(1亩约等于1/6英亩)的全部实物税应等于战前正式的田赋和所有有关的附加税的价

---

① 陈友三、陈思德编,第3页。
② 张嘉璈,第15—16页。这些是1939年的数据。
③ 陈友三、陈思德编,第11—14页;马骅,《四川田赋》,第141页。
④ 陈友三、陈思德编,第16—30页。一些省,如四川、云南、广西和贵州到1943年底均未完成这种组织变化。见《湖北省政府报告,1942年4—10月》,第33页。

值。相应地，1941年的标准转换率确定为1元税改征2市斗米①（这一标准转换率到1942年翻倍为4市斗）。② 只要有可能，政府就以稻米征税，因为士兵和政府雇员们希望供应稻米，储存和运输这样单一种类的粮食也比较简便。然而，只是在6个省份（云南、广西、广东、湖南、江西和浙江），稻米才是唯一的抵税粮食。在不产稻地区，必须以其他的粮食替代（如1.4市斗的麦子可抵交1元税）。③ 由于储存不同种类粮食的复杂性和建立公平的对稻谷比率的困难，这样的替代物并不受到鼓励。尽管如此，足有11个省份以4种粮食征收田赋。甘肃是个最突出的例子，它以9种不同的庄稼交纳田赋，包括豆、玉米和小米等种类。不过，直到1943年，陕西、河南、湖南的产棉区才允许以棉花抵交田赋。因此，有两年的时间，棉花种植者必须承受双重负担，以

---

① 即使是对于专家来说，中国的粮食度量衡也是混淆不清的，习惯的容积单位是石（蒲式耳）、斗（配克）和升（品脱）。尽管在中国的不同地区上述单位的价值有很大的不同，但国民政府采用了一种标准化的或"市"制的容积度量衡。这些"市"制的容积单位是市石、市斗和市升，这些单位的等量关系是：

　　1市石＝10市斗＝100市升
　　1市石＝100升＝2.84美制蒲式耳
　　1市斗＝10升＝1.14美制配克
　　1市升＝1升＝1.80美制品脱（0.908美制夸特）

代表容积单位的"石"字，传统上发音为shí。但是在20世纪30年代，它完全与担混淆，而后者是一个重量单位。因此在我们研究的这一时期内，容量和度量单位都常常读作dàn，尽管用于容积的dàn（或shí）和用于重量的dàn是不可置换的。此外，这两者常常写成同样的字形（担），翻成英语时有时都译为"picul"。使之更混淆不清的是，容积单位在实践中常常确定为一定的重量。这样，一石（容积单位）米重约128磅，（而同时一担重量单位等于50千克，或约110磅）。

关于"石"和"担"的详尽的讨论，参见全汉升和理查德·A. 卡洛斯，《清中期的稻米市场与贸易：价格史论文集》，第79—98页。本注的其他参考资料，见《辞海》（中华书局，上海，1937），第695、1416页；杨格《战时通货膨胀》，第356页注a；《中华志，1937—1945》，第196页；《韦伯斯特新学院辞典》第7版（1971），第534页。

② 陈友三、陈思德编，第14页，马骅，《四川田赋》，第144页。
③ 陈友三、陈思德编，第41页。

高涨的价格在公开市场上购买粮食来交纳赋税和维持自需。① 在一些地区——主要是那些靠近前线或在敌后以及运输非常困难的地区——田赋仍然以法币交纳。②

除了田赋之外，农民还得同时交纳几种其他税捐。如县级公粮，它通常相当于田赋的30％。随着田赋国有化，地方政府创造出各种摊派以获得其需要的粮食。为了平息公众对于这些新的苛捐杂税的不满，1942年设立了县级公粮。③ 此外还有"积谷"税，它约等于13％的田赋本额，大部分的省份都征收此税。设立这些税的目的，是为了充实计划用于救济的公共粮仓和帮助稳定粮食价值。④ 至少在几个省（如四川），10％的捐耗费也被加到了基本的田赋上。⑤

然而，伴随着田赋的最大的苛捐杂税还是那些强制性的粮食征购和征借。省一级的这些强征大约等于田赋额。但是，这种强征不同于田赋，因为从理论上来说，纳税者将为他们借出或卖出的粮食获得补偿。⑥ 1941年，强制性征购粮食的售价的30％左右以现金支付，其余

---

① 陈友三、陈思德编，第34、36—43页。但是，至少早在1942年，湖北省显然是自愿在其产棉区以棉花为田赋。参见《湖北省政府报告》，1942年4—10期，第30页。

② 同上，第31页。

③ 《财政年鉴·三编》，第5章第15页；陈友三、陈思德编，表2；徐堪，《抗战时期粮政纪要》，第16页；徐堪，《徐可亭》，第128页。

④ 朱子爽，《中国国民党粮食政策》，第97—98页；《湖北省政府施政报告（田粮部分）》，1942年11月—1943年9月，第11—13页；《湖北省政府施政报告》，1943年10月—1944年9月。在湖北省，1942和1943年的每元田赋的折合率确定为4市升。这种税可能是一种借贷，因为战后中央政府开始在湖南加利退税。然而，这些退税并未分给农民，而是被地方政府用来设立农业重建公司。参见《湖南农建公司纠纷内幕》，第35页。

⑤ 马骅，《四川田赋》，第143—144页。

⑥ 在四川、湖北、西康这些少数省份，最贫困的人免交强制性的征购或征借。此外，在湖北，大佃户（耕种30亩及30亩以上）和拥有较多土地者（拥有20亩及20亩以上）必须承担这种强征。见陈友三、陈思德编《田赋征实制度》表2，《湖北省政府报告，1942年4—10月》，第79—80页。

的则以期票形式支付（国库米粮券、国币储蓄券、美国金元储蓄券）。①不过政府支付的粮食价格通常大大低于当时的市场价格，这样，如果（1942年的情形就是这样）以市场价格的一半购买，购税者就只能指望得到不超过15％的市场价格的现金，而且由于贪污，他甚至可能连这一点也得不到。②

到了1943年，重庆政府对强制性征购粮食只付市场价格15％的现金也感到紧张。因此，它创立了一种"借"粮而不是买粮的制度。1943年这一制度在下列9省实行：福建、广西、甘肃、四川、广东、西康、浙江、陕西和云南。次年，这一制度扩展到整个国统区。③ 在这一制度下，农民得到"借"粮的收据，五年之后，政府将回付给农民同等数量的粮食。实际上，这些征借粮食的收据或征购粮食的期票，都未获得国民政府的承兑。④ 因此，征购和征借制度实际上构成了大约与正式田赋相当的附加税。

最后，农民们还被要求把这些实物税运送到政府的征集站。通常，一个四川农民可能必须交付500磅的税米。按照政府的规定，征集站距离任何纳税农民都不得远于一天的行程，但实际上常常相去甚远。⑤ 这样，向政府运送税粮所需要的时间和劳力是相当可观的。1946年安徽的农民——战时的情形想必也是如此——去征集站有时需要五天的行程，到了那儿，他们还必须呆上四天至两个星期，以完成

---

① 傅瑞，第110页。在湖北省，40％的米价或30％的麦价要付现金。见《湖北省政府报告》，1942年4—10月，第80页。期票要付5％的年息，并要在五年内兑现。见徐堪，《中国战时的粮政》，载《粮政月刊》第一卷第一期（1943年4月16日）。
② 张嘉璈，第141页；《西方人眼中的战时中国》，第50页；《中央政务机关三十年度工作成绩考察报告》，第1卷，第110a页。
③ 《中华志，1937—1945》，第196页。
④ 《大公报》，1947年6月18日第7版，1948年10月20日第3版；《新闻报》，1946年6月6日。
⑤ 陈友三、陈思德编，第28页；李体潜（音），第7页。

纳税手续。① 自然，农民必须承担运输粮食的开支，承担他自己的以及助手的食宿费。正如1947年一个高级官员所抱怨的，这些费用"在任何一例中都超过了交纳的税粮价值，这样政府收到了一石粮食，而农民们的负担却是两至三石"②。有些时候如果纳税者必须不止一次地去征集站——因为收税者发现交来的粮食质或量方面有问题或是存心刁难——负担将更沉重。③

摊派、军粮及其他苛捐杂税

战前，国民党统治下的中国农民就承受着明确规定的田赋以外的一大批税捐和劳役负担。战争时期，这些税捐种类和负担惊人地增长。这些税有的是由中央政府征收，如盐税，到1944年已成为重庆岁入现金的最为重要的单项来源。④ 不过，其他更大量的税都由各个地方政府所制定。它的一个重要原因是由于田赋的统一征收，中央政府占用了省级政府的税基。作为补偿，中央政府在1941年付给省、县政府相当于原来田赋收入1/2的津贴，次年，中央政府不给直接津贴，而改从各种税中把一定比例的收入划归地方政府——如15％的田赋、30％的营业税以及25％的遗产税。⑤

---

① 《新民报》，转引自《中国新闻评论》，1946年2月5日，第7页；又见徐堪，《徐可亭》，第130页。
② 《全国田粮会议纪要》，第82页，对交税成本的类似估计，参见李体潜（音），第7页。
③ 张嘉璈，第142页；李体潜（音），第7页；钱江潮，第6页。
④ 杨格，《中国的战时财政与通货膨胀》，第36页；贺岳僧，《赶快纠正社会的偏向》，第9页。
⑤ 陈友三、陈思德编，第58—65页；《中华志，1937—1945》，第202页。可见资料显示，实际分配给地方政府的远远低于这个百分比。见杨格，《中国战时财政和通货膨胀》第16、29页。至少在1944年中期以前，这一分配主要是给现金而不是粮食，结果它加剧了通货膨胀的压力。

然而,这些津贴和部分划拨完全不足以满足地方政府的开支,因此,它们就必须搜寻其他替代的岁入来源。例如,县政府现在便把屠宰税(这是一种附加到猪肉、牛肉、羊肉价格上的税捐)当作新的重点收入来源。在战前的1936年,这种税不超过县政府岁入的4%,从1942年起,它成为省政府经费的一个主要来源。① 此外,地方政府还实行各种各样的摊派。

摊派,是混乱的特殊形式的税捐,它有时按年度征收,有时按月征收,有的仅征过一次或不定期征收,它被用来应付一种特别需要或填补一个突然的亏空。严格说来,大多数摊派是非法的,但是,大多数的摊派也都是得到了更高一级当局的默许而征收的。在国统区的任何一地都有这种摊派。这一制度因地而异,但是1942年对四川省18个县的摊派的一个详细调查,也许可以被视为其他地区摊派强征的一个代表。在四川,1942年的合法摊派只有保甲捐和教育税。② 然而,在那一年对18个县的调查中发现有240种不同的摊派。③ 一个县仅列了11种摊派,另一个县则有67种之多。

摊派的种类令人吃惊。例如,有"捐献新兵草鞋"税、"军属慰问"税、"防空干部训练"税、"卫戍部队油料"税等。此外,还有为救国债券、电线杆、修路、教员米粮津贴、学校设备、保长会议食物及油料、保长行政补贴,军属丧葬费用所征的税捐。④ 在这些税捐中有一些数额相当大,有的比较小。约有1/4的税捐由中央和省政府制定,略少于

---

① 关吉玉,第222—225页;徐道邻,第3章第60—61页。以湖北省为例,1943年的屠宰税定为肉价的6%,它是省政府最重要的单项税源。见《湖北省政府施政报告,1943年10月—1944年9月》,第43页。关于贵州的情况,见吴鼎昌著,第47a、48a页。根据《国民政府下的中国地方行政》一书,1942年的屠宰税占所有地方政府税收的44%。
② 伍旦戈,第176页。
③ 调查确实统计了有616种摊派,但其中有许多只是不同名目下的同样摊派。
④ 伍旦戈,第176,177页。

1/4 的税捐由地方士绅和宗教组织设立,一半以上则由乡村和保甲头目创立。然而,在所有这些税捐之中,那些为军队筹措资金和供应品的征收是最重的负担。正如贵州省主席、知名的国民党领导干部吴鼎昌所抱怨的,高级当局常常命令县政府为军队和其他防卫需要提供经费,而不考虑这些钱如何去获得。① 还有,驻军常常需要猪、鸡、木柴、饲料、工具、建筑物资等等。在这种情况下,解决办法是下达新的摊派任务。②

摊派的一种特殊形式——尽管我知道事实上它从未叫过摊派——是军粮,在那些税粮供应不足的地区或因运输问题妨碍了向部队提供米粮的地区,军队的高级指挥官可能向地方政府要求需要的稻米。于是,地方当局向本地区居民下达定额、监督粮食的征收,并征发劳力把它运输到指定的征集中心。根据1946年的一份材料,通常是由商人承担军粮的30%,农民承担70%。像征购制度一样,为军粮所支付的报酬是永远不变的,其价格远远低于市价。而且,由于钱要经过许多官员的手,他们常常刮下一部分,这样通常只有很少的报酬到达农民和商人个人手中。因此,从普通百姓的角度来看,除了这种强征可能在任何时间以任何数量降临之外,军粮购买很难与正常的税捐区别开来。③

根据粗略统计,1940—1944年征收军粮的全部数量似乎约等于同时期田赋征粮的10%。④ 但是,军粮负担的轻重在不同地区是不平衡的。有些省份,如湖北、河南、陕西、四川,那里驻有大批部队,它们付

---

① 吴鼎昌,第6a—b页。
② 军方有时对征用的食物——在这种情形下也称为摊派——付款,但是只是付出相当于市场价格的一小部分。见《东南日报》,1944年6月25日。见中国地政研究所论文集《农村经济》第5卷。
③ 徐堪,《抗战时期》,第13页;《申报》,1946年11月23日;《东南日报》,1944年6月25日。
④ 徐堪,《抗战时期》,第13页。

出了过度的税捐。例如四川就提供了所有军粮的1/4至1/2。① 在第五战区和第六战区部队集结的湖北，1942年的军粮竟达田赋粮和征购粮总和的77%。② 像陕西这样的西北省份的负担无疑也是很大的，因为胡宗南将军所谓的精锐部队仅仅在1941年这一年获得过充足的粮食供应。在所有的其他年份，正如同情胡宗南的传记作者所承认的，部队必须"就地取材"。③ 胡宗南的部队是否为搞来的这些粮食全部付款或部分付款，没有说明。

正如农民为支持战争提供了不相称的经费和粮食一样，他们还提供了最大的人力，去当兵及做苦力。政府征发劳役在国民党统治下的中国并不是件新鲜事，但是战争的需求使它成为巨大的负担。男人、女人和孩子们被征发去建筑要塞、战壕、道路和机场，他们中的绝大多数是农民。在滇缅路的修筑中，就征用了16万劳工。④ 50万人被征募去修筑9个飞机场以供美国B-29轰炸机及配属的驱逐机使用⑤；另有50万人挑泥担土为湘赣铁路铺筑路基。1943—1944年间，河南省征用了无数的人来挖一条15英尺深、20英尺宽、300多英里长的反坦克战壕，而这随后被证明毫无用处。⑥ 数以百万计的人被强征来从征集中心向各分配站运送税粮和军粮，有时用船只、大车、手推车，但有时，如在湖北，足有一半的大车不能使用，所以必须以人肩挑扛。⑦ 安徽省主席李品仙将军报告说，在安徽每当收获之后，人们排着长长

---

① 小庄，第15页。
②《湖北省政府报告，1942年4—10月》，第80页。
③《胡上将宗南年谱》，第233页。
④《中华志，1937—1945》，第220页。
⑤ 潘光声(音)，第11页。
⑥ 江上清，《政海秘闻》，第157页；美国国务院文件，893.00/15251，附录1，1944年1月18日，第1页。
⑦《湖北省政府报告，1942年4—10月》，第82页。

的队像无间断的蚁流那样,向省府的仓库运送粮食。①

尽管每项工程的艰苦程度各不相同,但是这些征役的劳动条件都是同样粗陋。劳工们只得到很少的或完全得不到报酬;准备发给他们的工钱常常被各级官僚机构的掌权者所"榨"去;茅屋和卫生条件是原始的。在四川的机场工程中,劳工们载着石筐要走很长的路程,有的一天最多也只能走完一半行程,成千上万的人死去、逃跑或严重受伤。② 在滇缅路的修筑中据报告有7 000人死亡。③ 一个曾任征募劳工监督的人报告说,劳工们来自60至100英里以外的地区,每次服役10到15天,吃着粗糙的食物,居住在简陋的茅屋中。但是,据他回忆,劳工们不在乎。④ 实际上,真实情形恰恰相反。原粮食部部长徐堪承认,就粮食运输而言,"每一个人都不愿从事这一工作"⑤。一个在战争时期达到成人岁数的河南本地人说,他们那儿的农民害怕这些劳役期,他们由此所受的苦难,大大超过征兵或政府的赋税。⑥

政府认为,由于中国是一个从事现代战争的不发达国家,像大批征用劳工这样的原始方法的使用是必需的。⑦ 因此,他们并不想废除这一制度,而是要使之规则化。1943年12月,重庆颁布了一项义务劳动法,要求年龄在18至50岁之间的男人每年必须做10天的无偿劳动。⑧ 同年,湖北省政府起草了一些条例,规定应该支付劳工工钱或一定数量的粮、油、盐,而且这些劳动应被限制在农闲季节。⑨ 像那一

---

① 李品仙,第195—196。
② 潘光晟,第11—12页。
③ 《西方人眼中的战时中国》,第44页。
④ 陈英龙(音),第34页。
⑤ 徐堪:《抗战时期》,第18页。
⑥ 宋广仁(音)访问记,台北,1981年8月27日。
⑦ 余长河,第39—41页。
⑧ 余长河,第39—41页。
⑨ 《湖北省政府报告,1942年4—10月》,第18页。

时期国民政府的大多数法律一样，这些规定与其说是对现时实践的法规，莫如说主要是陈述未来的目标。

农民的赋税负担

对于战争时期农民赋税负担的增长是没有严重争议的。就增加赋税负担本身来说，国民政府并未错，这是战争，公民的负担变得繁重是可以理解的。然而，有争议的是这种赋税负担的增长是否对农民的经济生计和政治观点产生了严重的有害的影响。①

用严格的数学语言来说，自1942年始，农民的田赋税率近五倍于战前。② 然而，即使是在征税高峰时期的1942年和1943年，田赋征收、征购和征借也只占全部稻麦产量的8%（见表三）。这一比例不包括伴随着田赋征收的次要税（诸如县级公粮）。因此，这些年里政府的全部税收就有些高于8%了。即使是这样的税率——尽管它大大高于战前——就其本身来说也未高到足以严重损害中等土地拥有者的生活水准。

---

① 当我将这一章的初稿提交给1981年8月26日召开的中华民国史会议时，我发现，这仍然是一个具有强烈感情色彩的问题。
② 5倍的数字系以下几方面推算出：(1) 1941年确定田赋征实费等于战前田赋与附加税之和；(2) 1942年征实费翻倍；(3) 1942年的强制性征购大约使同年的田赋征实翻倍；(4) 县级公粮（田赋征实的30%）和"积谷"税（田赋征实的13%）加在一起约等于战前田赋的86%。

表三：1941—1948 年的土地实物税收

（单位：百万市石）

年　份[a]	(1) 稻麦总产量	(2) 税收	(3) 国家税额	(2)/(3) (%)	(2)/(1) (%)
1941	808.6	24.1	22.9	105%(97.8)[c]	2.98%
1942	845.0	67.7	65.0	104(101.6)[c]	8.01
1943	808.7	65.2	64.2	102(93.3)[c]	8.06
1944	923.0	57.9	64.6	90	6.27
1945	807.6	30.1	35.3	85	3.73
1946	1 357.5	42.5	54.4	78(43)[d]	3.13
1947	1 402.6	38.3	58.8	65(48)[d]	2.73
1948	1 356.0	20—25[b]			

资料来源：第 1 列，见杨家骆编，第 4 卷第 1279 页。第 2、3 列，见《中华志，1950》，第 563—564 页。第 2 列数字包括强制性的征购和征借。

说明：一市石＝100 升 ＝2.84 美制蒲式耳

注：a. 1941—1945 年统计数为 15 省，1946—1948 年统计数为 22 省。

　　b. 这一数字代表到 1948 年 11 月止的"已征粮食"，系由粮食部部长关吉玉提供。他说政府实际上需要 7 500 万市石。见《字林西报》，1948 年 11 月 3 日，第 1—2 页；《纽约时报》，1948 年 11 月 3 日，第 24—25 页。

　　c. 括号内备选数字引自陈友三与陈思德印制表，第 82—85 页。

　　d. 对括号内数字的说明参见第三章。

然而，农民实际上承受的赋税负担不只是由正式的税单所决定，更主要的是由中国政治生活参差不齐的现实所决定。一些赋税所产生的影响和作用，在省与省之间、村与村之间、人与人之间都是大有差异的。例如，在田赋的货币量和粮食量的转换率方面各省之间就存在着很大的差异。因此，1943 年的每元兑 4 市斗的"标准"转换率仅仅是在湖南和陕西实行。① 而每元换为 3 市斗的比率则更为普遍，在云南则为每元兑 1.2 市斗。然而四川却是以每元折 7 市斗的比率征收。

---

① 陈友三、陈思德编，表二(第 33 页)。

表面看来,不同的转换率的主要原因是1941年以前一些省征收的货币税要比其他省重得多。不同省份粮食的相对充足或贫乏也可引为另一考虑因素。① 实际上,由于分配给各省的定额取决于中央政府和省府之间的谈判,国民政府对一个省的政治控制的程度很可能是一个决定性的因素。例如,云南的低转换率固然是因为它是一个贫粮省。然而该省的相对自治和与重庆的紧张关系则无疑是在省际分配谈判中的一个决定性的考虑因素(见第一章)。

农民赋税负担的多种类别就这样构成了国家的赋税结构。然而最终决定土地拥有者个人纳税状况的还是税的管理方法,而不是正式的税率。例如地籍,它是征收田赋的基础,都已经过时和腐坏。有一些是数百年不变地留传下来的,而不管可能发生的极为重要的诸如土地面积和产量变化。② 更重要的是1/3以上——可能是1/2——的耕地甚至根本没有登记在税册上。战后对6省108县的一系列土地调查惊人地显示了这一点。这一调查使应纳税的土地面积增加了56%。如在安徽,有54%的应纳税土地到那时为止没有纳税;河南有37%;浙江有27%;湖南有17%。事实上,对安徽某县的土地调查,发现只有不足5%的应纳税土地登记入册——调查后,税册上增长了两百多万亩土地。③ 这些未登记土地绝大部分很可能属于比较富裕的地主,尽管这仍然是一个有待于探讨的问题。

中国各地的惊人差异也使整个制度复杂化,而给贪污开了方便之

---

① 同上,表二(第31页)。
② 马骅,《四川田赋》,第148—149页;《财政年鉴,三编》,第5章,第72、78页;张嘉璈,第142页。
③ 《财政年鉴·三编》,第71页诸表;又见《湖北省政府施政报告(田粮部分)》,1942年11月—1943年9月,第3—4页;马骅:《四川田赋》,第144页;杨格:《中国的战时财政与通货膨胀》,第22页;《中华志,1937—1945》,第197页。然而,土地调查并不能确保赋税能公正地征收,见《大公报》(重庆),1947年8月21日第2版,1945年2月26日第3版。

门。例如,土地拥有者必须为每元税金付一定数量的稻米,这一看起来简单的规定,在管理实施中就成为一个可怕的东西,因为不是所有的地区都生产稻米,因为在农村地区度量单位和器皿没有标准化。尽管许多县和村确实使用斗作为通常的粮食容积度量单位,但斗的大小是各种各样完全不确定的。而且,在近一半的省份,习惯以重量而不是以容量来度量粮食。在这些地区,征税者不仅需要把税金换算为粮食,还需要把粮食的重量换算成市斗。① 还有一些地区,习惯上以银两而不是以法币征税。又如在云南,最初是以滇币纳税的。② 此外,不产稻地区的农民被允许以其他农作物纳税,最主要的有麦子,还有小米、豆类、马铃薯、玉米、棉花等,这些都必须按一定比例换算为稻米。

这些不同的度量单位、钱币和粮食向官方标准的转换产生了令人吃惊的混乱和极大的不公平。一些不公平无疑并非故意,如当一斗小米的市价向一斗稻米的市价转换时它就很容易产生。然而,征税者在这一混乱之中欺骗纳税农民的机会是大量的和不可避免的。因此,这一制度很快成为贪污的渊薮。除了在换算价格和重量时蒙骗农民外,征税者还常常任意增加税额、在正税之外增加非法费用,或使用大于法定市斗的容器以自肥。有时候他们索求贿赂,农民便可以由此而省下在完成复杂的纳税手续前的几天的等待时间。要不然,他们将征收罚款,这些钱都将流进他们的腰包。③

伴随着粮食的征集,官员们开始有了投机倒把的机会,因为粮食

---

① 马骅,《四川田赋》,第 147 页;浙江昌化县政府《田赋开征事务的经验和心得》,1941 年 11 月 25 日,载中国地政研究所论文集《全国田赋》。
② 陈友三、陈思德编,表二(第 33 页);马骅,《四川田赋》,第 147 页;谷苞,第283 页。
③ 张嘉璈,第 142 页;钱江潮,第 6 页;《田赋开征事务的经验和心得》;《全国田赋开始征实》,粮食部 1946 年 8 月 3 日发布,第 2 页。该文件指出了在田赋征实方面应加以纠正的一系列问题。

必须经过运输、储存和清理程序。例如，磨坊的人虚报碾磨和清理过程中的损耗，粮食雇员经常性地偷窃所谓"散落"，运输者报告他们的船翻了或匪徒抢去了他们的货物。① 常见的揩油形式是把水、石子或杂草掺加到粮食里，以替补他们偷到市场上出卖的粮食，往后的其他人也纷纷效法。当米到了士兵或官员们的饭锅里的时候，它常常是难以下咽的。② 带着阴郁的幽默，这种官方供应的米被称为"八宝饭"——原是指一种加上樱桃、枣和其他大量甜食（而不是石子和谷壳）的很为人喜欢的甜饭。③

税粮管理中的腐败是如此普遍，它达到了不容忽视的地步。粮食部部长徐堪在1944年9月的国民参政会上承认："（田赋管理的）四个阶段——征收、储存、运输和分配——中没有一个阶段不存在着腐败，老百姓收获和交纳（给征税者）的稻米总是足量的和优质的。但到最后，当人们食用它时，它量少又质差，一讲到这一情形，我就痛心。"④ 徐还抱怨难以雇到能干的、诚实的人来部里工作，并宣称那些想要谋一个粮食监督之类职务的人尤其"居心不良、绝非善类"。⑤ 可见，粮食部普遍的腐败是一个毋庸隐讳的事实。事实上，《大公报》估计，作为官员们和地方豪绅们投机的结果，到去壳时约10%以上的税粮已被吞掉，另有30%消失于储存期。在运送粮食过程中又有进一步的损失。⑥ 即使这一估计夸大了由腐败带来的损失，但它清楚地显示出损失是非常大的，它将直接或间接地加重农民的赋税负担。

---

① 娄立斋，第13页；《大公报》（重庆），1943年10月16日第3版。
② 陈正谟，《田赋征实与粮食征借之检讨》，第320—321页。
③ 吴相湘，《第二次中日战争史》，下册，第625页；赵小义（音），第17页。
④ 《大公报》（重庆），1944年9月7日第2版。
⑤ 《大公报》（重庆），1944年9月11日第3版。
⑥ 陈正谟，《田赋征实与粮食征借之检讨》，第320页；张嘉璈，第142页，张估计贪污仅造成5%的损失，这一数字显然太低。

此外，农民不只是税收过程中的被动对象，他们也企图蒙骗，往交给税收站的粮食里掺假。逃税所产生的影响在1942年后也不断增长（见表三）。但是，田赋征收制度在动员全国的粮食交纳方面鲜有效率这一事实，并不说明一般农民的赋税负担变得轻一些。事实上，当田赋征收下降之时，政府通过非正规手段征收的苛捐杂税，诸如军粮和摊派便上升。如同田赋的管理那样，政府并无更大的能力监督非正规强征。因此，给农民带来打击的贪污和不公正便成为普遍现象。①

做一个大致的估计，战争后期的摊派负担约等于同期综合田赋的两倍。② 但是比起田赋来，这些混杂捐税的征收更加多变，更使人难以承担。例如，1942年对四川摊派的调查结果表明，在调查的18个县中只有1个县的人民能够承受摊派负担；另4个县的人民须经过一些努力后才能承担；而13个县——这是一个相当大的多数——的绝大多数人感到摊派负担是极为沉重的。③ 这样的考察显然是走马观花的，然而它可能是人们对摊派强征的一系列反应的比较准确的反映。调查还发现摊派负担偏压在小地主、自耕农甚至佃户这些农村社会的贫苦阶层身上，大部分富裕村民和与政治及秘密社会有关系的大地主，能够说服保甲长以及其他的摊派征收者宽容他们或强迫他们的佃户付税。④

大地主和乡绅集团的富裕成员实际上一直拒绝与政府税吏合作。蒋介石在1942年声称，他们中的绝大多数人是如此自私地逃避他们

---

① 1941年政府把田赋国有化后所出现的问题和曾是沦陷省份的1945—1946年免除田赋时再次出现这些问题便说明了这一点。
② 伍旦戈，第175页；《东南日报》，1944年6月25日；《大公报》，1947年8月21日第2版；钱江潮，第6页；贺岳僧：《赶快纠正社会的偏向》，第9页。
③ 伍旦戈，第191—192页。
④ 同上，第189—190页。官方的《财政年鉴·三编》第5章第3页，述及大户常常拖缴税款，而中小户则准时缴税。

应负担的那部分赋税,以至于他们已经丧失了作为中国公民的权利。到 1947 年他还抱怨他们仍然"普遍"拒绝交纳田赋。① 人类学家费孝通认为这些乡绅"不受法律拘束,且免除了赋税和征兵"②。

举例来说,曾任云南省将领和政府官员的朱长官,在整个对日作战时期从未交纳过任何赋税。当一个地方官员在一次会议上提及这一事实时,他得到了他的同事的警告:"朱长官将会给你找麻烦的。"朱长官的儿子解释说:"我父亲在政府服务了这么多年,不应要求他交纳任何赋税。"③当像朱长官这样有钱有势的人不交纳任何赋税时,保甲长和其他的征税者就必须相应地增加其他村民的赋税,以完成他们这个地区的定额。

80%以上的摊派系由保甲长们负责,他们的腐败是臭名昭著的。他们常常同时征收好几种税,这样农民们就无法知道他们正在交纳的是什么税或每一种税各有多少。更有甚者,他们很少开收据。这样对他们压榨的限制办法便很少而且无效。其结果是,摊派的实际负担大大增加。四川的一份调查推测,保甲长们把他们征收的摊派金的 1/3 塞进了腰包。④ 1947 年的一份官方出版物也指出,投机常常使农民的实际摊派负担加倍。⑤ 财政部长悲叹:围绕着这些混乱的赋税而产生的腐败,"涣散人们的精神,动摇国家的根基"⑥。

最后,我们再来看看,政府加于中小土地所有者身上的合法和非法税捐的全部负担是多少呢?这是他们承受征税者不断需求的主要

---

① 蒋介石 1942 年的讲话见《蒋总统思想言论集》,第 17 卷第 137 页;蒋 1947 年的讲话,见《全国田粮会议纪要》,第 82 页。
② 费孝通,《中国的绅士》,第 27 页。
③ 费孝通,《中国的绅士》,第 196—197 页。
④ 伍旦戈,第 196 页。
⑤ 钱江潮,第 6 页。
⑥ 《财政年鉴·三编》,第 5 章,第 34 页。

压力。根据1945年初的《大公报》所载,小农们的付出量五倍于政府下达的赋税,因为大地主将其大部分赋税负担转移到他们身上。① 这个数字是与当时的若干估计相符合的,即许多农民的赋税负担是他们收获物的30%、50%,甚至更多些。② 如果把它总的理解为是指政治上没有势力的贫苦的小土地所有者而不是地主阶级,这个数字看起来是可信的。然而,我们必须知道,这只不过是一些估计数字,正如詹姆斯·C. 斯考特(James C. Scott)所揭示的,在任何情况下,农民的生活状况很少取决于政府的税率,而是取决于缴税之后农民实际还剩下多少。③ 然而,关于这一点我们还完全缺乏过硬的资料。也许,对于赋税负担的最令人信服的非定量评价是一位著名观察家在1945年所说的"许多人已经感到他们不能忍受"④。或许,正如同年5月国民党官方所承认的:"战争中,农民以提供财力和人力的方式作出了最伟大的贡献,但是他们的生活是最困难的。"⑤

经济影响和政治反应

到战争后期,特别进入1943年以后,税制的败坏、贪污、减产和通货膨胀在乡村都已非常明显,一小部分农户,主要是大地主更加富裕——中央政府在1945年认识到了这一事实。由于改善部队生活状况遇有财政压力,政府便发起了一个专门的"捐粮运动",其目标主要

---

① 《大公报》(重庆),1945年2月3日第2版(社评)。
② 《东南日报》,1944年6月25日。谢伟思,第13页;林沃尔特致艾切森函,1943年8月24日,美国国务院文件,893.00/1544,1943年9月18日,附件1第4页。《新闻报》,1946年6月6日;《中国经济年鉴,1947》,第2章,第61—62页。
③ 斯考特,第29—34页。
④ 马骅,《三十三年四川》,第116页。
⑤ 《中华志,1937—1945》,第55页。

是大地主与富农。①

但是,地主所有制是如此有利可图,以至于它正导致土地所有权的大量集中吗？断言土地集中正成为一个重大问题的观点,在战时及战后已成为无可争议的普遍观点。共产党人当然乐于暴露国统区社会的阴暗面,他们声称政府官员正在重庆、成都和昆明周围以及整个国统区购买土地。② 甚至国民党的官方消息来源,包括国民党的《中央日报》以及立法院院长孙科,有时也表达出这些谴责。③ 但是能够显示土地正在大规模集中的可靠资料是非常缺乏的。共产党的历史学家甚至援引国民政府的一份调查作为论据。该调查指出,1937—1941年间,地主的土地占有量在四川省从69％增长到70％,在西康从67％增长到72％。④ 在这样微小的比例上建立关于地主所有制增长的重大论断并不十分可靠。因此,这些谴责很可能是更多地产生于政治成见而不是经济现实。⑤ 事实上,投资者们发现商品投机和购买美国证券要比占有土地更有利可图。⑥ 而且,从商品投机和美国证券中所获得的利润很少交税,而投资于土地就至少要准备与吸血鬼一般掠

---

① 周开庆,第274—275页;《大公报》(重庆),1945年4月26日第2版;徐堪,《徐可亭》,第153页。1944年,在一些省份设立了一个类似的名为"累进征借"的制度。见《财政年鉴·三编》,第5章,第2、11—13页。

② 《新华日报》,1944年4月24日。

③ 《中央日报》(重庆),1942年8月1—2日,1944年2月27日;《大公报》(重庆),1942年10月16日第3版。又见汪荫元《限价与田地限租》,第165—167页;陈洪进,第257页;刘秋篁,第153—154页。

④ 孟宪章,第228页。

⑤ 卜凯和严中站(音)报告说,彭县——邻近成都,那儿的土地集中,被认为增长迅速——在1937—1942年间只有0.4％的土地的所有权发生了变化。有一个村庄,有0.7％的土地易手,"大部分是从小田主转移到大田主,主要是地主手中",见《战争对四川彭县农民的经济影响》,载《经济统计》第19卷第112页(1943年4月)。另一方面,国民政府农林部的档案显示,从1937至1946年四川和云南的"自耕农"增加了8％。自耕农不一定是地主,因此这些档案并不能确实证明土地集中在明显增长。见杨家骆编,第4卷,第1240—1241页。

⑥ 张嘉璈,第60页。

取农村财产的军队打交道。

虽然地主所有制的增长不是一个严重的问题,但大地主普遍地更加富裕与大多数农民生活水准的下跌仍是实情。乡村中的社会经济差距在战争后期也可能比20世纪的过去的任何时候都大。在成都附近的彭县,卜凯(John Lossing Buck)和严中站(音译,Chong-Chan Yien)在1943年初发现,与战前比较起来,有2/3的农民吃肉少了,59%的人买衣少了,83%的人娱乐少了。欠债的也从19%增长到38%。① 同年对于云南昆明附近的一项类似的研究显示,战争期间61%的农民家庭生活水准下跌,只有24%的人(主要是大地主)改善了他们的经济地位,大体上不变的占15%(主要是中等地主)。② 同一时期,贵州省主席吴鼎昌也注意到贵州的同样趋势。他写道,只有"极少数人"过着比过去更高消费水准的生活③,而同时广大民众的消费已降到不能再降的界点。

对于乡村的日益增长的剥夺并非源于某个单独原因。造成高地租和削弱购买力的通货膨胀可能产生了一些影响,但是它本身还不是决定性的因素。内地许多地区的减产也带来了实在的然而仍是相对有限的损失。这些损失与其他的损失加在一起,对许多平时生活就差劲到近于最低水平的农民来说至少足以造成一些不幸。然而,当他们另外还必须承担急剧增加的赋税负担和遭遇不可尽数的贪污时,这种不幸便常常更普遍更强烈。

1942—1943年河南的饥荒明显地暴露出政府的苛捐杂税对于农

---

① 卜凯和严中站(音),第111页。
② 周荣德,第17页。又见《云南日报》,1945年4月13日。《云南日报》1945年4月13日。该报指出到1945年云南农民已经贫困到"难以想象的境地"。秋收之后,只有半数农民有能维持其家庭生活6个月的稻米。这以后就必须吃豆类、薯类、玉米和南瓜。
③ 吴鼎昌,第42b页。又见胡风,第12—13页。

民的生活能产生何等关键的影响。在那里,干旱、霜害、冰雹和蝗祸使1942年的春夏收成减到正常年景的25%。结果,人们在即将到来的冬季将肯定要面临着粮食短缺。使这种匮缺演变为严酷可怕的令数百万人饿死的饥荒的,正是政府无情的征税和军粮征收。近百万军队驻扎在这个省,他们都得吃饭,而那里的运输器械已经被战争所破坏,因此士兵们的食物必须由地方提供。是让军队挨饿还是让农民挨饿,这对于当局来说可能是一个困难的选择。但是在战时军队获有优先权。无论有什么样的正当理由,结果是可怕的。农民们交出了最后的麦子以纳税,数百万人背井离乡去山西和其他邻近的省份逃难。农民们不顾一切寻求食物,仅仅是为了得到一斗左右的粮食就会卖掉曾视如宝贝的土地。据报告还有许多人卖儿卖女。政府终于意识到了这一危机,宣布减免1/4的田赋。但是,根据所有的报告,地方官员和军队对粮食的要求仍未放松。许多人靠吃树叶、树皮、花生壳甚至据说还有靠吃人肉度日的。[1] 饿死者中有相当大比例的人死于1943年春,这时新的麦子已经结出了颗粒。绝望的农民磨碎这些未成熟的麦子,吃这种浆糊,导致许多人死于浮肿。[2] 白修德估计,1943年3月,由于这场曾被人称为"人为饥荒"的灾难,约有500万人"死去或濒于死亡"[3]。

河南的悲剧是一个极为悲惨的例子,由此可见政府的苛捐杂税是如何加剧了农民的贫乏。其他地方也都存在着许多同样的情况,它至少能够部分地解释,为什么从1942年起整个国统区的农民的剧烈反抗和起义日益增长。如1942年初在甘肃,6万人席卷了这个省的20

---

[1]《大公报》(重庆),1943年2月1日第2版;谢伟思,第9—19页;《东南日报》,1944年6月25日;美国国务院文件,893.000/15251,附件1,1944年1月18日,第1页。白修德和贾安娜,第166—178页;白修德,第144—153页。
[2] 宋广仁(音)访问记,台北,1981年8月27日。
[3] 白修德,第152页。

个县。他们的口号是:"甘肃人治理甘肃!反对征兵和粮税!杀尽南蛮子!"在一年多的时间内,造反者击败了所有派来对付他们的地方军队。最后,在1943年的6、7月,经过40天的战斗,胡宗南将军的精锐部队镇压了这一暴动,据报告杀了14 000余人,俘虏了18 000人。① 1944年在湖北北部,数百人打着反对政府的粮税和劳役的旗号,在三个乡内杀死官吏,烧毁了所有政府管理机构。虽然在6月份被驱散,但一个月后,人们更凶猛地再次起事。② 更为严重的是同年在湖北南部的万余人的造反。根据省政府的报告,共产党与秘密社会黄枪会结为联盟,"利用农民对粮税和劳役的不满"攻击政府官员、军队指挥部和粮库。③

据报告,实际上国统区所有的省份都有类似的起义——许多就发生在战时首都所在的四川省,遥远的福建省也有起义。人们悲惨生活的根源通常是征兵、税收和强制劳役。因此,起义的攻击目标自然是政府部门和官员。河南省的饥荒也产生了一个合乎逻辑的完全可以理解的结果。在1944年,当国民党军队在日军的豫湘桂战役下退却时,河南的农民起而攻击那些给他们带来许多痛苦的部队。他们挥舞着农具、枪和大刀,解除了大约5万人的部队的武装,杀了一些人,有时甚至活埋了一些人。

土匪——中国农村反叛者的传统的庇护所,用一位在甘肃的美国传教士的话来说,现在也经历了"一个引人注目的高涨"。武装者、原先的农民、逃避征兵者和军队开小差的,经常是以200—4 000人为一伙,劫掠乡村,威胁老百姓,使公路往来成为冒风险的事,有时还使之

---

① 《胡上将宗南年谱》,第118—121页。
② 《湖北省政府施政报告》,1943年10月至1944年9月,第132页。
③ 同上。

中断。甚至护送的军队也常常遇到他们的攻击。①

造反者和土匪大概只占全部农村人口的一小部分。绝大部分农民继续耕种着他们的土地,服从政府当局,然而,对政府的怨愤正明显地回响在全国的乡村。国民政府资源委员会主任翁文灏在1943年承认,土地税制中的腐败正导致农民去造反。②贵州省主席吴鼎昌则抱怨人民不理解政府对人力和财力的需要。他说,由于"官民之间的隔阂,以及勒索和骚扰没有得到充分的查处","坏人"利用了人们的不满制造麻烦。③一位在福建的美国官员约翰·C. 卡尔德威尔(John C. Caldwell),在1944年初报告说"人民的感情和情绪接近沸点",他警告说,"人民正不安地骚动"。④国务院的一位官员在1943年中得出类似的看法,他比较直率地指出,在农村地区的普通民众中"(国民党的)威信和影响力也许已经降到了他们的最低点"⑤。

---

① 《渝商务日报》,1945年11月30日,载中国地政研究所论文集《农业调查》,第3卷;《甘肃省的民变》,1943年5月19日,美国国务院文件,893.000/15033,第1页;《贵州省局势:自由中国的骚动》,1943年7月27日,美国国务院文件,893.000/15005,第1—2页;吴文津访问记。
② 高斯致国务院函,1943年11月30日,见《美国外交文件》,1943年《中国》卷,第169页。
③ 吴鼎昌,第194b—195a页。
④ 约翰·C. 卡尔德威尔,《福建省概况》,第2页,美国国务院文件,893.000/15300,附件。
⑤ 庄莱德致范宣德函,1943年5月31日,美国国务院文件,893.000/15037,附件。

第三章 农民、赋税与革命：战后年代

对国民党来说，战争使它在农村地区付出的政治代价是昂贵的。税收、征兵和腐败极大地消耗了农民对政府存有的良好愿望。但是，这些损失并非不可挽回。几年的好收成、和平的恢复、有效率的和廉洁的治理——这些能够很快地驱散大约自1942年以后即充斥于乡村的怨恨，然而这未能成为现实。抗日战争刚刚结束，与共产党人的国内冲突便爆发了。像从前一样，农民们必须提供战争的基本资源——人、钱和粮食。因此原先的怨恨并未减少，在至1949年为止的这段时期中，农民成为短暂的革命混合体的一个重要组成部分。然而，农民在这一时期的真正作用，是与"这是一场农民革命"这样一个不花力气的概括不相符的。

战后初期的形势

由于战争，饥饿和死亡笼罩着中国各省，尤其是中部和南部地区。根据联合国善后救济总署在1946年春的一份估计报告，有3 300万人营养不良，其中有700万人面临着迫在眉睫的饥馑。① 在1946年的前八个月中湖南省实际有一万人死于饥饿。大约有7%的人口处于逃难

---

① 伍德布里奇，第2卷第406页。

之中。① 那些在1944年逃避豫湘桂战役的农民于1945年返回家园时已经太迟了,无法播种夏季作物。即使是回来得早一点的也会发现,他们的粮种被吃掉了,他们被征用的牲畜、猪、鸡被杀掉了,他们的农具被毁坏了,他们的房屋和全部的村庄被烧为平地。② 就这样,1945年有很大一部分地区荒着未种。据报告,实际上直到1946年初,河南、湖南和广东的大约30%—40%的土地仍未耕种。③ 而且,由于人力和畜力的缺乏、肥料的短缺和整个战争时期的全面荒疏,已耕种的土地也效率不高。如湖南1945年的农业产量只相当于正常年景的一半——在这个省的南部地区只相当于1/4。④

从联合国善后救济总署的档案中可以看出,饥荒区域的情形是可怕的。举例来说,1946年春,在湖南的一个饥荒调查队有如下的报告:

---

① 行政院善后救济总署署长蒋廷黻在全国各分署署长会议上的开幕词,1946年9月5日,见资源委员会档案;李宗瀛,第19页;《中国经济年鉴,1947》,第1部分,第107页。
② 关于战时损失的统计资料是非常不可靠的(参见吴景超,第19页)。下表提供了湖南和广西战时损失的大致情况,这两个省都处于豫湘桂战役所经地区。资料来源:《联合国善后救济总署湖南地区办事处——历史》,见联合国善后救济总署档案,第122中国,第2781盒,第7页;雷勤(音译):《广西善后救济问题初议》,第28页。广西的死亡数字包括失踪者,湖南的房屋毁坏数包括受损坏的房屋。

类别	湖南	广西
死亡人员	577 500	115 159
受伤人员	1 676 000	163 446
逃难者	—	2 443 964
毁坏房屋	945 000	391 963
杀死水牛	—	200 000
毁坏粮食	—	14 000 000

③ 关于受灾地区包括农村状况的最好的描述,见吴景超著。又见《大公报》,1946年5月10日第2版;《蒋管区真情实录》,第2页。
④《联合国善后救济总署湖南地区办事处——历史》,见联合国善后救济总署档案,第122中国,第2781盒,第8、70页;考特瑞尔,第12页。据报告,河南的粮食产量只有战前水平的四分之一。见《联合国善后救济总署河南地区办事处,1947年3月31日的历史》,见联合国善后救济总署档案,中国—河南—第119号,附件2第2页。

毁灭的种子

  在沿衡阳到零陵间公路的渡口和小村庄上,到处都可看到从 20 人到 50 人不等的团伙乞讨食物。为了引起注意和获得食物,他们成群地站在公路上,阻碍车辆交通,爬上和爬进车辆……当他们紧紧地抓住卡车不停地叫喊和哀诉时,每次都必须从车子上"使劲地拉开孩子们"。这种团体弥漫着一种骚扰的精神,任何企图驱散他们的尝试都几乎会产生一场骚乱。

  实际上,这些团体的每一个人都只是以已成为破布条的污秽的破衣服部分地遮体,而许多孩子则一丝不挂,他们浑身带着创伤和传染病。①

  在整个饥荒区域,人们靠杂草、树根、青货、麦麸和谷糠维持生命。② 对广西 11 个村庄的一份调查指出,这儿农民的日平均营养摄入量只有 419 千卡热量和 16 克蛋白质。③ 疾病是传染性的,最常见的是疟疾。如在广西全省,有 80% 的人得过疟疾,其中 21% 的人是急性的。④ 天花、霍乱、白喉、痢疾、伤寒、斑疹伤寒以及类似的易传染的疾病是较常见的。⑤ 实际上没有什么医疗和药品,死亡率因此猛增。孩子们特别容易遭到饥饿和疾病的摧残,在饥荒区的许多村庄很难看到

---

① 《湖南省零陵地区救济状况调查》调查,联合国善后救济总署档案,《饥饿地区调查》,第 80008 盒,第 2—3 页。类似的描述,见《中国湖南省衡阳地区救济调查》,联合国善后救济总署档案,《饥饿地区调查》,第 80008 盒,第 6 页。
② 吴景超,第 20—31 页,《衡阳—零陵地区营养状况调查》,联合国善后救济总署档案,《饥饿地区调查》,第 80008 盒,第 2 部分第 1—3 页;《联合国善后救济总署湖南地区办事处——历史》,第 8 页;《湖南省零陵地区救济状况调查》,第 3 页。
③ 《广西全县营养状况调查》,联合国善后救济总署档案,《饥饿地区调查》,第 80008 盒,第 2—3 页。
④ 同上,第 1 页;《河南地区办事处:历史》,附件三,第 1 页;同上,健康部分,第 3 页;同上,附件四,第 7 页;《湖南省零陵地区救济状况调查》,第 5 页。
⑤ 《河南地区办事处:历史》,附件三,第 1 页;同上,附件四,第 7 页;同上,健康部分,第 3 页。

他们,尤其是一岁以内的孩子。① 1945年底1946年初,发生在中国的这次饥荒——3300万人民受其影响——可能是战后初期世界上任何地方同类危机中最严酷和最广泛的一次危机。

这一时期在中国受苦的农民不只限于豫湘桂战役所经过的省份。各地的经济混乱伴随着国民政府的强征而到来,它常常把农民的艰难变为灾难,把饥饿变成饥荒。政府主观上并不想这样,实际上还在想减轻在战争时期处于日军统治下的那些人的痛苦。1945年9月3日,政府宣布了减免田赋的政策:在1945—1946年内,在曾被日本占领过的24个省将不征收任何土地税(包括征借和县级公粮)。次年,余下的省份将免交土地税。②

表面上看来,减税政策在政治上似乎是精明的,因为它将有助于在即将到来的与共产党人的斗争中赢得土地所有者阶级的支持。然而,在财政上,它被证明是一个灾难性的失算。在对日战争结束后的这一年,田赋的征收降到了上一年的一半左右。然而军队和政府的需求并没有相应地降低,实际上倒随着政权进入原来的日占区而增长。而且,从华西向这些地区运送大量的粮食也是不切实际的。结果,军队和各级地方政府不得不通过对地方资源的任意的和非法的强征来满足他们的粮食需要。这就激起了广泛的不满。因此,对光复地区的村民们来说,对国民党统治的光明的指望很快暗淡下去。③

国民党人在原来沦陷省份争取民心政策的影响,在1946年江苏省政府的一份异常坦率的行政报告中被揭示出来。④ 战争期间,大部分的江苏政府机关转移到邻省安徽的未沦陷地区。然而,在战争后

---

① 《河南地区办事处:历史》,附件四,第7页;同上,附件三,第2页。
② 《财政年鉴》,第5部分,第57—58页;娄立斋,第13页。
③ 徐堪,《徐可亭》,第217—218页。
④ 《江苏省政府34/35年政情述要》,财政部分。

期,中央政府预计美国将在海岸登陆,因此它命令江苏政府回到他们的省,在那里秘密地恢复省级行政,并准备抢在共产党之前控制运输网和其他交通工具。盟军没有在华东进行预期中的两栖登陆,但是到1945年5月末,干部们已经在江苏各就其职,其时该省名义上还在日本的控制之下。

尽管回到了江苏本省,但这些政府机关没有任何法定的岁入来源。因此他们就"借"。在战争结束前的三四个月,他们仅仅借了69万元。然而,在1945年的最后四个月,由于免除了田赋,他们不得不另外借了68 100万元。1946年1月,中央政府明令禁止这种征借政策,并终于开始以债券和津贴的形式向省政府提供资金以作为田赋岁入的替代物。然而,这样得到的款数仅相当于战前省收入的一小部分,因此(根据该省的报告)"县财政和市财政便陷入了无法维持的困境"①。于是,该省的行政当局继续实施强迫借债的政策,1946年征收总数为14亿元。② 同一时期,该省的每个县、市也继续实行各种摊派。这种摊派仍然是非法的和沉重的,江苏当局承认"没有任何东西像它们那样折磨着商人,压迫着人民"③。

江苏人民还必须供给国民政府不断开来的大量的日益增长的军队的需求。为了解除日军武装和对抗日益增长的共产党人的威胁,国民政府的军队开进了江苏省。到1946年仅在苏北地区就集结了70

---

① 《江苏省政府34/35年政情述要》,第8页。
② 同上,第8、10页。在山东,征借的负担也加到人民身上。见《密勒氏评论报》,第105卷第13期(1947年5月),第350页。
③ 《江苏省政府34/35年政情述要》,财政部分,第8、16页。为了消除地方政府对征收摊派的需要,中央政府在1946年规定把田赋岁入的一定比例部分划归地方政府。这样,田赋的50%将被划给县政府,20%给省政府,中央政府只为自己保留30%。见《关于田赋征实》,载《经济周报》第23号(1946年3月13日);《粮食征借与粮价》,载《经济评论》第19号(1947年8月9日)。

万军队。① 最初,这些部队直接向地方民众购买供给。但到了1945年12月,这一制度由于每个县军粮征收委员会的建立而合理化,此后便由地方当局来负责。用中央政府提供的资金,他们为军队购买和征收粮食。② 根据官方的报告,起初的合作出乎意料的好,人们甚至自愿运送粮食。然而,稻米的市场价格很快上涨,政府通常仍照从前的价格支付,即仅仅支付市场价格的一部分。江苏的报告没有准确地说明征收委员会付给农民的价格,但是,许多省付出的仅仅相当于市场价格的20%—30%。③ 关于给军粮付如此低价的道理,官方的解释是这将不利于投机和囤积。然而徐堪承认,在这种情况下,"人民自然不愿意向政府出售稻米"④。

政府的强征很快产生了要夺走江苏民众所有一切的威胁。民众对政府的反抗开始蔓延开来。1946年6月,省、县议会的代表呼吁中央政府停止征收军粮,他们的请求获得批准。然而,在这个时候,与共产党军队在苏北的战斗激烈化,结果使军粮的需要变得更为紧迫。因此,7月,省议会想出提前征收1946—1947年度田赋以获得30万市石米的主意。这个新要求把局势几乎推到了爆发点。县议会的代表们意识到"人民处于贫困之中,他们的元气还没有恢复",然而他们又意识到"军粮的派定不容有任何的拖延",因此,他们同意提前征收田赋的计划。事实上,在7、8、9月份,定额的完征数不足60%。官方的报告认为"原因是刚好在新的收成之前,可得到的粮食极少,这确实是个事实"⑤。

1946年中期,当江苏正勉力向军队提供稻米时,政府在其他一些

---

① 《文汇报》,见《中国新闻评论》,1946年5月14日,第1页。
② 徐堪,《抗战时期粮政纪要》,第14页。
③ 《大公报》,1946年3月30日第3版;《中央日报》(上海),1946年5月13日第2版。
④ 《中华志,1937—1945》,第779页。
⑤ 《江苏省政府34/35年政情述要》,田赋部分,第7页。

省的强征也同样是压迫性的。例如,河南在战争期间已经遭受了难以言说的苦难。黄河的不断泛滥、1942—1943年噩梦般的饥荒、1944年日本对该省111个县中109个县的占领以及在豫湘桂战役期间该省西部所遭受到的可怕的劫掠——每一件都加重了战后该省的疲惫状态。据一个保守的估计,至少有200万人"极度"需要粮食救济(联合国善后救济总署这一用语的意思是,如果得不到援助,他们将会在两三个月内死去)。① 然而,有将近100万正规军,无数的民兵、游击队和非正规部队,大约8万名日本战俘以及5万至6万匹军马都部署在这个省内并必须获得供应。② 其时运输系统一片混乱,所有的食物、燃料和饲料都不得不就地获取。政府企图合理地分配负担,从该省东部地区条件相对好些的县而不是从那些已经被豫湘桂战役和黄河洪水所蹂躏的地区征取绝大部分的供应品。然而军事需要不允许这种合宜的区分。根据联合国善后救济总署的官修史,政府为军队所征收的粮食"经常抽自那些中国善后救济总署和联合国善后救济总署正在给予救济粮的赤字地区……中总和联总通过行政院阻止从缺粮区抽取粮食的不断努力是徒劳的"③。在一些地区,联总供应的救济粮被军队所盗用。④ 因此,1946年3月在人民政治协商会议上关于政府强征军粮是造成饥荒的一个原因的指责可能不只是一种政治夸张。⑤

---

① 《河南地区办事处:历史》,见联合国善后救济总署档案,附件三第1页。联合国善后救济总署关于"极度"的定义,见伍德布里奇,第406页。
② 《大公报》,1946年3月19日第2版;《文汇报》,载《中国新闻评论》,1946年5月14日;《河南地区办事处:历史》,附件三第9页。
③ 伍德布里奇,第408页。
④ 吴景超,第111页;《蒋管区真情实录》,第2—3页。
⑤ 《大公报》(重庆),1946年3月27日第2版。甚至国民党中央执行委员会的委员也激烈地指责强征军粮。来自河南的7名委员向1946年3月召开的二中全会提出了《人民无法忍受苦难》的议案。见《第六届中央执行委员会第二次全体会议提案原文》,第1卷第85、102—103页。

内战时期

在随后到来的三年里,即从1946年底到1949年共产党取得胜利,农村地区的情形显然是更加糟糕,不仅产生了经济衰退,还产生了社会及政治骚乱。然而,中国是一个有很多差异的国家,无数关于荒芜、苦难和不安定的地方报告在多大程度上反映了整个农村情形的特征还是可以讨论的。

在光明的一面,由于好气候和中国农民的惊人的恢复活力,1946年的秋季收成非常好,尽管湖南、湖北和河南相对歉收。① 如果国民党的资料是可信的,1947年和1948年的农产量又有进一步的(虽然是有限的)增长(见表四)。然而,农业产量仍然不能满足国家的全部需求。必不可少的粮食供应,尤其是对城市的供应,通过进口而获得。② 但像1945—1946年冬季那种规模的饥荒的威胁不再存在了。

然而,各种各样的经济和政治因素阻止农民享受春天的复苏。通货膨胀的上涨现在正失去控制,它给农民带来不利。尽管城里人反对飞涨的食物价格,但实际上稻米和麦子的真正价格低于战前。③ 整个1946年和1947年粮食价格的上升在商品价格指数方面要比其他大多数东西慢得多,这在很大程度上是由于从国外进口了大量粮食。④ 此外,已经遭到战争严重破坏的运输系统又不断地遭到共产党的破坏,政府也宣

---

① 《中国经济年鉴,1947》,第1部分第32页。
② 关于各省农业产量的具体数字以及短缺数额,1946年部分见《全国粮食概况》,第11—15页;1947年部分见张奇瑛:《三十六年中国经济概况》,第10—12页(第12页列有粮食进口的数字)。
③ 张奇瑛,《三十六年中国经济概况》,第13页。
④ 张嘉璈,第231页;《中华志,1950》,第442—443页;《中国经济年鉴,1947》,第1部分第21页。

称对任何正在运行中的火车和卡车拥有优先权。结果粮食的运输过大地抬高了消费价格,并使农民无法从市场力量的运行中充分获益。这明显地显示在粮食价格的地域性差异上,例如,在1947年5月,上海的米每市石值30多万元,而在汉口仅值17万元,在重庆则仅72 000元。① 在同一时期,布、工具、种子、肥料以及其他的农民必需品的价格猛烈上涨。② 特别是农业劳动力的代价昂贵,因为缺乏劳动年龄的男性,他们已离开村庄服务于军队,或逃避征兵,或在城市里寻求好一些的生活。③ 这样,生产成本的日益上涨便降低了农民的可赚利润。④

表四:1946—1949年中华民国二十二省粮食产量
(单位:百万市石)

年 份	稻		麦		所有粮食	
	产量	指数	产量	指数	产量	指数
1931—1937年平均数	911.9	100	434.9	100	2 783.8	100
1946	861.3	94.4	454.7	105.0	2 785.5	100.1
1947	873.7	95.8	472.9	108.8	2 773.1	99.6
1948ª	(876.4)	96.1	(479.6)	110.3		
1949ª	(810.7)	88.9	(450.1)	103.5		

资料来源:关于1931—1937年的平均值,见《中华志,1937—1945》,第433页;关于1946年和1947年部分,见《中华志,1950》,第538—539、545页;关于1948年和1949年数字,见周舜莘,第93页。

说明:一市石＝100升 ＝2.84美制蒲式耳

注:a 括号内的稻麦数字系根据《中国的通货膨胀,1937—1949》一书提供的指数所推断。

---

① 张奇瑛,《米朝的分析》,第15页;王仲武,《现阶段之物价问题》,第8页表8。
②《中国经济年鉴,1947》,第1部分第21页。
③ 炎林,第19页;《大公报》,1947年6月6日第2版;《中国经济年鉴,1947》,第1部分第5,107页。
④《中国经济年鉴,1947》,第1部分第21、22页;《密勒氏评论报》,第102卷第10期(1946年8月),第234页。

与战前比较起来,非食用作物的市场也大大缩小了。塑料的使用降低了外国对猪鬃的需求,妇女的尼龙袜现在也广泛地取代了丝制袜,而丝很长时间是中国的主要出口产品之一。还有,战争期间,印度和锡兰已经取代中国作为世界茶叶的大宗供应者。因此,这些商品的生产和出口从战前水平急剧下跌,1946 年的生丝出口只有 1936 年数额的 1/8,茶只有 1/9,猪鬃只有 1/2,桐油只有 1/4。①

与之相反,中国自己的纺织厂对于原棉有着不可遏制的需求。但是在 1946—1948 年间,原棉的收成从来没有超过战前水平的 66%,这很大程度上是因为湖北、河南、山东和苏北的主要产棉区是受到内战破坏最严重的地区。华北地区运输系统的混乱使事情更为复杂。结果,重要的纺织工业不得不依赖从美国、印度和埃及输入的大量原棉,而不是本国的原料。②

尽管上述这几个经济因素在乡村造成了相当的艰难,但政府的强征、中下级官吏的腐败和征兵仍然是农民最为不满的根源。监察院在云南和贵州的一位特派员在 1947 年指出:"农村地区的贫困现在已经到了极点……没有任何东西比田赋能带来更大的痛苦。"③1947 年 7 月举行的土地粮食会议的与会者,同样地表达了对这一问题的关注。参加这次会议的都是来自中央和地方政府的高级官员。他们的看法是,田赋的全部制度是繁重的和不公正的,这不是因为定额过重,而是因为这一制度的管理中的缺点。蒋介石在他对会议的公开讲话中,为这种批评定了调子。他指出"现在所有省份的大户通常不交纳粮食税"④。监察院的几位委员详细地说明了这一抱怨,他们告诉与会者:

---

① 张奇瑛,《三十五年度的中国经济》,第 49 页;王仲武:《挽救当前经济危机之对策》,第 5 页。
② 张奇瑛,《三十六年中国经济概况》,第 12 页;《大公报》,1947 年 7 月 30 日第 6 版;张嘉璈,第 230—234 页。
③《大公报》,1947 年 4 月 24 日第 2 版。
④《全国田粮会议纪要》,第 82 页。

"那些只交纳一点点（田赋）的人大多数是富裕的大地主和豪门,而那些交纳了大部分赋税的人大多是小地主中的中下阶层、自耕农和部分租佃的半自耕农。"①官方的《中央日报》在评议这次会议时进一步指出,富裕的地主勾结地方官吏"把税收的负担转移到那些正遭受苦难且无法诉说出来的民众身上,大多数老百姓不懂法律,他们怎么能够抵制胥吏的这种勒索呢?"②

与会者认识到土地税实际上还只是农民负担的一部分。他们看到,军事供应品和县政府的开支大部分通过摊派来获得。由于这些摊派通常是由保长来执行,而他们很少公开地说明他们的行动,因此"邪恶是无边的"③。根据与会者所说,运输税粮也极大地加重了纳税者的负担。④ 会议的讨论潜伏着一种担心,即农民正处于造反的边缘。因此,与会者们告诫政府,反对使粮食征借制度永久化的计划。在四个月以前,政府刚刚宣布取消这一政策,如果又重新恢复过来,它可能激起农民广泛的反抗。一位与会者宣称,"我担心这将超过他们能够忍受的最大限度"⑤。

然而,政府在1947年不能减轻农民的负担。据行政院长张群所说,军队和政府正经历严重的粮食短缺,因此,粮食的征借不能不继续下去。⑥政府不仅恢复了征借制度,而且随着对共产党战争的继续进行,它的

---

① 《全国田粮会议纪要》,第83页。
② 《中央日报》（上海）,1947年8月1日第2版。
③ 《全国田粮会议纪要》,第82页。
④ 同上。又见李体潜（音）,第7页。
⑤ 《全国田粮会议纪要》,第82页。
⑥ 张群估计,政府需要4 050万至4 500万石粮食。然而,1948年1月统计,1947年的各种土地税只征收到不足上数一半的粮食,另外从地方政府那里购买了大约1 300万石粮食。这一数字显示了粮食短缺的严重性。见《全国田粮会议纪要》第82页。《密勒氏评论报》（1948年1月10日）,第177页。关于1948年更严重的粮食短缺情况,见《字林西报》,1948年11月3日第1、2版；《大公报》,1948年10月19日第2版；《纽约时报》1948年11月3日。

粮食需要愈加紧迫。1948年,南京决定提高田赋税率。① 然而到这时候,政府从农村抽取资源的能力已经大大降低。共产党势力的扩大压缩了国民党当局管辖的地区,即使在那些名义上处于政府统治下的村庄,有效的政治控制也已经大为削弱,管理的效率多半已经到了最低点。因此,政府在1948年所实际征收到的粮食量降到1941年以来的最低点(见第二章表三)。虽然缺少精确的数字,但全国的产品税额也可能是实物税创立以来的最低点。

政府在强制人们完纳田赋方面的无能为力,正是农民对合法当局的尊重全面削弱的一种表现。佃户们也不肯交租。有一些报告谈到地主们组织地租征收办事处,以强力征收他们应得的地租(常常是与政府当局合作的)。在某种情况下,为了反抗这些强制性的收租,数千佃户一起骚动,这样的例子至少有好几起。②

然而,政府所做的事情中,没有什么比征兵更能给农民带来痛苦。这一制度的执行依赖于那些饱受通货膨胀之苦的征兵官员,依赖于那些保护其私利的保甲长们。它的腐败、不公正和残酷令人生畏。农民是如此害怕服兵役,他们一听到征兵队迫近的消息就逃离家庭。因此,到1948年,这些征兵队通常是在夜间进行他们的工作,当男人和男孩子在床上时突袭村庄。那些有钱贿赂的人将获得自由,其余的人则被拉去与共产党人"作战"。③ 替身的购买仍然是部队成员(至少是部队人数)的一个主要来源。④ 整个征兵制度削弱了士气,伤害了农民的生计,它也造就了这样的新兵,他们不仅无意与共产党作战,而且

---

① 《大公报》,1948年10月13日第2版。
② 《大公报》,1948年5月12日第7版、5月18日第6版;《申报》,见《中国新闻评论》,1948年6月15日,第5页。
③ 《大公报》,1946年5月14日第5版、1948年1月31日第7版;胡友鹏,第355页。
④ 《大公报》,1948年9月13日第2版、9月30日第2版。

对他们所在的军队为之效劳的政府颇有愤怨。①

到了1947年末和1948年,农村社会的结构似乎正在解体中。土匪,这一虚弱的政治控制和衰落的经济状况的传统象征,正普遍蔓延。② 膨胀的货币信誉全无,人们的支付方式——诸如土地买卖、男方给女方的聘金、购买牛或家具、雇工工资和债务等——都采取以货易货的方式。③ 而且,那些手里有了钱的农民,像城里的工人一样,很快就把它花掉,比从前更经常地用在喝酒、嫖妓尤其是赌博上。④ 面对日益增长的社会和政治动乱以及人身安全在乡村中失去保障,地主们逃离农村,到相对安全的城镇和大城市里去——可以肯定,常常留下地方上的恶棍保护他们的财产以及向佃户收租。⑤ 普通农民也放弃了农业,成为日益增长的饥饿和赤贫队伍中的新的一员。他们中的许多人死于城市的街巷之中(根据政府消息,1948年有1 000万人遭受到饥饿的威胁,4 800万人——大约每10个中国人中就有1个——是逃难者)。⑥ 据报告,那些最为绝望的人卖掉他们的妻子和女儿——1946年,浙江十五六岁的女孩的价格据说是4 000元,大约只等于2~3磅米的价格。此外,还有服毒的或把自己和家人投井的。⑦ 这些悲惨的故事可能有夸大或虚构,但是,没有任何理由怀疑,中国的大部分农村地区在战后年代处于可怕的颓败之中。

---

① 鲍大可写道:1948年的"这种替身制度使我们联想到他们经常向中国国民党军队提供物资的状况",《共产党接管政权前夕的中国》,第122页。
② 《大公报》,1948年2月18日第7版、8月31日第6版。
③ 《经济周报》,第5卷第6期(1947年8月),第6、18页;《大公报》,1948年4月16日第3版。
④ 《大公报》,1948年9月30日第2版;《经济周报》,第5卷第6期(1947年8月),第18页。
⑤ 《大公报》,1948年9月30日第2版。
⑥ 王仲武,《挽救当前经济危机之对策》,第5页。社会部报告说,由于内战和洪水,1948年6月有5 500万民众无家可归。见《字林西报》,1948年9月14日。
⑦ 《大公报》,1946年5月3日第5版;《全国田赋开始征收》,第2页。

土地改革的提议

这是具有讽刺意义的——而且,是悲哀的甚至是悲剧性的——只是迟至1948年,在最后崩溃的前夜,国统区的领导人才突然明白了农村境况的严重性和后果。就像一个濒临死亡的人突然觉察到他虚度的人生中的错误一样,他们现在意识到了轻视农民问题的错误。因此,在这最后时刻,他们热烈地讨论怎样消除地主的剥削和改变租佃制度,以作为使共产党的造反失去力量的手段。

然而,对于这一发展必须以历史的眼光来观察,因为国民党领导人倡言土地改革已近50年之久。"平均地权"和"耕者有其田"曾是孙逸仙革命纲领的基石。1930年,新成立的国民政府颁布了一个土地法,它非常进步和实际,以至于共产党人在新民主主义革命时期基本上未加改变地采用了它,它还为20世纪50年代初台湾的土地改革纲领提供了一个样本。然而,国民政府在它对大陆统治的绝大部分时期内,并没有履行它对农民的允诺。正如蒋介石在1946年所承认的,因为"没有足够的行政推动力",土地改革未能实行。① 尽管他没有这样说,但缺少推动力的一个重要原因就是他本人总是把农村问题置于次要的位置上。

在国民党内,总还是常有一些人主张实现党的土地改革纲领的。② 例如,1945年5月,在国民党第六次全国代表大会上,党内的一批年轻"激进派"成功地鼓动通过了一项党的决议,提出把所有农地分配给耕者,消除地主所有制。战后不久,政府也再次明令一切地租都削减25%。所有这些善意的主张都归于徒劳。由于与CC集团有着

---

① 《大公报》,1947年9月30日第2版。
② 萧铮便是其中一个。见萧铮的回忆录《土地改革五十年》。

密切联系的保守派的反对,1947年3月,国民党中央执行委员会放弃了党关于立即进行土地重新分配的重要政策,以一个更为温和的改革计划取而代之。① 对于土地改革的反对在地方上甚至更为激烈。例如在湖南,一位主张进行改革的人被暗杀了。在所有的地方地主们挫败了那些减少地租或削减他们特权的企图。② 因此,战后两年,由于惰性和故意阻碍,国民党向他们声称的农业改革的目标并未有任何可以看得见的推进。

然而,到了1948年,共产党的"造反"已经转入攻势。空气中弥漫着绝望之感。国民党阵营中的许多人突然意识到,那些无知的卑贱的农民的生计与他们政府的衰竭和共产党的活力有着某种根本的关系。因此,农村改革获得了一个新的不同寻常的促进。杂志、报纸和公共集会为专家们提供了论坛,所有这些人都提出了农村危机的解决方案。立法院从7月开始,对土地问题展开了广泛的讨论。1948年9月1日,86位立法委员终于提出一个议案,它主张废除租佃制,使每一个农民都成为他的土地的主人。议案的提议者解释说,土地问题十分严重,它是"灾难的根源,国家存亡的关键"。他们宣称,通过消灭地主所有制,"叛匪将无法制造混乱,造反的因素可被消除"。③

同时,在政府行政机关内,因政治恐慌而产生的对土地改革的关心,导致了一系列旨在赢得农民感情的措施的宣布。首先,在绥靖区——即那些从共产党手里收复的地区或靠近共产党根据地的地区——中央政府下令减租1/3。它还制定了一个购买地主所有权而把土地分配给耕种者的计划。④ 其次,政府命令地政署制定一个全国所

---

① 张一凡,第9—10页。
②《大公报》,1948年4月23日第6版、1948年5月6日第2版、1948年8月1日第2版。
③《大公报》,1948年9月22日第2版、10月4日第2版;《中华志,1950》,第589—590页。
④ 王非,第7页;《申报》,见《中国新闻评论》1948年10月21日,第7页。

有土地国有化的计划。这样,地主所有制将最终被消除。军方的《和平日报》在 1948 年 9 月报道说"政府有充分的决心实行这些措施"。①此外,一些省政府——从东北到广东——紧跟着在 1948 年中期也宣布了减租和其他的土地改革措施。②

这些抨击地主制度的计划和建议不可避免地引起了一场激烈的争论。一些反对者愤怒地指责改革的提案者已经陷入共产党设置的圈套。还有人则诡辩说,尽管孙中山确实曾倡言"耕者有其田",但他并没有不耕者不能有田的意思。③ 也有比较负责任的批评,如中国农民联盟的主席董时进则争辩说,中国农村危机的根源根本不在于地主所有制,而在于普遍的农村贫困化,后者是原始的生产方式、缺少政治安全、剥削性的赋税、自然灾害和人口过剩的结果。④

1948 年末,在整个国民党政权开始崩溃的时候,立法院还在继续没完没了地毫无结果地争论这个问题。各级政府行政机关的改革也同样大部分归于流产,因为即使改革的愿望是真实的,时间也太晚了,革命的潮流已不可阻挡。⑤ 国民党土地改革者的一个延续下去的成果是 1948 年建立的中美农业复兴联合委员会,它以后在台湾的农业复兴中起了领导作用。⑥

---

① 《和平日报》,见《中国新闻评论》,1948 年 10 月 1 日,第 9 页。
② 《新闻报》,1949 年 1 月 1 日;《大公报》,1948 年 6 月 19 日第 2、6 版,7 月 26 日第 6 版;萧铮,第 305—306 页。
③ 萧铮,第 304—306 页;《大公报》,1948 年 9 月 22 日第 2 版、9 月 29 日第 2 版。
④ 董时进,《土地分配问题》,第 3—7 页。又见费孝通《评晏阳初"开发民力建设乡村"》,第 4—7 页。
⑤ 《大公报》,1948 年 9 月 22 日第 2 版、9 月 29 日第 2 版;萧铮,第 3—4—305 页。
⑥ 沈宗翰,《中美农业复兴联合委员会》。

农民在革命中的作用

在法国革命和俄国革命中,农民在一个广泛的暴力的风雨中奋起,攻击地主阶级的政权、财产和特权。在这两次革命中,农民的造反都是自发行动,它无人指导,甚至城市里反政府的密谋者也感到害怕。在这两次革命中,农民起义还对社会的政治主张的激进化起了极为重要的作用。如果没有他们,新生的革命就可能蹒跚于政治及立宪改革阶段。①

尽管1949年的中国革命被广泛地认作是现代农民革命的典例,但农民的作用却明显不同于法国和俄国。在中国,农民的不满显然很深,并确实通过暴动、流行性匪患及逃离村庄等发展出来。但是,中国的农民起义本身从未像欧洲革命的农民起义一样产生推翻农村社会经济秩序的威胁。实际上,在共产党的军事存在和政治存在能够确保农民免遭原先豪绅的惩罚之前,在共产党通过宣传或进行改革向他们展现了比他们在旧秩序下所知道的更吸引人的生活方式的前景之前,中国农民很少攻击现存的社会经济制度。换句话说,共产党的领导、组织、鼓动和保护通常是促进了农民对当时中国农村社会及经济制度的直接攻击。

国统区的农民对于1949年的革命成功也作出了实实在在的甚至可能是决定性的贡献。但这种贡献是间接的。他们首要的最大的贡献就在于不给国民政府提供粮食、钱和人。例如,1947年,当表面上国民党对领土的控制达到了战后时期的最大限度时,中央政府的各种土

---

① 参见勒菲弗(Lefebvre),《1789年大恐惧》;基尔(Gill),《俄国革命中的农民与政府》。在这一章,我把农民在法国和俄国革命中的革命作用划为一类,把他们在中国革命中的作用划为另一类。我在1979年11月第一次向伊利诺斯大学亚洲研究中心的中国学术讨论会提出了这一分析。随后,我读到了西达·斯考克波尔(Theda Skocpol)在1979年出版的《国家和社会革命》。在这本书中,她实际上作了同样的分析。但她比我走得更远,她从不同的社会结构方面来解释农民在这三次革命中的不同作用。

地税只征得 3 800 万市石粮食。这等于 1942 年征收量的 57%，而那时，国民党的控制地区主要限于西部内地省份。这远远不能满足政府计划中的需求。

政府征集到的粮食达不到它所规划的定额。官方的资料表明，1946 年的各种土地税只完成了定额的 78%，1947 年只完成了 65%——而 1942 年是 104%（见第二章表三）。然而，甚至这些官方的数字也夸大了征收率，因为最初的定额比它还要高许多。例如，在 1946 年，最初的定额是 9 900 万市石（7 260 万市石田赋和 2 640 万市石征借），后来被降改为 5 400 万市石。1947 年的定额也从 8 000 万市石减到 5 900 万市石。以最初的而不是改动过的定额来衡量，1946 年和 1947 年的征收率分别只有 43% 和 48%。[1] 遗憾的是 1948 年和 1949 年的土地税的征收数字无法获得。然而，由于控制的地盘日益缩小、政治经济状况越来越不稳定以及其他种种问题，可以推测粮食征收量又减少了很多。

政府对农村粮食资源动员能力的衰竭是它政治衰弱的标志，并对它的财政崩溃起了重要作用，而这可能是它最终垮台的关键原因。正如一位对革命进程颇具洞察力的研究者哈里·埃克思坦（Harry Eckstein）所说，"也许因为财政冲击政府发挥它所有机能的能力"，政府机能尤其是财政机能的损坏通常对革命有促进作用。[2]

可以肯定，这种动员粮食和其他农村资源的"机能损坏"给国民政府带来了毁灭性的后果，这尤其是因为在抗战和内战时期，农村部分一直作为政府岁入结构的中心支柱。[3] 到 1948 年，国民政府的开支只

---

[1]《中国经济年鉴，1947》，第一编第 81，109 页；《大公报》，1947 年 8 月 21 日第 2 版；严凌，第 20 页。
[2] 埃克斯坦，第 18 页。
[3] 行政院长翁文灏在 1948 年承认农民的赋税负担远远超过了城市居民。见《七个月来的中国经济形势》，载《观察》第 23—24 期（1948 年 8 月 7 日）。

有21％的是通过税收获得,另11％通过出售公共财产、国有企业的利润以及出售债券等措施获得,剩下来的68％则不得不通过发行新的没有保证金的货币获得。这便造成了致命的飞涨的通货膨胀。①

财政破产还直接影响了部队的作战力。如果没有足够的粮食供应,部队就不得不面临饥饿,或是靠少量的粮食勉强维持,或是掠夺地方。一个在华北的官方调查组在1947年末得出结论说,这些因素促成了部队战斗精神的低落和部队与老百姓之间的不良关系。② 部队的士气还被乡村中日益增长的不满所涣散。正如一份与国民党有联系的上海报纸《前线日报》在1948年末得出的结论所说,部队的精神"从根本上来说是老百姓的士气问题,如果老百姓的士气低落,它就会影响部队的士气"③。共产党的宣传人员敏锐地意识到了不断恶化的乡村境况与国民党部队的日益消失的战斗愿望之间的联系。因此,他们努力从事相反方面的工作,用小册子告诉人们,政府的苛捐杂税正在怎样地剥夺农民的所有粮食,因此人民正怎样地奋起反饥饿。④ 尽管部队士气与乡村境况之间的联系难以用文献来证明——例如,关于后方家庭境况的消息是怎样传到前线部队的就不清楚,因为给士兵们写信的例子似乎很少见——1947年从前线返回的军事权威的如下看法是有重要意义的,他们认为在政府的农村政策改进之前,不可能进行有效的动员。⑤ 实际上,下面这种情况似乎是可能的,士兵知道了他们在农村的家庭的饥饿和不满后,就将会产生疑问:他们正在为之战斗的东西是否值得以生命去冒险。

最后,国民党在农村的失败——当局无能力保证农民的土地、安

---

① 张嘉璈,第158页。
② 《大公报》,1947年9月16日第1版。
③ 《前线日报》,见《中国新闻评论》,1948年10月22日,第3页。
④ 张嘉谋等编。
⑤ 《东南日报》见《中国新闻评论》,1948年9月22日,第1页。

全和食物——极大地削弱了农民对政府所持有的尊敬。这就意味着政府正失去合法性。沉重的经常性的苛捐杂税、腐败、绝大部分官员所显示出来的倾向地主阶级反对佃农的偏见①，所有这些都削弱了政府的权威及其合法行动的社会价值。结果，农民们不是非难，就是躲避征税和征兵官员，在极端的情况下，他们成为土匪，由此而加剧农村的不安，妨碍生产，给已经腐败的国民党的治理又加上了进一步的负担。

因此，内战期间，国统区的农民并没有像1789年的法国农民那样，起来对旧秩序进行广泛的攻击。然而，他们以重要的间接的方式拒绝给予支持。与之相比，在共产党地区，尽管大多数农民可能仍然是完全不关心政治的，但他们倾向于与这个政权合作。一些人，尤其是青年人，则积极地支持共产党人。结果这实际上就产生了不同的压强：对国民党方面的极小的压强（或支持），对共产党方面的相当压强（或支持）。一个不均衡的有利于共产党的政治真空由此而形成。

我们在这里以及前面的章节中所讨论的这些因素表明，国民政府在获得广大农村民众的支持和合作方面的无能严重地影响了它的生存力，对1949年的政治和军事结局产生了重要作用。在1948年，有迹象显示将对现行的农村政策作出改变，国民党当局开始对土地改革持有认真的兴趣。当然，那已为时太晚。然而，如果国民党人在他们获得政权后不久就进行这些改革，我们今天所讲的中国现代史就会完全不同了。这种看法并不只是事后的认识，因为在1928—1929年就有许多国民党员主张实行那种可能获得农民支持和合作的政策。然而，如同本书结论部分将要谈到的那样，蒋介石镇压了这些国民党左派。在相当程度上，这种镇压导致了20年后共产党人的胜利。

---

① 关于地方上地主与官员之间的紧密关系，参见《大公报》，1948年5月25日第2版、9月30日第2版。

第四章　国民党的政治内幕：
三民主义青年团

抗战初期，国民党政府比战前十年中的任何时候，都表现得更加强大，更加团结。但是，许多问题依然存在。蒋介石深信：如果他能够提高国家在道德上和政治上的团结，那么，中国就能够有力量把战争打下去，并建立战后和平。因此，蒋介石认为中国必须只有"一个主义、一个政党、一个意志"①。

为了达到这一目的，在开战不久，蒋介石就竭力想把国内的各个政党合并成一个政党。他甚至表示，只要有利于建立一个唯一的、团结的政治组织，他愿意改变国民党的组织和名称。青年党接受了蒋介石的计划，国家社会党的张君劢表示准备谈判这一问题。但是，由于共产党表示愿意合作，而拒绝与国民党合并②，所以，蒋介石的"一个主义，一个政党，一个意志"的设想落空了。尽管如此，1938年成立的代表各个政治派别利益的协商组织——国民参政会，还是非常符合蒋介石心愿的。国民参政会在蒋介石的领导下，把若干非国民党的政治派系团结了起来。③

在战争爆发的最初几个月内，蒋介石非常关切的第二个政治问题

---

① 张其昀，《党史概要》，第3卷第1236—1237页。
② 《陈布雷回忆录》，第101页；张其昀《党史概要》第3卷第1236—1237页。
③ 关于国民参政会，参见徐乃力《中国的战时国会：国民参政会》，第273—313页；该作者的《国民参政会和中国战时问题》。

是国民党自身的衰弱与无能,这曾使他深深地陷入困境之中。在1938年3月29日国民党临时全国代表大会(以下简称"临全大会")的开幕式上,蒋介石断言:"我们的党差不多已成为一个空的躯壳而没有实质了,党的形式虽然存在,但党的精神差不多是完全消失了!"①蒋介石说,讲这样的话使他深感悲痛,但是,由于国民革命正处在生死存亡的关头,所以除非国民党现在自己重新振作起来,否则就不会再有第二次机会了。

抗战初期,蒋介石对国民党的评价具有重要意义。因为它说明早在战争刚刚打响之际,国民党的组织已经积弱成疾,并且在战后病入膏肓。蒋介石在临全大会上警告说:"我们党的缺点最显著的是组织松懈纪律废弛,以致党的精神衰颓散漫,党的基础异常空虚,我们不论在组织方面、训练方面、宣传方面,都没有深入而实在的成绩,各级党部的工作都流于形式化,机关都衙门化。"②至于党员,蒋介石发现他们绝大多数都显得"意态消沉,生活松懈,兴趣淡漠,工作懒散,而且也同一般流俗一样耽安逸,讲享受,甚而至于争权利,闹私见……如此何以能做一个革命的党员"③?

其实,还在临全大会之前,蒋介石就时常抱怨国民党党员:

(1) 做官不做事;

(2) 有私利而无公利,有小我而无大我;

(4) 重权位而不重责任,享权利而不尽义务;

(4) 有上层而无基础;有党员而无民众,骄奢淫逸,自高自大,而不知民众疾苦,与民众相隔离;

---

① 朱子爽,《中国国民党历次全国代表大会要览》,第70页。
② 同上,第71页。
③ 同上,第74页。

(5) 有组织而无训练,有党章而无纪律,有议案而无行动。①

蒋介石声称:由于党的腐朽,有能力、有献身精神的党员离开了党,而党外有才华的人又不予吸收。结果,党变得"空虚薄弱,消沉腐化……党的工作如此松懈,如何还能推进革命事业!"②蒋介石还进而补充说道:"党员几乎成了一个特殊的阶级,党在实际上不能帮助民众,当然不能够领导民众,民众感觉不到党的存在对他们有什么好处,不但对党冷漠,甚至要产生反感。"③

三青团目标的形成和转变

三民主义青年团是在这样一种环境中应运而生的,即一方面蒋介石在寻求变多党为一党的统一,另一方面他又对国民党感到失望。早在抗战前夕,1937年5月,就已经开始酝酿三青团的组建工作了。但是,一直到武昌临全大会,建立三青团的设想才最终被采纳。三青团正式成立后的第一年主要做些规划和筹备的事情,组织发展进行缓慢。尽管陈诚将军占据了书记长一职,但他兼任的其他职务太多,所以对三青团的领导工作根本无法全力以赴。接着就由朱家骅代理书记长。1940年,张治中将军接替了书记长的职务。但是,三青团的实际领导责任还是由较低一级的干部来肩负的。大概到1944年,康泽似乎始终是三青团的支配人物。此后,至少在某些报道看来,蒋介石

---

① 张其昀,《党史概要》第3卷第1224—1225页,这段引文是张其昀用自己的话复述的,但无疑非常接近原文;参见朱子爽《中国国民党历次全国代表大会要览》第71页。
② 《革命文献》第62辑第25页。
③ 张其昀,《党史概要》第3卷第1229页,参见《蒋总统思想言论集》第14卷第199页。

的儿子蒋经国夺得了三青团的领导地位。①

蒋介石曾经期望,三青团的建立可以形成这样一个工作关系,能使所有革命和抗战的真正支持者取消分歧,共同努力,一致工作。因此他设想三青团应该包括国民党内所有的对立派系,就像临全大会为了达到这一目的,而命令取消所有的"小组织",如复兴社(蓝衣社)和青白社(CC系)一样。②蒋介石还希望三青团能吸收一些社会名流,如四川的企业家卢作孚和经济学家何廉等。他们因为对国民党表示厌恶,所以一直没有加入过国民党的革命行列。③通过这些努力,蒋介石期待着能够把对国民党非常反感的全国青年吸引过来。因此,临全大会取消了国民党的预备党员制,以便于今后青年人可以不必加入国民党而直接参加三青团。

总而言之,蒋介石组织三青团的目的,是为了建立一个新的"革命组织",消除过去的纷争,吸引全国青年,担负起被国民党抛弃的"革命任务"。因此,他对这个新组织抱着热切的希望。例如在1938年,蒋介石就宣称:"吾视本团之组织为吾国家民族生死存亡所系之唯一大事。"他继续说:"青年为革命之先锋队,为国家之新生命,举凡社会之进化,政治之改革,莫不有赖于青年之策功,以其为主力。"④

蒋介石扬言,在反对清朝的革命和反对军阀的北伐中,青年曾经是一支基本的力量。现在,中华民族的历史发展到了关键时刻,因此他渴望青年们能够再一次"成为创造新中国的先锋队"。他声称,青年

---

① 《革命文献》第62辑第1—4页;《三民主义青年团团史资料第一辑初稿(上编)》第1—77页;局外人,《忆当年传说中的"十三太保"》,《春秋》杂志第95—118期(1961年6月16日—1962年6月1日)第7章第11节;陈少校,《黑网录》第28页。
② 《革命文献》第62辑第3页。
③ 《萧铮访问记》,台北,1981年8月14日;《三民主义青年团团史资料第一辑初稿(上编)》,第20页。
④ 《革命文献》,第62辑第16—17页。

人应该"树立最近将来国家社会建设之干部基础"。三青团的使命就是要"聚集全国青年,力行抗战建国纲领与联合优秀革命分子,充实革命活力。"①

组织三青团,蒋介石为的是能够解决当时国家所面临的政治危机。但是,他却忽略了或过分低估了这样一个问题,即这一新的组织与旧的国民党是一种什么关系呢?结果,由此而产生了一个政治上的漏洞,并且始终未能给予弥补。国民党临全大会曾经声明:"为健全党的组织,巩固党的基础……设立青年团,在统一的组织之下,训练全国青年,使人人信仰三民主义。"②显而易见,这个决议说明国民党处于三青团的领导地位,三青团是为国民党服务的。

但是,在三青团自己最初发表的宣言中,关于国民党同三青团之间的关系,蒋介石和书记长陈诚都很明显地保持沉默。更重要的是,在他们的讲话中,还流露出要赋予三青团在当时国家所面临的革命任务中以领导的角色。例如,在1938年6月16日,蒋介石就宣称"应使此组织(三青团)成为网罗全国优秀热烈青年及革命分子之唯一组织"③。这一非同寻常的提法,不仅把三青团看做是青年的,而且也是其他"革命分子"的唯一组织,似乎没有给民党的革命角色留下一丝余地。

三青团试图在中国扮演"革命"的领导作用,至少它的部分领导人是有这种欲望的,这种说法在事实上也得到了证明。例如三青团团章最初规定团员年龄在18至38岁之间(团干部和特许入团者甚至不受

---

① 《革命文献》,第62辑第17、19页。
② 《党与团的关系》,第15页。
③ 《革命文献》,第62辑第22页;参见《革命文献》,第62辑第33、39页。只是到后来,三青团的文件才把三青团员称为党的"新鲜血液",这是一个说明国民党后继有人的名词。亦见《革命文献》第62辑第50页。

这一年龄限制)。① 这样,三青团就扩大了它的对象范围,而很可能只把那些唯唯诺诺的中年人和昏庸无能的老头子留给国民党。此外,陈诚也表示过类似的想法,他说:"三民主义青年团,这个'青年'的界说,与普通一般对于青年的解释不同。团长(蒋介石)指示我们,青年团里的青年,并不以年龄为准。凡是有革命热情的与向上的朝气者,虽是白发斑斑的人,在我们看来,还是一个革命青年。"②

在同一篇演说中,陈诚除着重指出"青年团的诞生也可以说是党(指国民党)的革命新生命的诞生"③之外,他还认为国民党仍然要继续存在下去。甚至有迹象表明,他还认为国民党应当领导三青团。④然而,无论是蒋介石还是陈诚都对新成立的三青团抱着一种模糊的期望。他们赋予它的使命庞杂无度,以致它同国民党的关系不可避免会变得矛盾百出。

从一开始就有人反对组织三青团。甚至那些对它的建立表示默许的人也争辩说,三青团只应该是一个青年的社会团体。⑤ 但是,据三青团编写的团史记载说,蒋介石对这些反对不屑一顾,坚决主张赋予三青团以实质性的权力。这本团史写道:"本党领导革命,曾有灿烂光荣之历史;但本党从事斗争,已五十余年,事实上已必须有新的力量之集中,以发扬本党革命之精神。"⑥

蒋介石希望三青团把革命分子熔为一炉,团结一致的想法很快落

---

① 《革命文献》,第62辑第5页。
② 《党与团的关系》,第17页。
③ 同上,第16页。
④ 同上,第18页。关于国民党对三青团的领导作用,在陈诚的讲话中是不一致的,很可能是由文件的编者将它添加到陈诚最初的讲话中去的。
⑤ 《革命文献》,第62辑第2页;《三民主义青年团团史资料第一辑初稿(上编)》,第1页;唐纳德·G.吉林,《民国时期的中央化问题:以陈诚和国民党为例》,第843页。
⑥ 《革命文献》,第62辑第2页;亦见《三民主义青年团团史资料第一辑初稿(上编)》,第1页。

空了。没有多久,三青团就开始同国民党为各自的权力范围而打架,为吸收新成员而争斗,并且公开嘲笑讽刺国民党。到1939年3月,即三青团正式成立后的一年,情况已经非常糟糕了,以致蒋介石不得不完全改变他对三青团的看法。如果说过去他还有意让三青团成为国民党政权的政治领导力量之一的话(不是政治领导本身),现在他则削弱了三青团在指导和控制青年人,并把他们培养成国民党党员等方面的作用。蒋介石说:"三青团的工作难免具有政治性,但仍然应以教育性为主。"①三青团团章也于1939年6月作了修正,团员年龄限制缩小到16至25岁。② 以前蒋介石和陈诚在讲话中总把很大的注意力集中在国民党的弱点上,现在则开始谈论青年人和三青团在肩负训练和领导全国青年的任务中,品质欠佳。③ 至于国民党人的虚弱和堕落却避而不谈了。虽然蒋介石和陈诚还一再宣称三青团要担任重要任务,但是他们更强调国民党的主导地位了。他们主张三青团员只是国民党的后备军和将会给国民党增加活力的新"细胞"。他们翻来覆去地宣布三青团必须"在国民党的指导之下"④。

在采纳了关于三青团的这个新设想后,蒋介石告诫三青团员要承认自己的从属地位。他警告说:"如果你们以为团是用来代替党的,其间有一种什么轻重消长的关系,这是绝对错误的观念!……我可以说……它就是党的团,不是党以外对立的一个什么组织。既是党的团,团员与党员当然都是同志……彼此之间有什么可以怀疑的呢?"⑤

其实造成蒋介石对三青团的最初设想陷于破灭的是派系矛盾。

---

① 《三民主义青年团团史资料第一辑初稿(上编)》,第175页。
② 《党与团的关系》,第8页。在1943年三青团第一次全国代表大会上,再次修改了团章,团员的年龄限制又改为16—30岁。参见张其昀《党史概要》,第4卷第1734页。
③ 《革命文献》,第62辑第23—25,39—40,49,62页。
④ 同上,第49页;《蒋总统思想言论集》,第25卷第161页;《党与团的关系》,第28页。
⑤ 《党与团的关系》,第3—4页。

本来,蒋介石是希望通过组织三青团来割除这一政治恶瘤的,因为在他想来,三青团作为新的统一的革命组织是能够抛弃过去的派系纷争的。因此,他曾经选择了三个人物,代表国民党政权内部完全不同的派系,来起草三青团团章。他们是康泽(蓝衣社)、陈立夫(CC 系领导人)和谭平山(左派人士,非法的第三党的前领导人,他直到最近才重新加入国民党)。此外,三青团中央干事会的 31 位干事(相当于国民党中央执行委员会委员)也是来自社会的各个方面,他们包括一些青年领袖和像卢作孚、何廉这样的非国民党人士。①

毫无疑问,这些组织措施不过是往早已潜伏着的派系裂痕上铺了一层薄纸。在 1938—1939 年间,把三青团闹得不得安宁的派系斗争主要还是蓝衣社和 CC 系旧矛盾的延续。根据临全大会的决议,蓝衣社已经宣布解散。但是,从一开始起,三青团的工作核心就是由这个前秘密组织的成员构成的。他们多半是军官,而且绝大部分毕业于黄埔军校,他们渴望扮演一个政治角色。可是在国民党内却没有他们发挥影响的一席之地。② 同样,CC 系起初也力图在三青团内确立自己的领导地位。③ 但是,蓝衣社分子很快地控制了三青团领导机构的关键位置,例如,康泽把持了重要的组织处,1939 年刘健群又成为中央团部书记(相当于国民党的秘书长)。④ 因此,三青团内不少人,包括像黄季陆(宣传处处长)和任卓宣(即叶青,常务干事)这样的高级干部,在今天还坚持说三青团只是蓝衣社的变形。⑤ 当然,事实上蓝衣社分

---

① 《三民主义青年团团史资料第一辑初稿(上编)》,第 56 页。
② 《国民党党团合并前后》,第 17 页;《台湾政治机构和人物》,第 9 页;局外人,《忆当年传说中的"十三太保"》,第 6 章第 24 页。
③ 王成(音),《对国民党士气低落的社会学研究》(斯坦福大学 1953 年博士论文),第 42 页。
④ 局外人,《忆当年传说中的"十三太保"》,第 6 章第 24 页;《台湾政治机构和人物》,第 89 页;康泽最初代理组织处长,约在 1939 年正式担任了组织处长。译者注:作者这里似乎有误,刘健群系于 1945 年 5 月才担任中央干事会副书记长,而非 1939 年。
⑤ 《任卓宣访问记》,台北,1978 年 7 月 6 日;《黄季陆访问记》,台北,1978 年 6 月 14 日。

子也从来没有能够完全控制三青团,例如,常务干事会的几位干事,如陈立夫和谷正纲都是 CC 分子。① 尽管如此,三青团的实际活动在很大程度上还是受和从前蓝衣社有关的干部指挥的。

三青团的活动与成员

　　1939 年对组织目的调整之后,三青团把力量专门集中在了全国学生身上。每一所高中、技术学校和大学内都建立了三青团的组织,开展内容很广泛的所谓"宣传"和政治训练。其中,长达一个多月的夏令营活动是相当成功的。青年们在夏令营中组织政治学习、游泳和长途旅行,并在迷人的郊外娱乐。② 此外三青团还开办剧团和音乐会,提供职业指导。三青团对报纸、期刊和小册子的出版发行也相当重视。1944 年发行各种出版物 345 种,其中期刊 208 种,小册子 10 种,报纸 127 种。③ 三青团还负责领导中国童子军总部。④

　　三青团的活动带有秘密性质。据说它的团员在学生和教师中从事"特务"活动,汇报各种具有叛逆性的思想和行为。在 1940 年,虽然蒋介石要求结束这种特务活动,但在国统区的各个学校中,这种特务活动仍然在不同程度上继续进行。⑤

　　在敌后沦陷区,三青团注重的并不是政治教育,而是谍报工作和恐怖活动,特别是对汉奸的打击。关于这方面的详细情况透露的不

---

① 《三民主义青年团团史资料第一辑初稿(上编)》,第 20、56 页。
② 《革命文献》,第 62 辑第 60—110 页;《革命文献》,第 63 辑第 1—286 页;邓文仪,《冒险犯难记》第 131—134 页;《中华志,1937—1945》,第 65 页。
③ 《革命文献》,第 63 辑第 35—36 页。
④ 《中华志,1937—1945》,第 65 页。
⑤ 张其昀,《党史概要》第 4 卷第 1757 页;范宣德给国务院的报告《三民主义青年团代表大会》,1943 年 3 月 17 日,美国国务院文件,893.408/1,第 1 页;铂金斯给国务院的报告《云南的国家化》,1945 年 8 月 31 日,美国国务院文件,893.00 中国云南/162,第 25 页。

多,但是,据一条可靠的材料说明,到1945年,三青团有128个分队95 000名团员在敌后活动。而且,在绝大部分敌占区三青团都建立了基层组织,其中,表现得最成功的要算上海地区。据报道总共有272名团员在这些秘密活动中被敌人杀害。①

在共产党地区,三青团也非常活跃。1943年共产党曾经指责三青团正在所有的"边区"从事活动。根据共产党方面的资料,在共产党根据地,绝大多数的三青团团员都是当地的流氓或地主子弟。三青团的秘密活动也不外乎包括宣传、破坏共产党的恢复工作,捣乱乃至暗杀。② 1943年,一份共产党方面的材料概括地谈到了国民党的特务活动(当然不是单指三青团),并且承认由此造成的破坏"极大"。③ 三青团团员的特务活动很可能是与戴笠的军事秘密行动合作进行的,后者在敌后有着分布很广的行动网。④

可以认为,三青团的人数发展缓慢,但在稳步增长。1938年下半年,团员只有1 034人;1939年底增加到74 700人;1940年底有222 245人;1941年底有367 391人;1942年达到423 144人;到1945年超过100万人。1947年三青团解散时,其成员人满为患,大约有140万团员。据1942年一份对团员成分的分析表明:团员中将近一半人(49%)是学生,38%的团员是公务人员或自由职业者,总共只有7%的团员来自农业、工业和商业等行业。83%的团员年龄在16至25岁之间。团员的受教育水平并非很高,只有10%的人大学毕业,62%受过

---

① 《中华志,1937—1945》第65页;美国战略情报局文件,XL33752(1945年11月5日)第1页;王成(音),《对国民党士气低落的社会学研究》,第76页;范宣德给国务院的报告,美国国务院文件,893.00/15019,附石博思所写《北平地区的情况》(1943年5月3日),第1页;《革命文献》,第62辑第127—128页;《革命文献》,第63辑第43页。
② 《太原三青团修正反共工作守则》,第28页;《防谍锄奸须知》,第22页;《三青团的产生与目的和性质》。
③ 《防谍锄奸须知》,第22页。
④ 《国民党的特务政策》,序言第1—3页;石博思,《北平地区的情况》,第1页。

中学教育，28％的人只有小学学历。团员中7％是女性。①

三青团的质量并没有随着它的组织扩大而提高。虽然一般认为它比国民党更有生气，但是在组织结构上还是保留着许多从它的母体中带出来的先天性疾病。例如，在1943年三青团第一次全国代表大会（以下简称"一全"）上，就有代表提出议案，抱怨说：大多数团员，甚至有部分团干部，对团的主义抱有不适当的理解。另一份提案警告说：三青团团员执行纪律太差，结果"（团的）团结薄弱，组织散漫，部分团员视团的指示如同废话。少数具有献身精神的团员的热情逐渐变得冷淡了"②。

更有甚者，三青团把许多青年中的投机分子拉入了团内，而将最聪明最富有理想的青年人拒之门外。③ 1941年，一份三青团主办的杂志在社论中写道："在过去的几年间，（青年训练工作）作了一些努力，但总的说来，我们必须承认它是失败的。"这篇文章谴责的主要三点是，对团员的训练与青年本身的需要或者国家的需要，都毫无关系，团员只是利用团来往上爬。它写道："坦率地说，他们大多数人的目的只是为了结识几个大官和重要人物以及他们的圈子，以利于自己争夺地位和饭碗。"④

在三青团一全大会上，蒋介石也用同样的话语表达了他的失望。他责备普通团员和团的干部无视国家的需要，只是利用他们在团内的

---

① 《三青团的产生与目的和性质》，第8页；《中华志，1937—1945》，第65页；吴相湘，《第二次中日战争史》，第2卷第694页，其中对团员成分之分析系依据康泽《本团组织工作概况与三十一年度几件重要工作》，载《青年通讯》第3卷第1期（1943年1月31日）第9页。对1946年团员成分的分析，表明两者具有相似的百分比。见吴相湘《第二次中日战争史》，第2卷第694页。
② 《三民主义青年团第一次全国代表大会提案汇录》，第5卷第2、95页。
③ 《革命文献》，第62辑第127页；张其昀，《党史概要》，第4卷第1760、1764页；金达凯，《中国青年的觉醒》，载《民主评论》，第2卷第4期（1950年8月20日）第16页。
④ 杨立奎，《青年训练与统制》，载《城固青年》，第1期（1941年4月）第2页。

地位,谋求个人的升迁。他说:"这就是本团不能获得社会尊重的一个原因,亦是不能唤起团员热烈信仰的最大毛病。"①蒋介石还发现三青团的工作日趋形式主义和官僚化,团的干部只会坐在办公室里圈阅衙门的文件。因此,蒋介石要求他们走出去了解实际情况,以使工作获得实效。②

关于三青团不能够在青年中赢得广泛的支持,孙科(孙中山之子)也提出了另外一个原因。在1944年三青团的一次会议上,孙科断言,三青团的整个方法都错了。团的政治教育方法是用死记硬背来灌输三民主义,并把教育的重点放在军事化管理上。他说,结果受过三青团训练的青年"差不多都成了木偶……他们学得最好的第一件事,就是每当提到,或者仅仅涉及最高领袖(指蒋介石)时,就喀嚓一声立正"③。

与国民党的继续冲突

1939年,尽管蒋介石改变了对三青团的设想,并且实际上把它从政治领导力量的地位降低为为国民党训练新党员的工具。但是,三青团与国民党的摩擦和纠纷仍然不断发生。1940年,中央团部印发了一本题为《党与团之关系》的小册子,打算解决两个组织之间的纠纷。两年后,因为纠纷依然存在,又再次发行了这本小册子。为了消除这两者之间的互相争斗,国民党政权的领导部门还特别强调,不管是党员还是团员,都信奉同样的主义,忠于同样的领袖,所以他们不应该互相诽谤,争权夺利。国民党领导人时常提醒三青团团员说:"三民主义青

---

① 《革命文献》,第62辑第129页。
② 同上,第128—219页。
③ 高斯给国务院的报告,《孙科博士的讲话批评三民主义青年团的现状和方法》,1944年4月25日,美国国务院文件,893.00/15366,附件第2页。

年团是国民党系统之下的青年组织,因此,他就是党的团,不是党以外对立的一个什么组织。"①尽管如此,两者之间的矛盾仍然存在,因为严格说来,三青团并不从属于国民党,所以党就不应该"指挥"团,而只能"指导"团,同样,团也就可以"指导"党。②

这种告诫对改进党团关系毫无作用。1941年7月,蒋介石斥责国民党和三青团都没有能力进行合作。他悲哀地说:"我们无论做一件什么事情,不仅不能收分工合作之效,而且差不多处处要与人家冲突!即如现在我们有许多地方团与党就不能协调,团员与非团员之间,更是时常发生冲突。"③

三青团同国民党的矛盾冲突,一个主要的导火线是在吸收成员上争斗。尽管团员年龄限制已经得到规定,但两个组织都不加理睬。根据一份在1943年三青团一全大会上提出的议案来看,党与团部都"不管年龄大小,尽量吸收新分子,由吸收而争夺,由争夺而攻击,由攻击而诋毁,由此形成党与团的对立"④。

即使在三青团的上层领导内部,矛盾冲突也形同水火。在一些属于CC系的三青团领导人看来,他们对于国民党的忠诚必须超过对三青团本身的忠诚。因此,这些人被叫做"党方"或"党方"成员。与之相反的是"团方"或"团方"成员,他们是由蓝衣社领导的。也许就是因为这些内部纷争,使三青团一全大会不得不在条件"尚未成熟"的借口之下,一再延期。1943年3月,当一全大会最终召开时,据一位参加者回忆说,党方与团方之间的冲突"极其激烈"。⑤ 其中的一段插曲,就是

---

① 《党与团的关系》,第41—42页;《团务活动手册》第18页。
② 《党与团的关系》,第5页。
③ 《蒋总统思想言论集》,第16卷第245页;《李品仙回忆录》,台北,1975年,第181—183页。
④ 《三民主义青年团第一次全国代表大会提案汇录》,第2卷第5页。
⑤ 陈敦正,《党团的回忆》,台北,1979年,第82页。

双方为"三青团干部训练班"之命运而发生的争吵。按照团方的提议，训练班要扩大为一个学校，而党方则想用"中央干部学校"来"代替"它。表面上看起来，两个建议差别甚微，但实际上关系重大。最后，用一所新的学校来代替旧的训练班的提议在投票中获得了通过。因此，陈敦正断言说，这表明"党方（即CC系）占据了优势"①。但是，陈的评价只适合于一全大会之内，在三青团的普通成员中，团方或者说蓝衣社的支持者继续保持着优势。

随着三青团成员和力量的增长，它与国民党的纠纷不断加剧。例如，在中断了将近十年之后，1945年5月，国民党终于召开了一次全国代表大会——六全大会。在六全大会上，三青团的领导人采取了一致行动，以扩大他们在党内的影响，尤其是增加他们在中央执行委员会内的名额。出席六全大会的代表超过600人，其中三青团只有60名。因此，三青团决定与黄埔系和朱家骅系组成联盟。这样三派控制的选票就可接近半数。每天早晨，在大会的例行会议之前，这三派人物约定碰面，以形成一套共同的策略，对他们的共同敌人CC系提出强有力的挑战。② 这场争斗是冷酷无情的，最后只是在蒋介石的个人干预之下，大会才算恢复了平静。蒋介石痛心疾首地告诉三青团的代表和CC系的其他对手说："你们要知道，党是我交给他们（指CC系）去办的，如果没有他们，党也早就完了。你们现在这样闹，反对他们，也就是反对我。至于中委选举，我自然会照顾到各方面的人物，你们放心好了。"③

---

① 陈敦正，《党团的回忆》，第82页。
② 江上青，《往事清谈》，第97页。
③ 同上，第101—102页，亦见《新官场现形记》。这些材料是非正式的，也许并不是每一个细节都准确。但是，它们所提供的大致情况在我同李云汉的讨论中（台北，1978年6月16日）得到了证实。也可见《吴鼎昌回忆录》，台北，1969年，第226—227页。

蒋介石在国民党六全大会上,向三青团及其同盟者保证将兼顾所有各派的利益,这样虽然暂时平息了风波,但是三青团与CC系之间发生纠纷和仇视的病根并没有铲除。三青团员对国民党的谴责仍然毫不留情。① 他们抨击国民党是由老朽、落伍和腐化的官僚组成的党,毫无能力和成就;并且已经成了革命的绊脚石,阻碍着三青团实现三民主义。因此,许多团员倡议脱离国民党,而其他人则继续认为三青团应当代替国民党。②

1946年9月,在庐山召开的三青团第二次全国代表大会上,团与党将来的关系问题再一次成为无休止的激烈争辩的主题。一些代表,尤其是学生和地方团部的代表,鼓吹党团完全分开,并主张把三青团建成一个独立的政党。其他方面的人,包括三青团中央团部的绝大多数干部,态度要稍微温和些。他们争论说:团员不应该同时是党员,但也不必走得太远以致要组建一个独立政党。然而,党方或者说属于CC系的团员,则强烈反对所有这些意见,坚持维持现状或彻底结束三青团。③

在三青团二全大会的多次会议中,蒋介石夫妇一直坐在代表席上观察着会议的进行,聆听着对上述问题的激烈争吵。独立论的拥护者们坚持认为:在这一历史的关键时刻,国家需要充满生气的新力量,以对共产党作出反应。但是,只要三青团与国民党的关系仍然不变,党内的老朽和无能分子就会成为三青团革命力量的绊脚石。为了反

---

① 对国民党员和三青团员的共同批评是一个例外,笔者将在第五章"革新运动"中提到。
② 张相普(音),《青山忆旧》,载《中外杂志》第12卷第5期(1972年11月)第49页;《国民党党团合并前后》,第17—18页;莫萱元,《党政革新的途径》,第6页;1947年10月7日《力报》,载《中国新闻评论》第9—10页,1947年10月13日。王成,《对国民党士气低落的社会学研究》,第25页,该书写道:"那些参加者都认为,在将来某一时候,新兴的三青团将会取代老朽的国民党。"
③ 《大公报》1946年9月5日第2版。

对独立,一个姓黄的代表警告说,如果三青团变成一个独立的党,就会像共产党已经做的那样,助长反对国民党领导政府的情绪。接着他感情冲动地大声叫嚷着说:"依敝人之见,党与团决不能分开。蒋先生(指蒋介石)是我尊敬的领袖。如果他认为我说的毫无意义,就请他允许我自杀,我绝不吝惜。我的棺材已经准备好了。"①一直在旁边冷眼注视这场争论的蒋介石,现在面临着解决这一问题的挑战。他站起来宣布他完全同意黄代表的意见。会议就此问题进行了表决,大多数代表投票反对独立。②

但是,在其他地方,三青团对国民党的斗争并没有偃旗息鼓。日本投降以后,三青团曾发起了一场旨在对地方政府施加影响的运动。到 1947 年 3 月,据报道 62％的团员在从事地方工作,有的担任了保甲长的职务,也有的担任了学校校长。许多人还在地方参议会的选举中赢得了胜利。譬如在湖南,省市参议会中 42％的代表是三青团员;在福建,则达到 58％。③

三青团与国民党的合并

1947 年下半年,国民党政府举行了国大代表、立法委员和监察委员的选举,这给三青团提供了一个前所未有的机会,以便把它的成员安插到具有政治影响的位置上去。自然,选举中的竞争也加深了三青团与国民党的冲突。尽管竞选活动的详细情况已很难弄清楚,但是刘健群后来曾毫不隐讳地承认,选举引起的派系斗争,其破坏性如此之

---

① 张相普,《青山忆旧》,第 49 页;在上述资料中,黄氏的发言没有使用引号。
② 同上,第 49 页;亦见《大公报》1946 年 9 月 7 日第 2 版。
③ 见吴相湘,《第二次中日战争史》,第 2 卷第 694 页;《大公报》1946 年 6 月 5 日第2版。

大,以至于帮助了共产党的胜利。① 在全国各地,都爆发了三青团与国民党的选举之争,其中最激烈的要算湖南,在那里有几个国民党党员被三青团的人暗杀了。三青团在衡阳地区造成了一种恐怖统治,使地方党部不得不要求为党员撤出该地区提供充分的保护和保证。②

蒋介石对竞选中的这种派系斗争恼羞成怒,他把责任归罪于三青团的领导干部。蒋介石断言:"他们的方向绝不正确,思想绝对错误。"③他指责团的领导犯了两大"足以导致革命完全失败"的错误,第一是决定参加竞选。为了达到升官发财的目的,团的干部把团员用作实现自己野心的"工具"。结果,他们造成了青年人对他们和三青团失去了信心,团里的"纯洁青年"变成了庸俗的官僚和政客,最终三青团也就失去了自己的"革命性"。而且,由于从事竞选,三青团变成了国民党的敌人。蒋介石问道:"如此下去哪里还有功夫对付我们真正的敌人!所以你们这种行动的后果,只有促成党团对立,而减少本党的革命力量。"④蒋介石说三青团的第二个错误是团的领导主张"与党保持不即不离的关系,发生相互作用"。蒋介石警告道:"我可以断言,党与团如保持不即不离的关系,其结果只有相互摩擦,相互牵制,力量相互对消。"⑤

由于确信国民党与三青团之间的争斗已经危及国民党政权本身的存在,以及三青团领导干部应对此负有主要责任,因此,蒋介石决定取消三青团。1947年6月30日,蒋介石向国民党中常会提出建议,三

---

① 刘健群,《银河忆往》,台北,1966年,第136—137页;亦见林真,《中国内幕》,上海,1948年,第34页。
② 伍人,《湖南的党团互斗》,载《时与闻》第2卷第7期(1947年10月24日)第174页;《国民党党团合并前后》,第18页。
③ 《党团统一组织重要文献》,第26页;萧铮,《土地改革五十年:萧铮回忆录》,台北,1980年,第296页。
④ 《党团统一组织重要文献》,第25页。
⑤ 同上,第25—27页;亦见萧铮,《土地改革五十年:萧铮回忆录》,第296页。

青团应并入国民党内。①

绝大多数三青团团员并不愿意与国民党合并。几年来,他们为了取得政治上的优势而同国民党摆开了阵势,他们认为党的腐败已是无可救药的了,他们害怕党团合并后,自己将失去地位和权力。因此,蒋介石不得不小心翼翼地安排有关合并事宜。首先,他组成了一个有各方代表参加的委员会,以陈立夫、陈诚、吴铁城为首,处理在统一两个组织中会出现的敏感问题。② 经过将近一个月的紧张工作,这个委员会拟就了一份党团合并的计划。接着,在1947年9月5日,蒋介石又召开了三青团中央干事会全体会议。当出席的人到达会场时,发现里面预先布置了许多拥护党团合并的标语。③ 毫无疑问,他们被集中到这儿,不过是充当一下橡皮图章而已,因为决定早已在别的地方做好了。蒋介石毕竟是一个十足的政客,他深知三青团的领导干部绝对忠实于他。因此,他答应只要他们接受合并,他们就仍然受到宠爱。在一份书面发言中,蒋介石宣称:党和政府遭受到了"腐败精神"的侵害,④他要求团的领导干部接受合并,并许诺他们在将来会扮演重要的政治角色。他打比方说:"只要种子埋入土中,它就能发芽生长。"⑤而且,就像《中央日报》的编辑后来说的,"党团合并不是一次简单的组织重建,而是要恢复革命性",它将成为党的新生命的开始。由于树立了团结的精神和明确的目标,就能够复兴国民党击败共产党,并完成"革命"的大业。⑥

---

① 萧铮,《土地改革五十年:萧铮回忆录》,第296页;《中央日报》(上海)1947年6月1日第2版;蒋介石在国民党中常会上的讲话,载《大公报》1947年9月11日第2版。
② 萧铮,《土地改革五十年:萧铮回忆录》,第296页。
③ 林真,《中国内幕》,第35页;《中央日报》(上海)1947年9月6日第2版。
④ 《美国外交文件》,1947年第7卷第282页。
⑤ 蔡真云,《蒋经国在上海》,南京,1948年,第16—17页。
⑥ 《中央日报》(上海)1947年9月9、10日第2版。

尽管有蒋介石的劝说利诱,三青团还是在经过讨价还价的谈判之后,才接受了合并的决定。在中央干事会全体会议之后,9月9日又召开了党团领导人联席会议。双方都提出了有关职务的人选名单,作为参加合并的纲领性文件和组织上的交换条件。① 最后,由于保证了三青团干部在国民党内拥有相应的职务以维护他们的政治地位,双方才算达成了合并的方案。1947年9月12日,在国民党召开的六届四中全会上,该方案获得了通过。方案规定:市一级团干部将被指派到同级党部去工作,三青团中央干事会的干事则当选为国民党中央执行委员会的委员。除了一个干部自动辞职外,团的工作人员的数字并没有减少。②

党团合并之后,国民党也将从根本上进行改组,全体党员和团员要重新进行党籍登记。实际上,这是为了把所有的不良分子,包括那些搞派系的人、颓废堕落分子和在言论与行动上反对国民党的人,都从党内清除出去。为了防止党员腐化变质,党员必须向政府登记自己的财产。党团合并计划还要求实行土地改革。③

合并后的国民党

蒋介石对最后的合并方案深感满意,他说:"由于党团合并,大家思想一致,精诚团结,不再有争权夺利的斗争。会议的精神使我极为感动。"④但是,如果蒋介石当真相信像组织合并这样一种形式上的做法,就能够使他的党徒之间停止争斗,那么他肯定要感到失望的。事

---

① 《大公报》1947年9月11日第2版。
② 《大公报》1947年9月10日第2版;亦见《美国外交文件》1947年第7卷第284—285页。
③ 《大公报》1947年9月13日第2版。
④ 《大公报》1947年9月11日第2版。

实上,国民党政权存在于大陆的最后两年间,它内部的倾轧和纠纷有增无减。党团合并本身就加剧了这种争斗,因为双方又开始在重新组织的国民党内部你争我夺。① 例如,前三青团成员坚决主张党的改革应该"自上而下",因为他们控制了许多地方党部,所以就希望先从由他们的对手控制的中央机关开刀。与此相反,CC系在党的领导机关占据优势,所以主张改革应"自下而上"。② 每个集团都继续把自身利益放在第一位。两派之间充满了敌视与厌恶。在1948年,属于前三青团成员的一些立法委员公开组织了一个"俱乐部",以便同CC系的立法委员作公开较量。甚至到1949年3月下旬,一家军队报纸还报道说,前三青团员和CC系信徒之间的冲突仍在几个省份继续着,"其激烈程度并未减少"。③ 在1948—1949年这段时间内,两派的冲突变得白热化了,以至于蒋介石不得不将原定于1948年5月5日召开的国民党第七次全国代表大会无限期推迟。此后,蒋介石自己也改变了看法,他说:"不幸的是,党团统一组织,不能达成政治革命性的改造目的。相反,自中央至省县,党内派系倾轧,更变本加厉,漫无止境……这一次统一党团组织,彻底改造本党的努力可以说是毫无成就。"④

---

① 《党团统一以后》,第3页。这篇文章宣称党团斗争已经得到解决,但它实际上揭示了党团持续冲突的激烈程度。
② 《密勒氏评论报》,1948年8月7日,第278页。
③ 《新希望周刊》(1949年3月21日),载《中国新闻评论》1949年3月25日第14版。
④ 希尔,《国民党历史文献选编(1894—1969)》,纽约,1972年,第210页。

第五章　国民党的政治内幕：革新运动

由于马歇尔将军的循循善诱，再加上有美国的威望作为后台，国共双方代表又在1946年1月10日至31日的政治协商会议上相聚会面，以努力避免全面内战的爆发，并设想在中国建立一个统一的、由多党派组成的政府。虽然政治形势变化莫测，所讨论的问题也关系重大，但是，来自各种不同利益集团，而且政见颇为相左的38位与会代表，仍然在三个星期内就绞尽脑汁提出了一份堪称为明智和互谅典范的协议。作为会议的结果，政协协议没有能完全满足任何一方的要求。不过，这就像马歇尔将军所观察的："它是一份富有灵活性和远见的宪章，给中国提供了一个和平与复兴的基础。"①

在政协协议付诸执行以前，必须由参加会议的各党派分别加以批准。1946年3月1日至17日，国民党在重庆召开了六届二中全会，以审议政协协议。在会上，虽然蒋介石对政协协议表示了支持，但协议还是遭到了顽固的反对。对此，美国国务院的一些情报人员曾含含糊糊、不得要领地说，国民党内有"反动派""不愿和平的人"乃至"心怀不满的右派保守分子"，他们企图破坏政协达成的协议。

现在已经很清楚，这些确实阻挠了国民党政府与共产党和平谈判的所谓"反动派"，是国民党内的一个大杂烩，它一度被称为"革新运

---

① 《美国与中国之关系》，第688页。

动"。有一位评论者在 1947 年说:"革新派的力量已经渗透到全国各地,并且成为政治中最刺人的好斗者。"①抗战结束后不久,革新运动即在复杂的国民党政治运动中发展为一个重要的派别。因此,通过对它的研究,可以在很大程度上揭示出国民党政权在 20 世纪 40 年代的状况以及它的派系斗争情况。

革新运动的起源

革新运动发端于 1944 年初。当时,国民党政权无论在精神方面还是在物质方面都处于衰竭之中。经济上,由于通货膨胀的破坏,形势日趋恶化;军事上,士气低落,厌战情绪弥漫全国。正是在这种焦头烂额的情况下,国民党内的一小群中层干部(大都为 CC 系分子),开始寻找振兴国民党政权的途径。例如,据他们当中一个名叫萧铮(他是农业经济学家)的回忆说,当他听到美国指责国民党政府腐败无能时,感到羞辱难当。他尤其对行政院副院长孔祥熙和财政部部长翁文灏深恶痛绝,因为他们是那样的无能、优柔寡断和不思上进。萧铮说:"党内绝大多数同志都对他们不满。"②

这些属于 CC 系的好斗分子,除萧铮外,还有潘公展、谷正鼎、程天放、余井塘、赖琏等人。最初,他们只是坐而论道,很少有实际行动。有一次,萧铮写了一封信提倡政治改革,想通过陈果夫转呈蒋介石,但陈果夫拒绝传递,理由是对蒋介石个人的批评过于露骨。③ 到 1944 年 5 月,当时国民党正忙着准备召开五届十二中全会,这伙人也就跟着加快了活动的步伐。至此,大致算是形成了一场所谓的运动。为了扩大

---

① 韩思(音),《看!政学系》,第 43 页。
② 萧铮,《土地改革五十年:萧铮回忆录》,台北,1980 年,第 252 页。
③ 同上,第 252—253 页。

自己的政治基础,他们首先把CC系以外的三位党内重要人物(但仍然是中层干部)梁寒操、马超俊(都是孙科派)和黄季陆(三青团干部,胡汉民的追随者)拉入了自己的团伙之中;然后,在全会前夕,他们又组织了一个徒有其名的联盟,以寻求黄埔系和三青团派领导成员的支持,像贺衷寒、康泽、萧赞育、郑介民等。这些人大都是军人,也是20世纪30年代蓝衣社的领导人。①

5月21日,在五届十二中全体会议上,革新运动的骨干分子开始向国民党政府发起攻击。这次出击非常有力。结果连蒋介石在会后也邀请了革新集团的几位成员与他一起商讨有关政治改革的计划。在会谈中,蒋介石显得很高兴接受各项改革的建议,以致革新集团认为他们已经取得了胜利,他们的愿望也很快会被采纳。② 但是,令萧铮吃惊的是,蒋介石并没有按照他们想象的那样去做。革新集团认为要想进行政治改革,前提条件就必须把孔祥熙和翁文灏解职。可实际上,两人的乌纱帽并没有被摘下。因此,革新集团在五届十二中全会上花费的心血,并没有得到什么回报。之后,蒋介石也只不过表示,政治改革将延期,要等到日军豫湘桂战役所造成的军事危机过去之后才能进行。但他许诺说,即将举行的国民党六全大会会考虑对政府的行政机关进行彻底改革。

在1944年底和1945年上半年,革新集团加紧了关于改革的宣传鼓动,他们与党内有影响的人物都建立了联系。与此同时,社会气氛也愈来愈适合于改革思潮的发展。经济状况的恶化和豫湘桂战役中的灾难性失败,使得各派政治力量都坚信改革势在必行。例如,傅斯年虽然不是国民党党员,但很乐于参加革新集团的讨论。1944年9

---

① 萧铮,《土地改革五十年:萧铮回忆录》,台北,1980年,第253页。
② 同上,第254页。

月,他还在国民参政会挑起了一场要求政治改革的示威。① 此外,一直被认为是政学系喉舌的《大公报》,也在报纸上导演了一场呼吁政府改革的笔战。它说,国民党政府是 19 世纪的组织,却想进行 20 世纪的战争。这正像一台过时的旧机器,超负荷的运转肯定会使它彻底瘫痪。《大公报》还在社论中指出,"去年年初,战争进入了关键的时刻,而政府的弱点也暴露得一清二楚,诸如贪污腐化,敲诈勒索,行政部门的玩忽职守和士气低落,所有这些都昭昭在目,而且日甚一日,最终削弱了军队的战斗力"②。

蒋介石也公开表示支持改革。1945 年,他在元旦献辞中宣布了自己要在新的一年里"革新"政治的决心。他用"革新"这个词不可能是偶然的。还在一个月前,革新运动的主要目标孔祥熙已经去了美国,他的亲戚宋子文接管了行政院院长的职务。在革新运动分子看来,宋子文是他们的同路者,彼此都有良好的关系。所以,萧铮写道:"看起来,革新运动的前途变得灿烂辉煌了。"③

革新运动的目的及其攻击对象

关于革新运动背后的动机,也许我们已经足以形成一个初步的认识了。很明显,革新分子对党和政府的腐败无能感到沮丧。在他们看来,国民党政府正在摇摇欲坠,政府的无能导致了军事的失败,其中国家税收的下降、物价的上涨和粮食政策(可能是指实物税)的受挫都是

---

① 萧铮,《土地改革五十年:萧铮回忆录》,第 254 页。
② 《大公报》(重庆)1945 年 1 月 10 日第 2 版。在 1945 年的最初三个月中,《大公报》还刊出了许多督促政府实行改革的社论。
③ 萧铮,《土地改革五十年:萧铮回忆录》,第 254 页。

致命的因素。① 但是,据我们所知,革新运动分子除了把矛头直指孔祥熙和翁文灏外,还把攻击目标对准了其他一些派别和个人。显然,在这方面,他们带有某种权力斗争的色彩。革新集团的另一个重要靶子是政学系。政学系是一个由行政和技术专家组成的松散的小圈子,在他们的议事日程表上,思想意识只占据次要的位置。开始,政学系的成员同蒋介石发生联系,一般都是通过他的结拜兄弟张群牵线的。除翁文灏外,政学系的重要成员还有:国民党中央执行委员会秘书长吴铁城,贵州省政府主席、国民政府文官长吴鼎昌,交通部长、行政院顾问张嘉璈,福建省主席、国防最高委员会秘书长陈仪,中央训练委员会指导员熊式辉和党政工作考核委员会秘书长沈鸿烈。

与政学系相反,革新运动的参加者在国民党政权内求得一官半职,大多数是通过一些思想意识性很强的组织才得以入门的,譬如像由CC系控制的国民党派系,或者高度政治化的黄埔军官学校等。因此,他们觉得政学系分子只不过是无原则的政客,一旦与己有利就可以出卖党国。② 更重要的是,在革新运动分子看来,政学系挤掉了他们的宦海前途。他们自称,他们是国民党政权的中层干部③,从20年代后期就开始在党内工作,现在已人到中年,可是由于孔祥熙、翁文灏一类的投机分子占据了党和政府高位的现象比十年前更甚,所以真正的权力仍然与他们无缘。

一般来说,革新集团代表"意识形态派",他们反对"务实派"。在双方的政治斗争中,不排除有原则的分歧,然而政治野心,甚至个人的

---

① 萧铮,《土地改革五十年:萧铮回忆录》,第253页。
② 韩思,《看!政学系》,第12、15页;江上青《往事清谈》,第98—100页。
③ 陈恩,《为革新运动进一招》,载《革新周刊》第1卷第7期(1946年9月7日)第8页;黄坚清,《只有一条路——清党》,载《革新》周刊第1卷第10期(1946年9月28日)第7页;阮华国,《革新声中第一炮——党员总清查》,《革新周刊》第1卷第13期(1946年10月12日)第7页。

好恶等等因素,也往往会与这些原则问题鱼目混珠地纠缠在一起。特别是 1945 年 8 月,日本投降之后,随着革新运动的升级,这种复杂的动机就变得更加明显了。

抗战结束后不久,有两件事情引起了革新运动分子的特别嫉恨。第一,关于中苏友好条约的订立。或许是巧合,条约的签字仪式恰好安排在 1945 年 8 月 4 日,与日本的投降同一天。在条约中,有争议的一点是承认外蒙古的独立。迄今为止,国民党政府一直认为外蒙古是中国的领土。在中苏友好条约上签字的王世杰,是政学系的一位重要成员。他是在前任外交部长宋子文情愿辞职也不愿意签字的情况下,被任命接替这个职务的。① 第二,战后两位政学系成员受到重用,他们是熊式辉和陈仪,分别负责东北和台湾的接收工作。这一点尤其叫革新分子恼怒。毫无疑问,东北和台湾在日本占领的地区中是两个最有油水的战利品,陪同熊、陈前去的一批部属也将由此占据许多肥缺,而这些职务又正是 CC 系所渴望得到的。结果,不管是在东北,还是在台湾,都酿成了政学系与国民党其他派系之间的争斗。②

为了反对中苏条约和有关接受大员人选的安排,革新集团决定上书蒋介石。他们推出萧铮、余井塘和萧吉珊来起草一份议案。在这个时候,萧铮似乎是革新运动的关键人物。据他后来说,开始,他写初稿措词非常尖锐,后来因为修改,反而把这件事拖延了下来。因此,等蒋介石在 1945 年 12 月 10 日会见革新运动代表时,已经表示为他们的忧国精神所感动,并答应尽可能采纳他们的想法。③

---

① 萧铮,《土地改革五十年:萧铮回忆录》,第 270 页;梁思文,《关于 1945 年中苏友好同盟条约的评论》,第 400 页。
② 萧铮,《土地改革五十年:萧铮回忆录》,第 271 页。
③ 同上,第 271—272 页。

政治协商会议

使革新运动真正成为具有全国性影响的事件,还是政治协商会议。政治协商会议的设想是从1945年初国民党政府同共产党的谈判中产生的。其目的是想以多党合作为工具,为建立一个统一的、立宪的政府制定指导原则。最初,政协会议预定在1945年11月召开,后来由于内战的爆发和两个主要的权力问鼎者之间关系恶化而被迫搁浅。马歇尔将军到达之后,两党表示了重新和解的愿望,政协会议终于在1946年1月10日召开。出席会议的代表共有38人,其中国民党代表8人,共产党代表7人,其他23人或者代表少数党派,或者是无党派的知名人士。①

在三个星期的会议中,政治协商会议提出了五个相互关联的决议,计划建立一个民主的立宪政府和一支统一的、非政治的国家军队。② 自从1945年入秋以来,内战的危险已经迫在眉睫,所以许多中国人把这些协议看成是和平降临人间的希望之光,他们为政协会议欢呼雀跃。

但是,正如"较场口事件"所证明的那样,并不是所有的人都赞成政协会议。2月10日(星期天)上午,民盟和一些地方团体在重庆较场口组织了一次大约有1 000人参加的群众集会,庆祝政协会议的成功。结果,一些民主人士和左派人士,如李公朴、罗隆基和郭沫若等,因为在会议上发表演讲而遭到殴打。其实,早在会议开始前,一个国民党

---

① 钱端升,《中国政府和政治》,剑桥,1961年,第376页;邹谠,《美国在中国的失败(1941—1950)》,芝加哥,1963年,第296页;《中华志,1950》,第267页。
② 《中华志,1950》,第267—269页;罗隆基,《政协会议后的中国政治形势》,载1946年5月11、12日《文汇报》。

人就企图取代李公朴来做大会主席,以夺取对大会的控制,于是在大会主席台上就发生了一场混战。接着,大约有 300 至 600 名流氓,挥舞着凳子和铁棍冲进会场,打伤了大约 60 个出席会议的人,其中包括几个打算在会上发言的人。值得注意的是,当时在场的警察和宪兵并不进行干预,只是袖手旁观。

围绕着"较场口事件"发生了一场大争吵。国民党将其归罪于共产党,左派则控告这是国民党政府,尤其是 CC 系的倒行逆施。据一位曾经卷入这一事件的国民党人回忆说:"国民党原打算抓住这个群众集会的机会,夺取对大会主席选举的控制,以转移大会的目标,给共产党一次无情的打击。"①由此可见,即使根据这些回忆所提供的证据还难以断定是国民党怂恿了那群流氓大打出手,但也至少清楚地表明,没有直接露面的国民党当局是反对这次集会的,并已经打算要进行干预。

同样的心情,一方面引起了国民党分子对较场口群众集会的捣乱,另一方面又刺激了革新运动。政协会议结束后不久,梁寒操、萧铮和革新运动其他领导人在中央党部举行了一次公开的革新座谈会。在此之前,他们也召开过这样的座谈会,至多有十来人参加,但是这次却吸引了一百多人。此外,在 2 月和 3 月初举行的四次座谈会上,参加的人数也每次都超过 150 人,而且大多数来自国民党政权各个领导机关的成员,诸如国民党中央执行委员会,立法院、监察院、三青团中央干事会、国民参政会等等,显而易见,这是因为许多国民党人对政协

---

① 姚蒸民,《重庆学生运动之回顾》,载《四川文献》月刊第 124 期(1972 年 12 月 1 日)第 6 页;关于较场口事件的描述,见《中国劳工运动史》第 4 卷第 1585—1587 页,及《大公报》1946 年 2 月 11 日第 2 版。

协议感到愤懑。①

这一系列座谈会标志着革新运动正式开展了有组织的活动计划。在2月27日举行的第三次座谈会上，革新集团通过了一个题为《我们的呼声》的宣言，表明了革新运动的主要目标。3月4日，革新集团准备了一个临时章程作为革新运动的纲领。② 到1946年3月，革新运动已经发展成为一种有组织的政治力量，并且由于拥护者数量的增多而大大加强了它的地位。

当国民党六届二中全会于3月1日至17日在重庆召开时，革新集团居然叫会议陷入了混乱状态。在会议上，他们一方面要求改革，并对党和政府活动的各个方面给予了猛烈抨击，如从官僚资本主义的弊害到实行土地改革的失败，从政府的官僚主义陋习到对外政策的处理；另一方面，他们又攻击政协决议。梁寒操和余井塘发表了一个联合声明，号召坚决拒绝政协决议。革新集团的其他成员也在声明上签了字。随后，110位代表跟着提出了相似的要求。革新集团甚至正式提出：由于张群、王世杰和邵力子不忠于党，与其他党派妥协，心甘情愿地将领导权交给多党政府，应将他们开除出党。革新运动的领导人，CC系的骨干分子谷正纲更是声嘶力竭地大喊："挽救党！"国民党领导人面临的这场造反是真刀真枪干的。结果中央党部秘书长吴铁城（政学系重要成员）被劈头盖脸的斥责吓坏了，赶紧辞职。③

对蒋介石来说，这些指责不仅讨厌，而且是对他个人权威的挑战，因为他是政协决议的幕后操纵者，政协会议的国民党代表完全是按照

---

① 《党政革新运动》，第10页；茹新（音），《国民党六届二中全会前后》，载《文汇报》1946年3月23日，见《中国新闻评论》1946年4月3日第8页；《中央日报》（上海）1946年3月4、5日第2版。
② 《我们的呼声》，第1—9页。
③ 《评二中全会》，第19—21页；茹新（音），《国民党六届二中全会前后》，《中国新闻评论》1946年4月3日，第8—10页；《大公报》1946年3月7日第2版。

他的旨意行事的。① 因此,他开始保护张群和其他参加政协的国民党代表,并且断言对他们的指责是没有根据和过分的。蒋介石甚至说:"政府的错误是我的错误。"②当然,他不会为此表示后悔。他说:"在我们遭受重大失败的时候(指1944年日本人发动的豫湘桂战役),在中国正处于最危急关头的时候,你们所有人的信心都动摇了,只有我一人力主继续抵抗。现在抗战胜利了,你们还有这么多话说。"③

在六届二中全会上,蒋介石至少有四次呼吁全会代表支持政协决议,但是,他也没有完全忘记犟头倔脑的革新运动分子。④ 最后,蒋介石在同革新运动代表的一次秘密会见中,终于向他们保证:"只要我活着,共产党就绝不能参加政府。"⑤这就是说,蒋介石还是有意要和革新运动分子一起来反对政协决议的。那么,他究竟是否真的反对联合政府呢?有可能是真的。不过,现在我们还无从断定。但是,有一点可以确认,如果蒋介石是真心反对的,他也不可能公开承认这一点,因为这样做无疑将会疏远马歇尔将军,从而危及美国继续提供政治上和物质上的支持。因此,革新运动分子在中央全会上的造反,倒会迫使他至少在革新运动领导人的小圈子内,摊出自己的底牌。

秘密会见之后,革新运动分子在二中全会余下的会议中显然变得安静多了。政协决议在加上了蒋介石所同意的修改建议之后⑥,由国民党中央执行委员会一致予以批准。至少从表面上看,国民党这些建议的含义是不明确的。虽然国民党政府公开宣称,它所提出的修改意

---

① 见《美国外交文件》1946年第9卷第154、158、161页。
② 范蕙,《看这严重的两个月》,第5页;《文汇报》1946年5月17日。
③《文汇报》1946年3月17日。
④ 范蕙,《看这严重的两个月》,第5页。
⑤ 笔者《台北访问记录》。这一消息来源是由参加会见的11位革新运动分子中的一人提供的,他要求不公开他的身份。
⑥ 茹新(音),《国民党六届二中全会前后》,第10页;《中华志,1950》,第269页。

见仅仅是一些建议,如果将来政协会议的代表加以拒绝,国民党将尊重政协的决定。① 然而,绝大部分外界人士,包括共产党和美国使馆的官员,都认为二中全会的建议已经给政协决议设置了许多具体障碍,制造了许多技术难题,目的就是为破坏与共产党的任何和解。②

共产党看透了修改建议背后的真实意图,他们立即揭露这是国民党的背信弃义行径。在此之前,政协会议中的共产党人似乎很愿意,甚至急于参加联合政府,但是现在他们对政治解决采取了回避态度。共产党推迟了原定于3月13日召开的中共中央全会,这个会议本来是为了批准政协协议召开的。他们恢复了自己的军事行动,于4月18日占领长春。③ 因此,二中全会是战后国共两党关系上的转折点。也许这两个权力的角逐者永远不可能调解他们的争端,但是,现在实际上是由革新运动这个国民党内强有力的派别,成功地破坏了防止内战的努力,而这一努力看起来一直是很鼓舞人心的。

革新讨论会的组织

二中全会以后的几个月里,革新运动的组织扩展到了许多省份。革新运动的总部叫做"首都座谈会",开始设在重庆,后来与国民党政

---

① 《中华志,1950》,第269页。
② 《美国与中国的关系》,第144页;周恩来,《评国民党二中全会决议》,载《新筹安会》第1—5页;《评二中全会》,第7页;范蕙,第4—5页。在全会中有争议的决定是,会议决定应该建立一个中央政治委员会,而且很明确,它将处在国务会议之上。这样就很容易造成错觉,似乎是说在宪法颁布之前的政府应该是一个多党联合体。全会同样否定了组成责任内阁体制的提案,拒绝了联省自治的方针,并重申支持国民大会权力的立场。全会根本无视中国共产党提出的有关军队复员的原则。全会号召成立一支有100万人的后备军。见《中华志,1950年》第762—763页;《中央日报》(上海)1946年3月19日第4版。
③ 《美国与中国的关系》第144页;邹谠,《美国在中国的失败(1941—1950)》,第409—410页。

府一起东迁回到了南京。运动的领导机构由13个召集人组成,他们轮流负责革新运动中央办公室的日常事务。在中央办公室之下,有4个部门(总务、编辑、出版发行、通讯)和4个研究小组(党务、政治、经济、国际和特别问题)。所有革新运动讨论会都对外公开,并邀请所有从事党的革新事业的国民党党员和三青团团员参加。但是,任何成员如果没有正当理由而三次不参加讨论会的会议或研究小组的周会,就要被除名。在地方也建立了同样的"讨论会"。①

很难说革新运动的实际组织状况在多大程度上符合这一设想,不过运动还是迅速地开展了起来。1946年的夏天,在南京、上海、广东、贵州、云南、浙江、湖南等地都组织了革新讨论会,这种讨论会通常是在国民党省党部举行的。革新运动在湖南尤其活跃,甚至县一级也组织了革新讨论会。②

除了发起公开集会或讨论会外,革新运动的另一个主要活动就是出版各种宣传党的改革的刊物和小册子。1946年7月,革新运动总部开始出版《革新周刊》,它的发行人是梁寒操,编辑人是杨幼炯。革新运动的一些支部,包括湖南、云南和广东,也发行了各种出版物。③

革新运动对国民党及其政府的批判

对国民党的状况,革新运动出版物的作者们一致感到灰心丧气。陈健夫声称,党得了病,不动外科手术就不能起死回生。他写道:"我

---

① 任彰,《为革新运动答辩》,载《革新周刊》第1卷第2期(1946年8月3日)第6页;《中国国民党党员党政革新运动初期工作方案》,第21—23页。亦见《党政革新运动》,第4页。
② 《革新月刊》第1期(1946年8月)第14—16、19页,第2期(1946年9月)第18、20页。
③ 《革新月刊》第1期(1946年8月1日)第15页,第2期(1946年9月1日)第18页。在众多的革新运动刊物中,我只能确定其中三种刊物的出版地点:《革新周刊》(南京)、《革新月刊》(长沙)、《党政革新运动》(云南)。

相信,革新如同一场革命。如果今天国民党的同志不起来革命,那么他们就只能坐等将来别人革他们的命。"①程元斟甚至更加直截了当地表示了对国民党的绝望,他说:

> 中国国民党本身必须革新,这是一个铁的事实。而且,革新的需要并非今天才产生的。早在北伐完成之后,政治权力就被官僚篡夺了。北伐以后和在国民党掌握政权的时代,国民党就应该实行它的主义。可是由于政权被篡夺了近20年……国民党被迫放弃了其制定的纲领和高喊的口号,它没有能力加以贯彻执行。结果,人民只能盼望着国民党会实现三民主义的纲领和口号,而实际上却一无所有。至于真正的现实,则是所有的地方都在倒退。国民党提倡民主,政府却强调集权,漠视选举;国民党提倡地方自治的原则,政府却维护经济上的特权阶级……征收苛捐杂税,使人民贫困不堪。所有这些都足以证明中国国民党的纲领和口号与实际的执行情况已经没有任何联系。一个与实际相脱离的政党也就失去了它存在的理由。②

这种幻想的破灭,充满了革新运动的出版物。但是,革新运动的作者们表示他们并不悲观,这就像梁寒操在《革新周刊》创刊号上所说的:"我们相信'不满'正是为革新和新生命的诞生创造了良机。"③

在探索国民党积弱的原因时,许多革新运动分子都同意程元斟的

---

① 《党政革新运动》第 26 页。
② 程元斟,《革新运动只许成功,不许失败》,《革新周刊》第 1 卷第 5 期(1946 年 8 月 24 日)第4页。
③ 梁寒操,《革新周刊发刊词》,《革新周刊》第 1 卷第 1 期(1946 年 7 月 26 日)第1页。

看法,他们认为这种现象首先是在1927年国民党夺取政权之后暴露出来的。贺岳僧写道:"国民党执政十七年,它也病了十七年。"①李建同样认为,北伐的结果是"军事胜利,政治失败"②。革新运动分子还强调指出,战时的紧张和战后的松弛极大地加速了国民党的腐化过程。③ 总之,在1946年,所有的革新分子都一致相信,国民党已经患了不治之症。除非立刻实施他们的革新主张,否则国民党根本无力同其他党派进行权力的竞争。

在革新运动分子看来,国民党衰败的一个基本原因,在于党员素质的不纯。梁寒操写道:"现在党的成员和思想百分之百的复杂。"④党的组织总是松懈散漫,没有适当的纪律、训练或宣传。而且,北伐之后,大批军阀和投机分子涌入党内,致使党员根本没有相互共同的目标。许多党员毫不关心党的革命原则,只是追求升官发财。这种态度腐蚀了党的革命原则,导致了普遍的贪污腐化、只说不动和对人民利益的忽视。⑤

革新集团指责说,国民党的积弱还在于它不能够实行党内民主。他们说,从1928年起,民主集权制就被"个人领导制"所代替,从此,党的各级领导不再由选举产生,而由党的更高一级任命。由于党的领导阶层的轻视和不负责任的态度,党在县以下的基层组织萎缩了。党的组织活动成为一种徒有其名的形式,年轻有为的党员变得闲散消极,

---

① 贺岳僧,《党的腐败原因之分析》,第8页。
② 李建,《革新运动的三大精神》,《革新周刊》第1卷第6期(1946年8月)第5页。
③ 高叔康,《革新运动的同志们行动起来!》,《革新周刊》第1卷第5期(1946年8月)第2页;陈正谟:《政治革新与行政效率》,《革新周刊》第1卷第5期(1946年8月)第10页;《革新月刊》第5期(1946年10月)第4页。
④ 梁寒操,《革新周刊发刊词》,《革新周刊》第1卷第1期第2页。
⑤ 陈健夫,《革新的基本愿望》,《革新周刊》第1卷第1期(1946年7月)第6页;叶逢春,《我们要展开革新运动》,《革新周刊》第1卷第2期(1946年8月)第2—4页;程元斟,《革新运动只许成功,不许失败》,《革新周刊》第1卷第5期第3—5页。

甚至离开了党。因此,国民党不仅在社会上没有基础,甚至在它自己的普通党员中也缺乏基础。①

正因为党内缺乏民主,党的领导人变成了一个"特殊阶级"。他们年龄老化,思想僵化,唯恐失去自己的特权;他们垄断权力,但是包而不办②,他们把自己与党的下层相隔绝开来,无须用年轻党员的新鲜血液和新思想来振兴自己。一个革新运动的作者写道,1946年,国民党"已显示出垂暮之气,只是煞费苦心地维持现状,一点看不到乐观进取朝气蓬勃地走向未来的征兆"③。

革新运动分子认为,国民党致命的缺点是它不能实行以党统政的原则。根据孙中山的革命建设方略,在训政时期,党应该高于政府,对政府实行监督和指导。然而,这个以党统政的原则一直被视而不见。这正如程元斟所说:"很久以前,政府就摆脱了它与党的关系。"④刘不同评论说:"尽管党是三民主义的党,但它与三民主义学说毫无关系。"⑤

所有这些弊端,诸如1927年后投机分子混入党内;党组织的积弱;党内民主精神的窒息;党失去对政府的领导,其结果都使党和政府深深地陷入了官僚主义、派系活动和官僚资本主义的泥淖之中。而这三个问题是革新运动的三个主要攻击目标。

革新运动在它的主要政策声明《我们的呼声》中宣称:官僚主义

---

① 贺岳僧,《党的腐败原因之分析》,第8—9页;贺岳僧,《如何推进党的革新运动》,第6页;叶青:《实行党内民主》第1—3页;秦绶章,《实行党内民主》,第3页。
② 刘不同,《论国民党之复兴》,《革新周刊》第1卷第6期(1946年8月)第3页;秦绶章,《实行党内民主》,第3页。
③ 严铮五,《怎样团结革命同志》,《革新周刊》第1卷第4期(1946年8月17日)第3页;亦见《党政革新月刊》第2页。
④ 程元斟,《革新运动只许成功,不许失败》,《革新周刊》第1卷第5期第5页。
⑤ 刘不同,《论国民党之复兴》,《革新周刊》第1卷第6期第1页;亦见任彰,《为革新运动答辩》,《革新周刊》第1卷第2期第3页;莫萱元,《党政革新运动之要义》,第9—10页。

和派系活动,是党的"致命伤"。官僚主义之毒,已经侵害了整个国民党的肌体。它说:"每一个政府机关都充满了虚伪和敷衍,它们已经失去了为理想而斗争的精神。大小官员都欺上瞒下,剥削压榨,贪污腐化。几无一人理解救国救民的抱负。无论是政府还是党的机关,所做的一切都脱离民众,脱离社会,成为颓废堕落的'衙门'。至于各种会议,它们只是形式上强调民主,实际上很少有热烈的讨论和考虑到大多数人观点的民主做法。一个最初充满活力的革命党,如今已老态龙钟,勉强维持着门面,再也看不到乐观地奔向未来的那种青春朝气。"①

至于派系活动,尽管蒋介石在1938年国民党临全大会上已经命令解散党内所有的"小组织",但是派系争斗依然继续盛行不衰。任卓宣(即叶青)抱怨说:"党内派别林立,在大派别中又有小派别,每一派别都反对其他派别。"②革新分子则一再指责说,国民党政权的人事安排不是依据个人的功绩和能力,而是由个人关系和派系关系来决定的。③ 因此,党员"只知道派别组织,而不知道有党的组织。结果他们不惜以破坏和牺牲党来扩大派别组织"④。《我们的呼声》断言说:派系斗争的结果,"使有能力的忠诚之士感到灰心沮丧。党的生命怎么会不被它扼杀呢"⑤?

"官僚资本主义"是一个富于感情色彩的术语,主要指政府的高级官员利用自己的政治影响或非法获得的财富来投资或控制国家的经济活动。具有讽刺意味的是,这个术语本来是由亲共产党的学者们发

---

① 《我们的呼声》第2页。关于官僚主义,见叶青,《肃清官僚主义》,第1—4页;秦绶章,《官僚政治之剖析》,第17—19页。
② 叶青,《革新运动第一个基本原则》,第1页。
③ 杨玉清,《我们要求改变政治风气》,《革新周刊》第1卷第1期(1946年7月27日)第7页;莫萱元,《党政革新运动之要义》,第8页。
④ 秦绶章,《实行党内民主》,第3页。
⑤ 《我们的呼声》,第2页。

明的,但是现在却被革新运动分子当成自己的东西来贩卖了。他们用这个并不得心应手的攻击武器,揭露了整整一串危害国家的犯罪行为。例如,他们指责说:官僚资本家操纵了各种国营企业,并利用他们对对外贸易的控制来从事市场投机。结果造成正常的商业和工业企业不能获得发展。官僚资本家只追求个人的私利而不顾国家的利益,使政府不能提高普通老百姓的生活水平。他们操纵物价,赚取高额利润,剥削农民,扩大了穷人与富人之间的鸿沟。官僚资本家所采取的办法也助长了政府的贪污腐化,缺乏效率和官僚主义。①

总的来说,革新运动对于官僚资本主义的攻击缺乏具体内容。他们确实指出了分别与孔祥熙和宋子文家族有联系的长江公司和扬子公司②;他们也激烈指责宋子文的贪污腐化(蒋介石公开保护宋,断言"宋没有贪污")。③ 但是,在很大程度上,"官僚资本主义"只是被革新分子当作一种危言耸听的口号,用来对经济危机和人民群众生活水平的恶化发出警告。它也为革新运动不断要求国民党对全体党员进行财产登记,以防止利用官职积聚私产提供了依据。④

革新运动对于官僚主义、派别活动和官僚资本主义等弊病所提出的一个具体补救办法是清党。在1945年5月的六全大会和1946年3月的二中全会上,国民党都曾经正式要求对党员进行"总清查",以达到"彻底清除贪污腐化和坏分子"的目的。⑤ 然而,在二中全会以后的几个月里,中央党部并没有把这一要求付诸实施,革新运动的前景顿

---

① 叶青,《打倒官僚资本》,第124—135页;《党政革新运动的经过和要义》,《党政革新月刊》第12页。
② 魏民,《革新的症结》,《革新月刊》第5期(1946年9月1日)第3页。
③ 革新运动分子对宋子文的态度是复杂的。据一位革新运动的前领导人讲,他们并不反对宋子文,因为他是一个"新"资本家,意思是说他还关心普通老百姓的生计。相比之下,孔祥熙则是一个"老"官僚资本家,没有任何同情心。易劳逸,《台北访问记录》。
④ 《党政革新运动暂行纲领》,载《党政革新运动》第8页。
⑤ 叶青,《党员总清查与革新运动》,第5页。

时变得暗淡许多。结果,到 1946 年 8、9 月间,革新运动分子的热情开始下降,因为在六届二中全会召开后的六个月内,革新运动并没取得任何实质性的进展。这再一次证实,国民党的弊病已经根深蒂固,而且日趋恶化了。因此,阮华国写道:"最热忱的同志都怀疑我们的革新运动除了空话以外一事无成。"①

1946 年 9 月,中央党部终于下令从 10 月 1 日开始进行党员"总清查"。这个消息在革新集团内引起了极大的兴奋。阮华国甚至欢呼:"这是自 1927 年清党(清共)以来国民党最伟大的事件,可以看作是革新运动的首次尝试。"②

在 1947 年的上半年里,革新运动仍然是国民党政治舞台上的主要力量。宋子文在他的财政政策引起了 1 月和 2 月初的黄金风潮以后,被从行政院长的位子上赶了下来。对此,公开的报道只是说宋子文的主要反对者是六届三中全会筹备委员会、立法院和国民参政会的傅斯年。但是,无须花费多大的想象力,就可以猜出站在进攻前列的是革新运动分子。③ 在同月下旬的六届三中全会期间,革新运动的领导人,诸如谷正鼎、刘健群、赖琏、黄宇仁、任卓宣等,大肆攻击官僚资本主义、国共和谈和许多政府官员,特别是攻击像陈仪、王世杰那样的政学系成员,以致报刊都给他们戴上了"大炮"的桂冠。④ 最后在全会通过的决议中,还包括了革新分子提出的要求:没收贪官污吏的财产。⑤

---

① 阮华国,《革新声中第一炮:党员总清查》,《革新周刊》第 1 卷第 13 期(1946 年 10 月 12 日)第 6 页。
② 同上。
③ 《新民晚报》1947 年 2 月 21 日;《中华时报》,载《中国新闻评论》1947 年 3 月 4 日第 2 页;《CC 豪门资本内幕》,第 41—42 页。
④ 《新闻天地》1947 年 5 月 1 日第 13—15 页;浦熙修,《国民党三中全会记》,《观察》第 2 卷第 6 期(1947 年 4 月 5 日)第 16 页。
⑤ 《大公报》1947 年 3 月 24 日第 2 版;《经济周报》第 4 卷第 13 期(1947 年 3 月)第 2—3 页。

革新运动的寿终正寝及对它的评价

1947年3月,国民党六届三中全会以后,革新运动从公众的视野中消失了。8日,革新运动设在南京的刊物《革新周刊》停止了发行,也许这一事件标志着革新运动作为一个活跃的政治势力已经覆灭,或至少意味着它作为各派联盟的完结。关于革新运动寿终正寝的许多原因,我们只能加以猜测。首先,可能是因为它的成员对运动缺乏具体成果而丧失了信心。例如,1946年10月开始实行的清党,后来就被证明是不成功的。① 同样,蒋介石也表明他对革新运动的同情并不深厚。1947年3月,他提出由为众人所不齿的政学系最重要人物张群继宋子文之后担任行政院长。其次,革新运动失败的最明显原因,在于三青团与CC系之间敌视的增长。实际上,从一开始,这二者之间长期积压的明争暗斗,就把革新运动变成了同床异梦式的政治联姻,而这种政治婚姻之所以能成立,又是因为两派都不是稳固的整体组织,都包含了许多持有形形色色政治观点的人物。例如,有些CC系分子,像萧一山和王秉钧,坚决反对让三青团参与政治,拒绝承认三青团是合法的政治力量。而其他人,像赖琏、萧铮和余井塘,则采取一种现实的态度,认为三青团已经卷入了政治,因此也可以尝试与之合作。但是,在1947年的竞选活动中,无论是中央还是地方,两派之间的冲突都极其尖锐,使得这种友好合作再也不复存在了。革新运动就这样作为派系斗争的牺牲品而夭折了,它的参加者为之痛惜不已。②

---

① 《从立法院的派系说到国民党的改造》,第11页。
② 易劳逸,《台北访问记录》。

然而,革新的设想并未立即销声匿迹。1947年9月,与党团合并的同时,国民党中央又作出的关于党员重新登记的决议,其内容与革新运动曾经提倡的如出一辙。一些革新运动的领导人物,如萧铮和谷正鼎等,又会同大约200名立法委员,在立法院内以"革新俱乐部"统一了他们的活动。这个俱乐部直到今天仍然存在,它的成员大多是CC系的追随者。① 还有另外一批立法委员,他们一贯支持三青团的理想,而且曾经参加过革新运动,他们也组织了一个"新政俱乐部",这个俱乐部的领导人是刘健群、黄宇仁和刘不同等,它被看作是CC系的"死敌"。②

在革新运动存在的整个过程中,曾经对国民党的派系之争给予过公开的谴责。可是,实际上,革新运动本身也只是乌烟瘴气、派系林立的国民党政权中的又一个派系。对此,革新运动分子一直矢口否认。例如,任卓宣就争辩说,革新运动并非一个派系,因为它的目标是为了消除派系活动,并把所有的革命者都团结到清理过的国民党中来。③革新运动确实汇集了来自国民党政权内的各个不同方面的成分,诸如CC系和三青团;而且,如果CC系和三青团不是互相蔑视的话,他们至少是可以同舟共济的。但是,他们所以能够形成这样一个暂时的联盟,是因为政学系和政协决议对他们的政治利益所造成的威胁,比他们彼此间的争斗来得更为迫切。

革新运动分子也否认他们提倡改革是出于私利。陈健夫说:"我们坚持一点:我们参加革新运动的动机是纯洁和正直的。就是说,我

---

① 《大公报》1948年11月10日第2版;局外人,《忆当年传说中的"十三太保"》,第6章第23页。这个俱乐部直到现在还仍然存在。
② 《力报》1948年12月27日,载《中国新闻评论》1948年12月28日第13页。
③ 叶青,《革新运动第一个基本原则》,第2—3页。亦见陈健夫,《革新的基本愿望》,《革新周刊》第1卷第1期第6页。

们绝没有任何私利。我们要求革新的理由完全是为了党和国家,丝毫没有想到我们自己。"①尽管不承认有私利,但革新运动分子却并非不关心政治改革对他们个人命运的影响。他们坚持政策的改变必须带来人事的改变,他们认为清党的首要任务,就是必须任命一批忠心赤胆、风华正茂的党员。例如,任卓宣说:"应该给忠诚而有能力的同志以上进的机会,以发挥他们的能力,并大量起用他们,让他们在党和政府各个方面担任职务。"②

名利场上的追逐,给革新运动增添了不少活力,也有助于说明它为什么要如此敌视政协会议。在第一次冲突中,革新集团发泄在政协会议和政学系的政协代表身上的狂怒,似乎与他们改革党务的要求毫无关系。他们所关心的是最大限度地扩大自己的政治特权,当然他们的反对也是合乎逻辑、易于理解的。革新运动分子大都是党的职业工作人员,国民党保证了他们的仕宦之途。可是,如果政协决议生效,国民党就将失去从政府中得到的财政支持,并且从此以后要把一大批政府职位分让给其他非国民党人士。因此,张群、王世杰和邵力子等人在政协会议上作出的让步,无疑威胁到了他们的生计。

如果说包藏在革新运动后面的唯一动机就是革新国民党,那么,令人费解的是,为什么陈立夫能够躲过革新运动的攻击呢?除了蒋介石外,没有人比陈立夫更应该对国民党的缺乏民主、缺少组织纪律以及地方组织的积弱负责了。可是,在革新运动的出版物中,没有一句不敬之辞是针对陈立夫的。作为CC系的祖师爷,陈立夫自然与革新运动的许多领导人有着密切的关系。革新集团甚至还在《革新月刊》上发表了他的一篇论文,讲的是没有特殊政治含义的哲学问题。陈立

---

① 叶青,《革新运动第一个基本原则》,第2—3页。亦见陈健夫,《革新的基本愿望》,《革新周刊》第1卷第1期第6页。
② 阮华国,《革新声中第一炮:党员总清查》,《革新周刊》第1卷第13期第6页。

夫本人没有参加过革新运动,因为他认为运动太激进了。① 因此,陈立夫能免遭革新运动的抨击,就确实证明了,与其说革新运动反对的是那些侵害国民党政权的弊病,倒不如说是为了反对政学系,反对宋子文和孔祥熙等,因为孔、宋等人是国民党统治时期政治上的主要既得利益者。

蒋介石对革新运动的态度自始至终是暧昧的。有几次他表示赞成革新运动,但反过来又感到革新运动本身无疑也是个麻烦。例如,革新运动公开反对政协会议,就有悖于他的设想。蒋介石还多次保护孔祥熙、宋子文和政学系的成员免受革新运动分子的攻击。因为孔祥熙等人都是他的左膀右臂,是他亲自任命、扶植起来的。当然,他们执行的政策也是由他钦定的。②

虽然革新运动分子在提到蒋介石时总是用尊敬的词句,但是他们的攻击又把他丢弃在了紧靠靶子的危险地位。例如,湖南的一位革新运动分子就著文责备说蒋介石被一群阿谀奉承的小人包围了。因此,他要求蒋介石必须去物色那些不会一味取媚于他,而是刚正不阿、敢说真话的忠诚干部。这位革新分子还说,只要蒋介石发布一个命令,就能实现革新运动的几个目标,诸如清除贪官污吏、取消为害最大的官僚资本家、解散三青团(原文如此)等。③ 蒋介石迟迟不发布期待已久的国民党总清查的命令,也是因为他对清党的建议同样感到讨厌。为了赶时髦,革新运动分子又对"独裁专制"和"个人领导"大肆鞭挞了一番,虽然这不是有意冲蒋介石发的,但肯定使他丢尽了脸,并且至少

---

① 陈立夫,《建国之道》,《革新月刊》第1期(1946年8月1日)第5—7页。除此之外,陈立夫反对攻击孔祥熙和翁文灏,他与这两人的关系相当密切。另据一位人士提供的材料说,陈立夫在个人关系上总是趋于"调和"。易劳逸,《台北访问记录》。
② 浦熙修,《国民党三中全会记》,《观察》第2卷第6期第16页。
③ 魏民,《革新的症结》,《革新月刊》第5期(1946年9月1日)第3页。

暗示他在国民党内的威信降低了。

革新运动和三青团明白无误地证实：国民党的国家机器是由内部瓦解的。不论是革新运动还是三青团成员，他们都觉察到了充斥于党和政府核心的腐朽与积弱，并且认识到除非迅速进行严厉的改革，否则国民党政权就难以长存。

然而，这些运动都未能拯救国民党政权，因为它们每一个本身都像它们所攻击的个人和派系一样，具有各种弊病的基因。正像我们已经看到的那样，当三青团员谋取到一官半职之后，他们也表现得与国民党员一模一样，官僚主义、自私自利和无视平民百姓的利益。同样，一些革新运动的领导人在被提升到党和国家较高的位置后，也不再积极了。一位革新分子就承认："他们得到权力后，自然就不再做声了。"①

这些问题的根源大多是属于体制性的。由于没有一个有效的、制度化的沟通渠道，可以促使国民党政权的官员在处理政府事务时必须对选民或政府以外的力量负责，所以绝大多数官吏很容易就把政府的主要目标丢弃了。为了自己，为了随之而来的荣誉和财富去谋取权力，成了他们的第一出发点。而为了达到目的，他们就必须参加各种派系。因此，在国民党内部，派系是政治活动的主要工具。

政治的目的不是为了政策，而是为了权利和地位，这就是理解三青团和革新运动的关键，也是从总体上理解国民党政治的关键。这将有助于解释为什么如此之多的政治檄文往往沉溺于人身攻击，而不是提出具体的政策性建议和组织分析。冠冕堂皇的词句是为了对敌方派系占据有利可图的高位表示嫉恨。当一派取代另一派时，政府的工

---

① 易劳逸，《台北访问记录》。

作日程和官僚的言行举止很少会有什么改变,因为这种政治制度没有形成任何办法,可以迫使政府官员必须把他们所肩负的使命置于他们私人和派系的利益之上。

三青团和革新运动与国民党的其他部分一样,也已经受到了同一类病毒的污染。但是,这并不能抵消他们的揭露所具有的准确性和有力性。反过来,这倒是证实了他们理想主义的根基是多么肤浅。这还表明,国民党政权的根本弱点,与其说是在于它的主义之中,倒不如说是在于它的体制之中,因为我相信三青团和革新运动的批评总的来说都是正确的。经过二十多年的执政之后,国民党政权已经腐败了。在此期间,它的领导机关既未能从内部获得新鲜血液以恢复活力,也没能从外部吸取批评来吐故纳新,这种状况极大地有利于毛泽东的使命。

第六章 抗日战争时期的国民党军队

军队是国民党政权的主要支柱。这一政权的政治机构——国民党和国民政府,既没有建立坚实的社会基础,又没有创造出强有力的自主性机构。在国民党军队于 20 年代后期取得胜利之后,它们获得了一定的权力和影响。但是,在整个国民党政府统治时期,它们一直被军队的领导和政策需求所笼罩。① 然而,在抗日战争和反共内战时期,国民党政权的军队支柱是如此脆弱,以至于到 1948 年和 1949 年,它无法再支持这一政权的政治机构。

为国民党军队说句公道话,它在与一个在组织、训练和装备上占有绝对优势的敌军的战争中坚持了八年,与法国(它对德国的抵抗在仅仅六个星期的战斗后便崩溃了)和英国(它从美国得到了大量的物资支援)比较起来,中国军队的抵抗是一个决心和自立的奇迹。它积极地战斗在上海、南京、华北和华中平原,彻底挫败了日本人对速决胜利的期望,自己也遭受了可怕的损失。然后,国民党军队从沿海地区退却,远离主要交通网络所能达到的地区。他们转向消耗战的战略,从而使日军陷于中国的辽阔国土。

这一顽强抵抗对于反轴心国的整个盟军的战争努力作出了重大

---

① 蒋介石意识到了政权对军队的这种依赖性,以下将要讨论这一点。非常明显的"政治和行政的军事化"在 1937 年以后国民党统治的十余年中更加强化。见田弘茂,第 39—44 页;易劳逸:《国民党统治下的中国》,第 12、98—100 页。

贡献。它在亚洲大陆上拖住了大约 100 万日军——否则这些部队便会用于太平洋地区对西方盟国越岛部队的战斗。①

改变对日战略

即使在战争之初,按照西方标准来衡量,国民党军队也是难以引起人们注意的。弗兰克·多恩(Frank Dorn)将军回忆说:"训练可以说是无法令人满意,甚至根本不存在……装备和武器……是老式的并相当破旧。缺少弹药。"②它在管理或政治上也不是统一的。相反,它是一个各种军队的联合体。如同他们的装备、训练和作战能力各异一样,他们的忠诚也是各不相同的。

处于这个由多种成分所组成的联合体中心的是"中央军"。1937年,这部分军队大约有 30 万人,或许不超过全部国民党军队的 1/5。③它的高级指挥官在 1926—1928 年的北伐之前就参加了军队和国民党,他们通常是原先的黄埔军校(校长是蒋介石)的教员或前四期毕业生。中央军的特点主要是它对蒋的忠诚。在战术、后勤和管理技能等方面,它总的来说是过时的。然而,在它中间 1934 年诞生了一支被称为"蒋介石嫡系"的精锐部队。这些部队中的 8 万人在德国顾问的指导下训练,装备着德造自动武器和摩托,他们构成了蒋介石军事现代化计划的核心。事实上,是对这些部队的较强战斗力的信心,使蒋介石有胆量在 1937 年 7 月 7 日的卢沟桥事变后对日本采取不屈服

---

① 中国共产党人和国民党一样都参加了对日本的抵抗,但有关他们各自的贡献一直是有争议的话题。例见何应钦,第 26 页;李一叶,第 66 页。
② 多恩,第 7 页。
③ 刘馥,第 112 页。在战争开始时,国民党常备军人数有 170 万人。见陈诚,第 2—3 页。

态度。①

国民党军队的其余部分由各省军队组成。他们是军阀部队的残余,或与军阀部队有直接渊源,由那些不依靠中央政府而获得权力和声望的人所指挥。因此,这些指挥官对蒋介石和国民政府的忠诚是有条件的,他们常常嫉妒和害怕蒋日益增长的权力。结果,这些地方军队的行为在外界观察家看来有时是相当莫名其妙的。正如亚历山大·卡利亚金(Aleksandr Kalyagin,1938—1939 年间国民党军队的一位苏联顾问)后来所说,一个指挥官"也许收到的是进攻命令,却把他的部队撤向后方,丢弃一座城市,甚至得不到任何最轻微的惩罚。人们该怎样才能明白它?(为了找到答案)人们必须观察以下固定的几条,看看他是哪一类的将军,他正指挥的是哪一省的部队,他正在哪一省作战,以及与之合作的是何种部队等等,然后,一切事情便会一目了然"②。换句话说,蒋介石和国民党的高层指挥,在所有事情上未能行使足够的权力以把他们的意愿强加于地方军队。有一件事情地方军队的指挥官知道得很清楚:他的军事地位、政治权力和经济利益依赖于他的军事力量的保存,因此,无论他何时从上级那儿得到投入战斗的命令,他决定是否服从——是否战斗——依赖于他对国家利益和个人利益的计算。

当战争爆发时,日本的高层指挥轻视这股拼凑起来的军队。1931 年,他们在东北轻而易举地击败了中国军队。那次胜利的记忆深深地影响了对 1937 年的国民党军队的估计。战争爆发后,他们确信他们只要 3 个月,最多 6 个月,便会平息中国的抵抗。他们没有认识到中国的政治平衡已经发生了变化,蒋介石和中华民族的各重要方面现在

---

① 刘馥,第 99—101 页;卡尔逊,第 30 页;柯伟林,第 385—388 页。
② 卡利亚金,第 45 页。我非常感谢梁思文教授向我提供了他对这一佳作的译文。

已经决心抵抗日本的侵略,而不是像1931年那样。

蒋介石抵抗日本侵略的一个最重要的战略是以空间换时间。他意识到日本军队对他的军队的优势,因而接受华北和华中大部分地区的丢失这一现实,他和他的政府撤往西部地区。他至少早在1935年8月便产生了这一战略思想,他那时对一群政治干部说:"即使我们丢失了中国关内18个省中的15个省,只要四川、贵州、云南在我们控制下,我们就一定能打败任何敌人,收复全部失土。"①蒋的信心建筑在这样的认识上,即中国的经济和社会仍然处于前近代化和前工业化阶段。因此,他认为,无论多少城市和工厂陷入敌手,国家的抵抗仍会继续。而且,一旦侵略军推进到中国的几乎是漫无边际的内地,他们就会精疲力竭,并远离物资供给点。少数时候,他并不坚持以空间换时间的原则,如在上海就是这样。然而,从长远来看,这一原则取得了他所预期的成功。② 日本人确实比较轻易地占领了华北和华东的城市中心,但是,当他们在1938年10月占领了武汉和广州之后,战争的特性发生了重大变化。那时候,中国守军们已经在内地的丘陵和高山上占领了位置,在那里日本人无法继续充分发挥他们炮兵和摩托部队的全部能力。日本军队的前进由此而停滞下来,从那时起直至1944年中期,交战双方之间的战线基本上没有变化。

由于避免了在战争的第一年就遭受决定性的打击,蒋介石取得了战略上的胜利,1938年12月25日,当武汉沦陷之时,他高兴地说:"这是标志着我们的作战从防御转向进攻的转折点。它还标志着战争趋

---

① 吴相湘,《中国的总战略》,第48页。蒋介石实际上早在1932年就提出万一与日本发生战争就把国都建在四川。见张昀,《党史概要》,第2卷第913—914页。
② 吴相湘,《中国的总战略》,第37—72页,阐明了整个战争期间国民党人的战略思想。又见蒋介石在《抗战建国》中的演讲。国民党高层决定在上海进行坚决抵抗的原因,易劳逸《国民党统治下的中国》展开了讨论,第86—87页;又见齐锡生,第43—49页。

势变化的开始,它不应被错误地理解为一次军事失利或退却。"①对于许多人来说,这种宣言说起来只不过是纯粹的虚张声势而已,但是蒋相信,由于日本人进入了中国的辽阔国土,他们的人力资源和装备资源正分散而显得薄弱。他认为,这就使他们无论在前线还是在后方都容易受到攻击。他还声称他看到日本人民正遭受着政治压迫和经济崩溃的痛苦,他们越来越反对他们领导人的战争政策。因此,他断言:"我们的敌人打得越久,它就会更深地陷入困境;而我们打得越久,我们将变得更强大更坚定。"②

同时,日本人也转到了消耗战战略上来。他们也意识到如果企图进一步深入内地追击国民党军队,他们将是白白耗费资源。因此,他们的新战略是通过"内部分裂"促使中国抵抗的崩溃。③ 为了达到这一目标,他们加紧了对国民党统治区的经济封锁。他们的军队在这一时期的作战目的是阻塞国民党军队的供应线。如1939年春,他们进攻和占领了江西的南昌,由此而切断重要的浙湘线。同年11月,他们在钦州湾发动了登陆作战,并推进了100英里以攻取南宁——它是铁路中心和广西省会。以后在1940年9月,他们占领了法属印度支那北部,封闭了河内和昆明间的重要供给线。此后,国民党人的外援物资便依赖于新开辟的但相当难走的滇缅路、来自香港的空中运输(直到1941年12月日本人占领该城)以及连接俄国的漫长的马车路和公路。

日本人还发动了破坏性的空中攻击。他们的轰炸机不加区别地打击军事和民用目标。他们的目标不只是摧毁军事设施和工厂,更主要的是要涣散人们的士气。几乎所有国统区的城市,包括桂林、昆明和西安都受到了袭击,而重庆所受轰炸之苦尤为严酷。从1939—1941

---

① 董显光,第72页。
② 蒋介石,《抗战建国》,第108页。
③ 片冈铁哉,第152页。

年,它被轰炸268次,城市大部被毁,成千上万的人死去(仅仅在1939年5月头两天的猛烈轰炸中就有4 400人被害)。①

但是,无论是空袭还是封锁都未能摧毁中国人的抵抗意志。日本的高层指挥觉察到了这一点,他们在1940年7月作出了一个重要决定。日本的领导人认为除非他们获得使用东南亚丰富的自然资源的权利,否则,在中国的成功将仍然是不可能的。他们认为,西方列强正全神贯注于欧洲战争。因此,他们赞成把帝国扩张的范围扩大到中国战区以外。这一决定不可避免地改变了中国战争的性质,并导致了一年半之后对珍珠港的袭击。②

从武汉沦陷到1941年,在战争的第二阶段中,日本人通常保持着主动权,他们也通常是胜利者。但是对日本人来说,国民党的积极反击的战略,也使其付出了代价,遭受了挫折。举例来说,为了驱除具有潜在危险的国民党部队的集结,他们在1939年5月和1940年5月两次攻入湖北省北部,1940年1月攻入河南省南部。在战争的这一阶段,尽管战线相对固定,但战斗仍是激烈的,交战双方的重大伤亡统计数字说明了这一点(见表五)。

随着战争的推延,国民党军队不仅承受着人员的损失,武器和装备的短缺也变得严重起来,两个、三个或更多的士兵使用一支枪并非个别现象。③补充物资是困难的,因为日本人的封锁截断了供应线,那些能够提供援助的国家(除俄国外)感到他们要担忧更为紧迫的事情,而国内的生产从未能满足军队的需求。④ 而且,通货膨胀——起

---

① 吴相湘,《第二次中日战争史》,第2卷,第587—588页。
② 布托,第153页;第191页;博依尔,第300页。
③ 陈纳德,第263页;罗曼纳斯和桑德兰,《失去的时机》,第168页。
④ 杨格,《中国与外援》,第125—153页;杨格,《中国的战时财政》,第97—122页;易劳逸,《国民党统治下的中国》,第150—168页。

表五：1937—1945 年中日军队伤亡数

年份	死	伤	失踪	合计
日本军队				
1937（7—12月）	51 220	204 880	—	256 100
1938	88 879	355 912	—	444 791
1939	82 019	328 076	—	410 095
1940	68 327	273 309	—	341 636
1941	36 209	144 836	—	181 045
1942	27 841	111 362	—	139 203
1943	31 905	127 609	—	159 514
1944	50 158	200 632	—	250 790
1945	47 051	188 204	—	235 255
合计	483 609	1 934 820		2 418 429
中国军队				
1937（7—12月）	125 130	242 232	—	367 362
1938	249 213	485 804	—	735 017
1939	169 652	176 891	—	346 543
1940	339 530	333 838	—	673 368
1941	144 915	137 254	17 314	299 483
1942	87 917	114 180	45 070	247 167
1943	43 223	81 957	37 715	162 895
1944	102 719	103 596	4 419	210 734
1945	57 659	85 853	25 608	169 120
合计	1 319 958	1 761 605	130 126	3 211 419

资料来源：《中国年鉴》1950，第 182 页。

初它上涨缓慢，但 1940 年后势头大增——严重地侵削了政府用于军队的真正开支，降低了军官和普通士兵的经济待遇。①

变化着的政治关系也削弱了国民党对日积极作战的决心。1938

---

① 杨格，《中国的战时财政》，第 16 页表 3。由于通货膨胀，该表中的数字应该修正。见同上，第 351 页表 51。

年之后对于共产党人的敌意已经产生。尤其是1941年1月的皖南事变后,国民党领导人感到他们正在进行两条战线的战争。在美国参战后,国民党即把共产党看作它的两个敌人中更为危险的敌人,因为他们预计,拥有巨大物质资源的美国能够单独击败日本,中国再作牺牲是不必要的。①

所有这些因素都对国民党对日抵抗力的日益下降产生了影响。早在1939年11月,一个官方的军事杂志就抱怨缺乏装备、伤亡人员补充不足和士气低落。它指出:"以这样的一支军队,我们怎么能战胜敌人?"②蒋介石也注意到了他的部队在战争前期的衰退。1939年末,他发动了一个大规模的冬季攻势,意图阻止日本对长江的利用。结果完全失败了。检讨这一失败的原因,蒋在1940年2月指出,自从1937年以来,一般士兵的士气已经急剧下降,"高级指挥官的精神和工作……甚至比过去的两年更缺少积极性和热情"。他批评军官们忽视部队训练和参谋计划,未能搜集有关日本人的情报以及害怕与敌人作战。然而,最使蒋伤脑筋的是那已经浸染了高级军官的精神上的疾病。他说,他们只关心保存他们个人的生命和地位。结果,他们作战迟疑,没有决心,不能与其他部队合作,玩忽职守,而热衷于赌博、嫖女人和走私③(日本人的情报证实了蒋的消极估计,他们在1941年报告说国民党军队的战斗力在战争的最初阶段中已经下降20%—30%)。④ 因此,在1939—1940年的冬季攻势后,蒋介石至少是暂时地

---

① 在1978年6月23日的一次访谈中,国民党党史委员会主任秦孝仪强调指出,在战争的大部分时期内,国民党面临着两个敌人。中央调查统计局1941年的一份文件明确地说,自从同年1月的皖南事变后,国民党的政策已经从"消极防范"转变为"积极之制裁"。在这一政策下,安徽、江苏、山东、河南和一些城市被划为"清剿区"。(见《全国各单位特情概况》又见片冈铁哉,第143—182页;约翰逊,第115—140页。
② 《兵役制度之三平原则》,第34页。
③ 蒋介石,《蒋总统思想言论集》,第25卷,第254、272—280、291、330—32页。
④ 齐锡生,第63页。

毁灭的种子

回复到纯粹防御的姿态。① 日本袭击珍珠港之后,他彻底地放弃了任何对日进行持续的攻势作战的念头。

从珍珠港事件始至1944年的豫湘桂战役,在这场战争的第三阶段中,国民党军队的素质急剧衰落。中国的战争陷入僵持,总的来说敌对行动的程度是有限的。在1942年夏季,在杜立特将军(James H. Doolittle)著名的东京轰炸后,日本以10万兵力打入浙江和江西,以摧毁那些可能在将来用于空袭日本本岛的空军基地。他们还周期性地对国民党战线发起攻击,主要不是为了占领新领土,而是劫掠农村,抢夺或破坏新的收成,或在实际战斗中训练新兵。中国军队偶尔也顽强地战斗,如他们在湖南北部的常德防卫战就是这样,在那里牺牲了三个师级指挥官,第57师遭受了90％的伤亡。②

然而,在战争的第三阶段中,像这样勇猛作战的例子是不多的。而且,战斗通常是小规模的,并限于局部的或战术的目标。湖北的局势可能是比较典型的。举例来说,在1942年4月至10月的这一时期中,湖北省政府报告了对日本人的两场"相当大的战斗"。其中之一是,1 000名日军占领了广济县城,一个月后,中国军队收复该城,打死日军20多人,缴获十来条枪。另一次战斗是在7月份,约700名日军进攻郝穴镇,在反攻中,中国方面丧失了1个整连,有100多人。③

这就与国民党的反共作战形成了对比。在同一时期,国民党军队

---

① 齐锡生,《战争中的国民党中国:军事失败和政治崩溃1937—1945》一书(第91—92页)指出,1939—1940年的冬季攻势的惨败已经使蒋介石彻底相信国民党军队无力发动攻势作战。然而,在那次攻势后对军官们的谈话中,蒋不断地声称防御态势是暂时的,他们不久将要采取攻势。见《蒋总统思想言论集》第15卷,第319、323、325页。蒋的真实意图是难以分辨的——至少在目前可以得到的资料基础上是如此。
② 许朗轩和张明凯编,第2卷第694页;高斯致国务院:《1943年5月湖北战役后一个中国新闻记者对湖北西部湖区局势的观察》,美国国务院文件,740.0011太平洋战争/3559,1943年11月5日,第1页;爱泼斯坦,第311页。
③《湖北省政府报告,1942年4月—10月》,第111页。

攻击了一支渗透到该省的共产党军队，打死及俘获了1 000多名"匪徒"，缴获了数百件武器。在湖北中部，他们还与共产党新四军第五师的主力交战，该师拥有10 000余人。总的说来，湖北省从1942年初至1943年底这一时期的报告给人留下一个鲜明的印象，即国民党的对日作战在本质上来说是防御性的和反应性的，而他们对共产党的作战实质上是进攻性的，投入了更为众多的部队，产生了更为重大的伤亡。①

军队战斗力的衰退

在战争的第三阶段，西方观察家对于国民党军队的消极和腐败的批评触到了蒋介石的痛处。② 但是他认为他的军队不再具有战斗力。当罗斯福在1944年3月逼蒋下令云南的一支具有压倒数量优势的国民党部队去攻击缅北的一个日军师团时，蒋表示反对。他承认中国的军事和政治是如此虚弱，以至于这样一个小任务也超出了它的能力。他告诉罗斯福"七年的战争已经把中国的物资和军事力量消耗到这样一种程度，坚持要他做力不从心的事将会招至灾难"③。因此，蒋现在的战略目标仅限于维持现存战线以及为将来盟军在中国海岸的登陆作战作准备。④

国民党军队的虚弱程度在日本的豫湘桂战役期间充分暴露出来。由于不断遭受到陈纳德的第十四航空队的空中打击，特别是害怕美国会很快会以B-29轰炸机对日本本岛实施轰炸，日本决定要占领或破

---

① 同上，第110页；《湖北省政府施政报告，1942年11月—1943年9月》，第70—71页；《湖北省政府施政报告，1943年10月—1944年9月》，第131—132页。
② 蒋介石，《蒋总统思想言论集》，第18卷第159—169页。
③ 罗曼纳斯和桑德兰，《史迪威指挥权问题》，第308页。
④ 罗曼纳斯和桑德兰，《史迪威指挥权问题》，第308页。

坏中国中南地区的空军基地。从 4 月份开始,到 12 月推进到最远地带,日本人席卷 6 个省份,扫清了从东北通往越南的运输通道,摧毁了进攻性的空军基地。只是在衡阳,日军遇到了持久的有意义的抵抗。在那里,由薛岳将军指挥并得到陈纳德的战斗机轰炸机支持(但是蒋拒绝给予进一步的支援)的第 10 军,在 6 个星期的血腥的坚决的战斗中阻挡住日军的前进。在其他地方,日军基本上是任意前进,中国军队在体质、精神和武器方面已经太虚弱,以至于不能进行一次有效的抵抗。①

在豫湘桂战役的第一阶段,日军在河南发起攻击以图控制平汉线的全部铁路线,并得以在随后而来的华南作战期间保护他们的后方。在这场战役中——日本人称之为豫湘桂战役,中国人称之为豫中会战——约 6 万人的一支日军在两个月内彻底击溃了五倍于它的国民党军队。只是在开封以西的汜水镇,国民党才进行了一次真正的抵抗;在其他地方日军几乎是毫无阻挡地推进。这对中国人是一个突如其来的粉碎性的打击。②

这场战役之后,河南国民党军队的指挥官汤恩伯召集了三天的会议,以听取他的高级军官的报告和评估他们的表现。他在那次会议上的讲话暴露了国民党驻河南军队的令人悲哀的状况。汤对他的军官们说:"在过去的两年多时间里,我们的官兵驻扎在河南,没有进行过任何大规模的战斗。他们的生活变得轻松舒适起来,他们只图享乐,在一个糟糕的环境中存有各种各样的诱惑,加之每个人都缺少坚定

---

① 日本防卫研究所战史室,第 23—27 页;罗曼纳斯和桑德兰,《史迪威指挥权问题》,第 316—328、399—422 页;罗曼纳斯和桑德兰:《失去的时机》,第 142—179 页;魏德迈,第 290、328 页;白修德和贾安娜,第 177—198 页。
② 罗曼纳斯和桑德兰,《史迪威指挥权问题》,第 319—327 页;白修德和贾安娜,第178 页。

性,他们(对需要做的)缺少一个清醒的认识,结果部队逐渐堕落下去。"①

汤转而谈及那种腐败的具体现象,他认为以下是铸成失败的重要因素:

(1) 情报不灵。我们好像在黑暗中计划我们的防御。我们错估了日本的目标,甚至不知道日本为进攻动员了多少部队以及什么样的部队。我们必须要问,为什么情报如此缺乏?坦率地说,这完全是因为我们高级指挥官平常不重视情报工作,因为我们的情报搜集太过于随意。结果,指挥部参谋不知道敌人的情形,我们所有部队的部署、战斗准备和战术指挥都错了。

(2) 缺少士兵。除了新29师以外,我们的部队在会战中几乎没有做出任何值得称道的事情。部队缺少战斗士气,没有任何牺牲精神。一些干部甚至躲避战斗。这种战斗精神的缺乏是我们部队最明显最严重的缺点。

(3) 指挥不当。蹩脚的参谋工作是我们错误的一个主要原因。参谋人员不去全力收集敌人的或甚至我们自己的情报,因此作战计划完全不当。在战场上,各级指挥员不能充分发挥他们部队的作用。少数军官甚至逃离部队。

(4) 不能执行命令。各级干部中大多数人不坚决执行他们上级的命令,一些人甚至完全置之不理。例如,在会战中,第12军军长受命进攻龙门,但他三天没有前进。无视命令实在是我们失败的一个最重要的原因。过去,在台儿庄、上海、武汉和徐州这样的会战中,尽管我们最后失败了,但我们使敌人付出了代价。

---

① 《汤恩伯先生纪念集》,第101页。以下的资料引自汤的讲话,见该书第88—102页。除了加引号处,该资料对汤的讲话是意译,而不是直译。

"但是在这次失败的会战中,没有谁能够给敌人造成重大损失,没有人执行上级命令或履行他们的职责,这样的失败是可耻的。"

(5) 协作不力。我们主要应该关心获取会战胜利,即使我们必须牺牲自己。但是现在,由于对别人幸灾乐祸,我们不能协作或去援助其他人。不仅战区内的不同部队,甚至同一部队内的不同指挥官之间都是如此。

(6) 不注意从战场撤离伤员。部队指挥官平常一点儿也不重视我们部队医疗单位的组织、人员和装备。因此,在战斗中怎么会有第一线的救护或伤员的撤离呢?对于部队指挥官来说,不能为伤员提供医疗救护是一个很残酷的行为。

(7) 不在乎武器和装备。在这次会战中,我们丢掉了一半的背包和许多武器。一些人问我为什么我不在战斗后请求补充这些装备,我感到太惭愧了,我没有"脸"去报告这些损失。

在豫中会战期间,当汤恩伯的部队在日军面前退却时,以农具和粗陋的武器武装起来的中国农民,向他们发起了攻击。他们解除了约5万名士兵的武装,甚至杀死了其中一些人。[①] 汤恩伯与他的部下坦率地讨论了这一令人震惊的现象:[②]

> 平常,我们部队不做与民众联系的任何努力,他们甚至轻视地方士绅。我们确实打击了土豪劣绅,但是我们未能与民众建立起关系。例如,第29军驻扎在禹县两年多时间,却对地方情形一无所知。结果,他们在地方民众手上损失很大。这是他们自食其

[①] 霍尔致多诺万函,《中国的最新情况及发展趋势》,美国战略情报局文件,XL2032(1944年9月4日),第1—2页;赖斯致艾切森函,《鲁苏豫皖边界地区中国中央政府军的征兵、待遇、训练及其行为》,美国战略情报局文件,116311,第2页;白修德和贾安娜,第178页;蒋介石,《蒋总统思想言论集》,第18卷第161—162页。
[②] 《汤恩伯先生纪念集》,第97—100页。

果。"如果我们平时不注意(民众),那么一旦我们碰到困难或暴露出最脆弱的弱点时,日本的傀儡和奸匪就会攻击我们。甚至地方政府、地方士绅和民众也来攻击我们。"

此外,我们部队在这次会战中声誉不佳,这与我们的随员和后勤人员有极重大的关系。只有第13军预先安排好了它的家属和随从,所有其他部队只是在最后时刻才慌慌张张地行动,他们在每一个地方都侵扰老百姓。据报告,我们的部队征用了许多牛车,但实际上它很少被用于运输部队的物资,绝大部分被用来运送家属和随从。"你们想一想,地方民众遭到这样大的损失,他们怎么能不恨我们呢?"

过去,我再三命令随员应远远安置在后方,并在那里提供了食宿。但是你们没有任何人把随员送到那儿去。告诉我,在这国家的危机时期,是你的家庭还是国家更为重要?至于那些后勤部队,他们的训练和纪律被忽视了。结果,我们军队声誉不佳的一个重要原因就是因为这些官兵中的一部分坏分子不执行纪律。

军官们的素质

在豫中会战中表现出来的领导不称职、没有军纪和缺乏战斗精神,不只限于河南省的部队(汤恩伯是国民党的将军中比较能干的一位),也不只是在战争的最后一年才被发现。尽管这些缺点在僵持阶段表现较为突出,但它们是贯穿于战争绝大部分时期的国民党军队的特质。举例来说,军官们从一开始就很缺乏职业技能:从黄埔军校毕业的高级指挥官几乎没有受到军事教育,绝大部分人毕业于1924—1926年期间,这时的训练是初级的,时间少的不足六个月,最多的也不过一年。此后,他们很少能从管理、教育或军队的专门部门的转流任职中获益,而这在现代化的西方军队中是习以为常的。在 20 世纪 30 年代,这些军官们本可以从中国陆军大学的高级训练中有所收益,然而,很少有黄埔毕业生屈尊回到教室里去。而且无论如何,陆军大学所提供的训练,用国际标准来衡量时还是相当不足的。①

然而,还是有少数将军超出他们的同仁,是具有真正才能的指挥官。但荒谬的是蒋介石很少充分使用他们,因为他对他的部属的忠诚度比才能和廉洁更为看重。例如,白崇禧也许是这支军队中最有才干的军官,约瑟夫·W.史迪威敦促任命他为军队的参谋总长。但是蒋不能容忍白任职于任何拥有实在的独立的军事权力的岗位,因为——即使白对国民政府的支持现在已无可置疑——他在 1937 年前有一段反蒋历史。陈诚是另一位有才能的指挥官,他在很长时间内被拒绝授予与其能力相配的职位。就他而言,他享有蒋的信任,但他不幸输于与不称职的军政部长何应钦的派系争端。②

一个更麻烦的问题是,在战争的最初岁月里整整有 1/3——有人估计高达 2/3——的中央军损失于上海和长江下游的战斗中。结果,可以感觉得出来,国民党政权内军事和政治权力的天平,从蒋介石和中央领导这一边移向地方军队和他们的指挥官。③ 蒋介石在能够向像龙云、阎锡山这样有独立思想的指挥官发布命令并期望得到服从方面甚至还不如战前。

于是蒋介石企图恢复这种平衡,稳步地增加中央军的数量,在 1941 年再把它扩充到 30 万,到战争结束时达到 65 万。④ 只要有可

---

① 吉莱斯皮,第 37—53,102—124,313—314 页;刘馥,第 151 页。
② 吉林,第 844—847 页;魏德迈,第 325 页;罗曼纳斯和桑德兰,《失去的时机》,第 167 页;罗曼纳斯和桑德兰,《史迪威指挥权问题》,第 411—437 页;斯诺,《为亚洲而战》,第 184—185 页。
③ 齐锡生,第 86—87 页,柯伟林,第 388—389 页。
④ 罗曼纳斯和桑德兰,《史迪威赴华使命》,第 35 页,刘馥,第 112 页。

能,他就命令地方部队投入与日军的战斗而同时把中央军部队作为预备队,以保存他们的人力和宝贵的装备。① 在分配武器和装备方面,他总是偏爱他的中央军。这一行动产生了具有讽刺意义的结果,例如在 1944 年,蒋的代表强烈抗议美国把租借物资装备分配给薛岳将军——蒋对他的忠诚有怀疑——而在这时薛的部队正在衡阳顽强地抵抗日军。②

然而,地方指挥官们并不愿意在蒋政治野心的祭坛上牺牲他们的部队。例如,在 1939 年 5 月湖北北部的随枣战役中,一支较大的日军部队正处于粮食和弹药短缺之中,完全可以被打垮。但是桂系的李品仙将军让它逃走而不是与它作战。后来 1939—1940 年冬季攻势的失败,在很大程度上也是因为地方军队对蒋的进攻命令的反应非常勉强和消极。③

中央政府和地方指挥官之间的互不信任深深地影响了国民党的战场计划及战争的全面战略。陈诚在 1938 年曾强调有必要"消除私利观念,把所有军队都变成真正的国家军队,彻底消除自存自保的错误想法"④。然而,即使到 1949 年,这个目标也从未得以实现。

在战争开始时,总的来说,低级军官受过的训练要比高级军官好一些。但是,在 1929 年到 1937 年从中央军校毕业的大约 25 000 人当中,就有 10 000 人死于战争的前四个月。⑤ 中央军从未真正从这些损失中恢复过来。尽管整个战争时期军事院校在不断地输送新的尉官,

---

① 卡利亚金,第 3、337 页;艾切森致国务院函,《中国的局势》,1943 年 9 月 18 日,美国国务院文件,893.00/15144,附件第 5 页。
② 罗曼纳斯和桑德兰函,《史迪威指挥权问题》,第 372 页。
③ 卡利亚金,第 88、337 页;齐锡生,第 89—93 页。
④ 齐锡生,第 87 页。卡利亚金(第 92 页)也指出,派系特性是国民党军队最重要的特性:"最重要的事情是,我们必须千方百计地应付中国军事指挥官的战术,这些战术是建立在'我的军队'和'我的省区'的原则基础上的。"
⑤ 刘馥,第 147 页。

但是,他们为他们的职责所做的准备是相当不足的。入学的要求不得不降低了,训练的时间被减到只有一年,而且院校训练的质量也下降了。例如,俄国顾问卡利亚金就发现,1939年的教官没有战斗经验,教学完全靠讲授,他们既不使用装备也不进行实际演习。炮兵学校也使用类似的教育方法,尽管它有一个训练团,它能够向学员们提供射击和隐蔽的一些实际经验。战争期间,虽然中央军校(包括它的9所分校)毕业了将近12万名军官,部队仍然必须从行伍中提拔大批军官。因此,到1945年,在一个标准的步兵营中只有20%的军官是军校毕业生。在战前它的比例是80%。①

国民党的高级军官和低级军官在战争中都受到了老练的军事观察家的较差评价,魏德迈将军称军官们是"无能的、不称职的、没有训练的、器量小的……总之是没有效率的"②。他们的参谋工作和管理官僚化,常常不切实际,魏德迈还说:"中国人的混乱和糊涂的计划是令人难以理解的。"③即使计划准备好了,战场指挥官独自行动的倾向、他们与其他指挥官合作的勉强,以及他们保存自己实力的愿望也将使计划常常归于失败。④ 军官们缺少进攻性是出了名的。卡尔亚金抱怨说"国民党的将军们永远会找到不把他们的部队投入战斗的理由"⑤。

然而,奇怪的是,一旦与敌军交战,中国军官们有时候战斗得很英勇,令人吃惊地轻视和抛弃人的生命。蒋介石有意识地在他的军官中灌输一种无私的牺牲精神。一位亲眼观察1944年4月云南西部怒江

---

① 刘馥,第149页。
② 罗曼纳斯和桑德兰,《失去的时机》,第233页。又见魏德迈,第325页。
③ 罗曼纳斯和桑德兰,《失去的时机》,第52页。
④ 同上,第72、154页;卡利亚金,第234页。
⑤ 卡利亚金,第352页。又见蒋介石,《蒋总统思想言论集》,第15卷第274、277页;罗曼纳斯和桑德兰,《失去的时机》,第267页。

战役的美国人描述了这一结果：

> 在以一个班接一个班的对敌军碉堡的自杀性冲锋中……浪费了好几天时间而损失惨重。明显地缺乏利用武器和支援火力与利用掩护等方面的配合……绝大部分伤亡产生于企图冲过或更确切地说是爬过机关枪火力网的封锁地带。作为一种纯粹是勇敢的显示来说，进攻是壮烈动人的，却是极为浪费的。一些排长被打死在距敌人枪眼一两米距离内，一些优秀的连长、营长在亲自带队作战中死去或受伤。一次全面的协同进攻可能会由于十足的精神和数量的优势取得突破，但是参战或支援部队会呆呆地看着某一班或一排在单独推进中被扫倒，然后他们在自己的战线上再作努力。①

数以千计的中国士兵在这种蛮干的勇敢显示中牺牲了他们的生命。国民党军队遭受到的——考虑到八年战争中有很长的消极时期——是一个骇人听闻的23%的伤亡率。②

军官们还无视他们工作中的一些基本原则。他们忽视武器和装备的维护，他们轻视隐蔽或伪装他们的位置，甚至沿着山顶安置枪手。③ 情报的搜集和保密工作都很随意。卡尔亚金发现"得不到战场情报，又没有空中情报，指挥员盲目地作出决定"④。对敌情报保密也同样不受重视。正如卡尔亚金所说"指挥部的一切事情通常都被日本情报机关所探知"⑤。

没有任何人比蒋介石更知道国民党军官们的这些缺点。实际上，

---

① 罗曼纳斯和桑德兰，《史迪威指挥权问题》，第346、348页。又见刘馥，第143—145页。
② 刘馥，第145页。
③ 罗曼纳斯和桑德兰，《史迪威指挥权问题》，第351页；卡利亚金，第191页。
④ 卡利亚金，第194页。
⑤ 卡利亚金，第318页。

他常常亲自插手指挥部队,甚至命令到团一级部队的调动或具体行动,尽管他可能并不了解地势、部队状况或敌军的部署。他常常这样做而不通知他们的上级指挥员,这样极易造成全盘混乱。① 蒋对他的部队战场作战的干预也许是源于他的自大,这是由他多年的权力地位所养成的。但是他为他的这种举动寻找理由,声称是由于他的将军们十分无能。他对约瑟夫·W. 史迪威将军解释说:"夜里我必须醒着躺着,考虑他们可能会做什么愚蠢的事情。然后,我写下来并告诉他们不要做这些事情。他们是如此迟钝,如果你不预先提醒他们,他们就会干许多蠢事。这就是领导他们的秘密——你必须想象他们可能会做的一切错事,并警告他们不要那样做。"② 然而,十有八九,蒋对战场作战的干预弊大于利,它造成混乱,并削弱了他的军官们的能动性。③

士兵们:征集和训练

与军官们相反,国民党军队的普通士兵赢得了外国专家的赞赏。正如史迪威所评价:"如果得到好的训练、装备和领导,中国军队能够与任何国家的勇敢军队相匹敌。"④ 然而,国民党士兵们的待遇和伙食通常是很差的,这使他们缺少有效率地作战的能力和士气。

国民党的大多数士兵是招募来的。根据征兵法,年龄在 18 到 45

---

① 刘峙,第 147 页;罗曼纳斯和桑德兰,《史迪威使命》,第 434—435 页;唐德刚和李宗仁,第 428 页。

② 史迪威,第 117 页。又见罗曼纳斯和桑德兰,《史迪威使命》,第 156—157 页;陈纳德,第 77 页。在战后时期,蒋介石继续干预军事作战。见刘馥,第 258 页;吴国桢,第 70 页;唐德刚和李宗仁,第 473—477 页;雷震,第 16 页。

③ 美国战略情报局文件,104822,1944 年 10 月 26 日,第 1—2 页;罗曼纳斯和桑德兰,《失去的时机》,第 165、289 页。

④ 刘馥,第 179 页;又见卡利亚金,第 266 页。

岁之间的所有男性——独子、学生以及有残疾者除外——都在应征之列。① 政府大力宣传"三平原则",以使军事服务的责任平等地分赋予国内各地区和各经济阶层。为了实现这一原则,定额根据人口数字分配到地方当局,然后用抽阄的方法来选择应征者。②

原则就这么些。实践起来是困难的。蒋介石自己也说:"征兵工作现在做得很糟,这实在是我们军队纪律松散和战斗力衰退的主要原因。"③这个制度的最大缺陷就是它最终要依靠地方当局负责挑选和集中应征者的工作。但是国民政府很少能控制这些地方当局,他们总是代表着每个地方的有钱有势的上层人的利益。于是这些上层人物的儿子躲开了征募,而贫弱的却被强拉进了军队。他们完全无视三平原则。④

抽阄制度很少实行。由于一些还未清楚的原因,想通过抽阄来挑选应征者的企图常常引起骚乱。⑤ 人们不禁想知道这些骚乱是否是由地方上层人物挑起的,他们可能会感到难以操纵抽阄,使之对他们有利。不管怎样,选择新兵的责任大部分落在保甲长头上,这些邻里管理单位分别由大约1 000户和100户人家组成。

保甲长在征兵中的作用遭到了彻底的贬评。国民党的征兵官员们抱怨说,他们改变人口登记册,增减登录的岁数,这样他们的家人和朋友便能够逃避征兵。贵州的一位征兵官员指责他们是专横的愚昧

---

① 征兵法颁布于1933年,但在1936年之前并未实施。1942年颁布了新的征兵法,但并没有立即执行。征兵制度也经过了好几次修改。见《抗战八年来兵役行政工作总报告》;林真容(音),第81—82页;程则军(音),第5—8页;翁国柱,第18—19页;戴高翔,第21—24页。
② 陈卫华(音),第21页。
③ 蒋介石,《蒋总统思想言论集》,第18卷第165页。
④ 郑兆求(音),第9—10页;守中(音),第6—7页;《大公报》(重庆),1942年10月19日第2版。
⑤ 戴高翔,第24页;《湖北省政府施政报告,1942年4月—10月》,第118页。

的和腐败的。① 对于保甲长的这样的指控通常无疑是准确的。然而，在湖南省东部的醴陵县，保甲长被说成是地方豪绅的不幸工具。在那里，土豪劣绅和秘密社会控制了政府的所有方面。因此，当保甲长收到征兵命令时，他们就必须召集一个地方权势者的会议以决定谁去应征，谁不去应征。②

不仅是有政治权力者，而且富有者也能获得免征。许多富裕家庭把他们的儿子送进大学，在那里他们将获得免征。更多的则购买顶替者。农村社会的一些流氓主动——需要支付一定的报酬——代服军役以代替合法的应征士兵。对许多人来说，这成了他们的职业。他们一有机会就从部队逃走，然后再把他们自己一次又一次地出售。醴陵县大约80%—90%的新兵就是用这种方法表面上获得的——尽管这个数字似乎是夸大了的或是非典型的。③

大约到了1941年，适龄应征男性的资源渐趋枯竭。仍有一个以上的儿子在家的家庭也少了。富人们已经学会获得免征，许多年轻人索性逃走、装病，或自残身体。④ 四川省的征兵负责人写道，因此，抓壮丁的行为"充满了整个国家"。⑤ 当正规的征兵制度被证明已不能满足需要时，战场部队派出了接兵队去捕获所需要的补充兵。其结果是对穷人的大批劫持(富人们能买得释放)。魏德迈将军在1944年致蒋介石的一份备忘录中描述了这一制度是怎样运作的："举例说，你正在地里劳动，照料你的稻子……(来了)一批穿制服的人，他们把你的手绑到背后，把你带走……锄和犁在田里生锈，妻子跑到官员那里去

---

① 林真容(音)，第236—240页；汪祖华，《健全兵役的几个先决问题》，第28—29页。
② 李一为(音)，第20—21页。又见戴高翔，第24页。
③ 李一为(音)，第21页；胡其如，第15页。
④ 秦德纯，第193页；林真容(音)，第240—244页；宋广仁访问记，台北，1981年8月27日。
⑤ 戴高翔，第24页。1943年，湖北省实际征兵数不到其征兵指标的一半，《湖北省政府施政报告，1932年11月—1943年9月》，第77—78页。又见李一为，第20、23页。

哭讨她的丈夫,孩子们陷于饥饿之中。"①密尔顿·迈尔斯(Milton Miles),美国在华一秘密部队的指挥官和国民政府的一名热情赞赏者,也报告说看到一支接兵队在街头演出杂耍和杂技,然后它抓住了观众中的体格健全者,"其理论是任何有时间观看街头表演的男人最好是到军队里去"②!

一个官方杂志指出:"人们(把征兵)视如死亡。"③男人们从地里被抓走,不仅会给其家庭中依靠他养活的人造成难以言说的艰难,而且使这种情绪广为蔓延,即一旦被征,他们将再也不能回家。部队缺乏退休或退伍制度、士兵们服役之后极少能与家人通信,以及部队中确实很高的死亡率——所有这些都验证了农民的恐惧。④

对于新兵来说,他们军事生涯最初几个月的生活是特别艰难的。他们被赶到接收中心,经过草率的医疗检查后,分配到补充单位去接受三个月的基本军事训练。实际上,由于财政短缺或战场对补充部队的迫切需要,训练时间通常比规定的要少得多。有时候新兵直接被送到前线服役。给予新兵的训练是如此不足,甚至连一官方的出版物也认为,对他们来说走向战场"真正像是去送死"⑤。

由于资金的有限、官吏的腐败以及纯粹的麻木不仁,接收中心的状况常常是令人吃惊的。莱尔·斯蒂芬森·鲍威尔上校(Lyle Stephenson Powell),一位与国民党军队负有联络职责的美国军医,对1945年2月贵阳附近的这样一座"兵营"作了如下的描述:

> 新兵中心位于城外数里的一小山沟里,它由分隔在互相可以看

---

① 罗曼纳斯和桑德兰,《失去的时机》,第369页。
② 迈尔斯,第348页。
③ 周兴(音),第24页。
④ 雷兆元(音),第24页;李宗黄,《驻滇回忆录》,第53页;汪祖华,《改善役政法的几个切要问题》,第17页。
⑤ 《如何改进今后的兵役》,第14页。

毁灭的种子

得见的不同村庄的房屋所组成……我们首先来到所谓的医院或诊疗所……我曾经见过许多可怕的景象,但是,从来没有什么能像这所"医院"那样吓我一大跳。它的房屋是一个长长的泥土地面茅草屋顶的棚子,它的四壁实际上都已不存在了,可能是用去烧火了。大约有七八十人躺在棚内的木板上。两三人盖着杂色的旧大衣,其余的人只有衫衬、裤子,或赤着脚或只有草鞋。为了取暖,他们尽可能挤在一起。他们病得太厉害以至于不能起床大小便。因此,那里的肮脏状况令人难以置信。当我边走边看这些人时,我看到好几个人已经死了,有的已经像他们睡的木板那样僵硬。有的明显已濒临死亡,其他一些人则处于各种不同的可疑的兴奋阶段。

我们继续去村庄察看一些营房。我们发现这些农房都统一地被隔开,在房子的顶部放置了木板。这些茅草顶屋檐下的小小空间,积着长年的污垢和灰尘,新兵们就睡在这里。我们询问他们为什么要睡在这上面,一位中国中士告诉我们,如果不让他们睡在这上面,他们就会在夜间统统跑光。他说:"事实上,我们必须在夜间把他们的所有衣服都脱光拿走,以防止他们爬出屋顶逃走,尽管我们在房子周围布置了岗哨。即使这样,偶尔还是有人逃掉。"这是 2 月份,尽管裹在毛衣里,我仍然每天感到冰冷。夜里我睡在四条毯子之下仍觉得难以保暖。这些可怜的人赤身睡在有漏洞的屋顶间,四五十个人挤在一块大约 15 英尺长 10 英尺宽的空间。这位中士告诉我们,如果他们挤得紧一点,他们就能保暖和睡得好一点。①

尽管不是所有的接收中心都像这个中心一样令人不快,但它也不只是个别现象。正如 1940 年末一位检查征兵条件的国民党官员的一

---

① 鲍威尔,第 204—206 页。

份报告所显示的:"污秽、混乱、营房拥挤。士兵们衰弱憔悴。他们的衣服都成了破布条,就像一群乞丐一样。至于宿舍的肮脏、厕所的污秽、病人的喊叫、逃兵的不满,所有这些都超过了一般想象。难怪人们把训练单位视如地狱,他们宁愿在战场上以生命去冒险,也不愿在这儿忍受苦难。"[1]

"训练"结束之后,新兵们被分到战场部队。由于交通工具不足,他们通常必须走到他们的部队中去,而部队一般都在数百英里之外。这种行军是新兵进入部队前所有活动中最为可怕的一部分。由于害怕新兵们试图脱逃,护送者把他们作为俘虏一样对待,常常用绳索把他们串在一起,就像一串珠子一样。负责征兵的高级官员们哀叹这种行动,但是——有辩解说,新兵的眼界狭隘,因而他们不能理解服役的重要性——他们把它视为权宜措施而不予追究。[2] 就食物来说,新兵们只得到一点儿米粥。这一方面是由于政府提供的经费不够,但更常见的是由于负责此事的官员们谋私利"榨"去了大部分口粮。至于水,他们可能不得不从路边的水坑中饮取——这是腹泻的一个普遍原因。[3] 由于体质虚弱,新兵们很容易成为疾病的牺牲品。许多人因得不到医疗看护而死去。蒋介石甚至还谈到过一些病得不能再走的新兵,他们被护送兵们用枪打死在路边。[4]

一些新兵在这种地狱般的行军中幸运地逃脱了。一些人通过贿赂获得自由,另一些人则试图逃走。那些被抓住的人通常要挨揍。根据魏德迈给蒋介石的备忘录所说,后来这些不幸的新兵将"带着被打

---

[1] 郑兆求(音),第5、7—8页。
[2] 陈卫华,第22页;秦德纯,第193页;林真容(音),第245页。
[3] 陈卫华,第22页;冯玉祥,第111页;谢伟思,第33—37页;林沃尔特致艾切森函,《中国的士兵》,1943年8月14日,美国国务院文件,893.22/50,附件第2页。
[4] 蒋介石,《蒋总统思想言论集》,第18卷第165页。

坏的四肢和受重伤的身体,这些伤口感染很快变成败血症,败血症则很快导致死亡"①。死者有时被埋入浅坟中,很多人则干脆被丢弃在他们倒下的地方,未予埋葬。②

政府不断下令要改善这些状况。它命令沿着新兵所经过的道路建立起供水站和医务室。它还禁止体罚和其他形式的残忍行为。③事实上,蒋介石在1945年参观了一个新兵接收中心之后,对其境况是如此大为吃惊,以至于他下令将兵役署负责人、接收中心的指挥官和一些低级官员即刻处决。④ 然而,这样的补救措施所起的作用微乎其微。许多青年继续在他们碰上征兵官员后的几周内可怕地死去。蒋介石说过,在一队从福建步行去贵州的1 000人中幸存者不足100人。⑤ 在从广东到云南的500英里的艰苦跋涉中,700名新兵只有17人活着走过来。⑥ 这些无疑是极端的例子。但是,在1943年征集的167万人当中将近有一半——44%——在他们赶往所去部队的途中死去或逃走。⑦ 在八年战争中,在到达所服役的部队之前就死去的新兵总数大约有140万人——也就是说与招募10个人中就有1个。⑧

---

① 罗曼纳斯和桑德兰,《失去的时机》,第370页。又见鲍威尔,第206—207页。
② 蒋梦麟,第90页;兰登致美国国务院函,《昆明的征兵运动:征兵中的营私舞弊与士兵的待遇》,1944年7月1日,美国国务院文件,893.2222/7—144,第2—3页;陈卫华,第22页。
③ 程则军,第7页。蒋介石在1944年说,他5年来一直在指示要改革征兵工作,但是没有任何成效。蒋介石,《蒋总统思想言论集》,第18卷第165页。
④ 石新(音),《大公晚报》,1945年7月10日,第3页。
⑤ 蒋介石,《蒋总统思想言论集》,第18卷第165页。
⑥ 蒋梦麟,第90页。
⑦ 刘馥,第137页。
⑧ 应征士兵死亡人数的精确数字将永远无法知道。一份官方资料承认在战争时期丧失了1 867 283名应征士兵(这一数字是1978年7月国防部史政局长向我提供的,根据是《抗战史料丛编初集》第295页)。遗憾的是,他没有给我这一数字内死亡和开小差的具体分析。蒋梦麟是国民政府的坚定支持者和蒋介石的亲信,他根据一份秘密文件估计,至少有1 400万新兵在到达他们的部队之前就死去。这个数字太大了,令人难以置信,他可能是想说140万。见蒋梦麟,第91页。徐复观(第6—7页)也提出了与这一数目大致相当的应征士兵的死亡人数。

士兵们：伙食和医疗条件

那些从最初的训练和走往分配部队的危险跋涉中幸存下来的新兵，很快将面临甚至比日本人还更为致命的挑战。它们是饥饿、寒冷和疾病。实际上，如果规章制度能得以执行，士兵们的食物是充足的。例如，中央军的部队每天分配有24盎司米，每月有足以买一磅猪肉的钱（地方部队的配给量要少得多）。但是管理链条中上上下下的腐败通常吮吸去这些定量供应的食物和钱的一部分。然后，在某一时刻，肉、盐和油将从士兵们的月伙食中消失，他们只能得到一点点煮熟的蔬菜，以为他们的主食增加一点味道和营养。①

由于军中口粮不足，士兵们常常成为清道夫，从任何他们所经过的村庄或碰到的农民那儿偷东西。结果，老百姓们把国民党士兵视如瘟疫或什么其他自然灾害，常常看到他们到来时便逃走。②

尽管作各种诸如此类的努力来补充其伙食，在战争后期，大多数国民党士兵都蒙受营养不足之痛苦，这严重地影响了他们作为士兵而行动的能力。早在1941年，熊式辉将军就报告说，浙江的士兵们没有肉或油可吃，他们身体产生的热量是如此之少以至于即使在热天里也要穿着冬天的服装。1944年10月，当魏德迈将军就任蒋介石的参谋长时，他首先把他的注意力主要放在部队的调动和部署问题上。然而，在一个月内他

---

① 罗曼纳斯和桑德兰，《失去的时机》，第242—244页；《湖北省政府报告，1942年4月—10月》，第113页；王梓良，第77—78页；陈达，《浪迹十年》，第198页。蒋介石在1944年抱怨说，军官们贪污给养已成为一个公认的事实，他们的理由是这对维持他们的生计和支付别的开支是必需的（见《蒋总统思想言论集》第18卷第164页）。
② 蒋介石对军队与平民之间的关系深表关切。见蒋介石，《蒋总统思想言论集》，第14卷267页、第17卷第8页、第18卷162页。陈纳德说，最坏的中国军队已经堕落为"掠夺成性的暴徒"，第208页。

就意识到士兵们已虚弱得不能行军,不能有效地战斗,这主要是因为他们处于半饥饿状态。①

造成部队衰弱的同样重要的原因还有极差的卫生状况和医疗手段的极端缺乏。士兵们整个冬天穿着同一件制服,不发肥皂,在军营里没有任何洗澡设施。伙房常常就在厕所旁边,饮用水很少煮沸,士兵们——许多人有传染病——把他们带有病菌的筷子伸进同一个锅里,这被视为理所当然的事。这种衣食不足和不卫生的生活条件使每一个士兵都容易成为疾病的靶子。疟疾给部队带来最大的损失,由于很少使用蚊帐,这种战前主要流行于华南的疾病,随着战争时期人口的流动甚至扩展到了北方省份。由于奎宁短缺,当局在使用上很节约。结果,战士们有时是整个团队都烧得发抖。只有当部队即将要投入战斗时才分发奎宁。但即使在那时,也有因某种"紧急情况"而扣住不发的。②

其他常见的病害是肠胃病和皮肤病。由于部队其他方面的不良条件而广泛蔓延的痢疾,因无知和缺少药物,常常产生致命的结果。疥疮和热皮疮是常见的,如果士兵们在夏季脱下他们长长的棉衣冬制服,他们光腿上的脓疱便明显可见。眼睛的传染病也是广泛蔓延的,西北地方尤为如此。在兰州附近,部队中有一半以上的人的眼疾(诸如沙眼和淋病结膜炎)之痛苦是如此严重,以至于他们不能有效地举枪瞄准。结核病是常见的,性病也是如此,尽管白修德认为由于士兵们缺少性活动的精力和机会,它相当少有。1939年到1940年期间,性病的

---

① 王梓良,第77—78页;罗曼纳斯和桑德兰,《失去的时机》,第64—65页。又见高斯致国务院函,《中国军队的健康状况》,1942年9月14日,美国国务院文件,893.22/47,附件第2页;高斯致国务院函,《1943年5月湖北战役后一个中国新闻记者对鄂西湖区状况的观察》,1943年11月5日,美国国务院文件,740.0011太平洋战争/3559,附件第4—5页。
② 罗曼纳斯和桑德兰,《失去的时机》,第242页;白修德和贾安娜,第136—138页,高斯致国务院函,《中国军队的健康状况》,参见上注。

发生据报告增加了三倍,在兰州地区,估计部队中90%的人患有淋病,30%的人患有梅毒。①

疾病和营养不良严重地削弱了中国军队的战斗力。在1945年西南地区的作战中,美国观察家们发现第13军甚至在一短距离的徒步行军中"便有大批人掉队,许多人由于极度饥饿处于垂死状态"②。另一位美国军官包瑞德上校(David. D. Barrett)报告说,他看到国民党军队的士兵们"走了不到一英里便倒下死去"③。一些病弱者会暂时用担架抬着。但是,另一位美国人的报告说"经常可以看到担架上的人被弃于路边,不是死了就是将要死去"④。有着高度信誉的《大公报》的一个记者指出:"部队所经之处,可以在路边看到一个又一个死去的士兵。"⑤少数精锐部队,最著名的如青年军和中国远征军的部队接受了美军的训练,他们还能够获得足够的食物。但是,当部队的绝大部分士兵几乎不能行军,即使是短距离的行军也要在路边留下尸体时,国民党军队是不能被视为一支有效的战斗力量的。

中国部队的医疗显然是由军医提供的。然而,中国红十字会救护总队总队长林可胜博士把它的服务描绘为"前南丁格尔时期的"⑥。魏德迈给蒋介石的备忘录甚至把部队医院与德国灭绝人性的集中营相比。⑦ 这种比较确实是有根据的。

从文件上看,军医的组织——它的一线救护队、包扎所、战地医院

---

① 高斯致国务院函,《中国军队的健康状况》,参见第137页注①;林沃尔特致艾切森函,《中国的士兵》(参见第135页注①),附件第3页;赖斯致高斯函,《兰州所见中国军队的健康状况》,1943年12月4日,美国国务院文件,893.22/52;白修德和贾安娜,第135—137页。
② 罗曼纳斯和桑德兰,《失去的时机》,第245页。
③ 包瑞德,第60页。
④ 罗曼纳斯和桑德兰,《失去的时机》,第242页。
⑤ 高斯致国务院函,《一个中国新闻记者的观察》,参见第137页注①,附件第5页。
⑥ 高斯致国务院函,《中国军队的健康状况》,参见第137页注①,附件第2页。
⑦ 罗曼纳斯和桑德兰,《失去的时机》,第371页。

和基地医院——似乎是无懈可击的。然而,这一组织却被人员的不足和不称职、设备和医药的不足以及玩忽职守与腐败所破坏。在整个军队里只有 1 000—2 000 个合格医生,因此每 1 700—3 400 人就只有一位合格的医生——而在英国军队里每 210 人、在美国军队里每 150 人就有 1 个医生。① 另外还大约有 28 000 名"医生"服务于医疗部队,但他们中的绝大多数人是不称职的,他们是在只具有担架员或战场护士经历的基础上被提升为"医生"的。② 莱尔·鲍威尔在 1944 年发现,在拥有 3 个师的整个第 46 军中,甚至没有一个合格的外科医生,主任军医官是一个缺少经验的短期军医学校的毕业生。③ 即使有了称职的医生时,他们又受制于设备和医药的严重短缺。鲍威尔报告说,一个战地医院"没有床铺,很少有毯子、床单,少量的绷带纱布,很少的药物,没有任何消毒器具、手术室设备、电灯、手术台或 X 光机"④。此外,一个更常见的问题是腐败的官员们常常卖掉那些能够搞到手的为数很少的药品,使用的药品不是假货就是掺了水的。⑤

医疗辅助人员甚至比医生更不称职。由于对医疗服务的轻视,许多部队的指挥官通常派他的最无知或最虚弱的士兵——那些不能扛枪的——去做医务看护兵。由于担架员常常是雇来的或征来的平民,当战斗打响时他们总想逃脱。⑥ 一份官方的杂志报告说。结果伤兵们得不到任何第一线的救护。该杂志继续说,在战场上求救的叫喊声

---

① 斯斯明(音),第 44 页;汉森,第 326 页;林可胜在 1942 年估计只有 1 000 名"能力不一"的军医。见高斯致国务院函,《中国军队的健康状况》,参见第 137 页注①,附件第 2 页。
② 汉森,第 326 页;鲍威尔,第 56—57 页。
③ 鲍威尔,第 56 页。
④ 鲍威尔,第 94 页。又见张少曾(音),第 15 页;厄特利,第 125—126 页。
⑤《大公报》(重庆),1945 年 5 月 18 日第 2 版;汉森,第 236 页;艾切森致国务院函"中国的局势",美国国务院文件,893.00/15144,附件第 5 页。
⑥ 厄特利,第 122—123 页;鲍威尔,第 57 页;张少曾(音),第 15 页。

是可怕的。① 甚至一份军医杂志在1938年也谴责说,伤兵们常常自己挣扎到铁路上的兵站去,那里没有治疗和医药,他们的伤口很快爬满了蛆子。② 俄国顾问卡利亚金发现,由于没有包扎所或食物供应站,伤兵们"因饥饿和伤就死在路边"③。

重伤员常常被丢下不管死于战场。那些被撤下来的则必须忍受一段很长的时间才能获得某种专业性的治疗。这是因为医疗单位非常缺乏运输工具,因为医院远离前线,坐落于医生们感到安全的地方。④

在整个战争进程中,医疗部队几乎没有任何改进。诸如中国红十字医疗救护团这样的民间组织还力图弥补官方医疗服务的不足。然而,在整个战争时期,一个重伤员只有很微弱的康复希望,即使是轻伤,其死亡率也高得令人震惊。罗兹·法默(Rhodes Farmer)在观察了前几年的战争后写道:"在中国看不到多少残疾人。"⑤

食物不足和待遇很差的中国士兵们对战争几乎没有什么热情,许多人开了小差。实际上,在战争过程中中国军队的一半——800多万人——原因不明地消失了。⑥ 其中一些人无疑死于疾病,但有相当高

---

① 张少曾,第15页。
② 庆霖,第2页;王仲文,第1页。
③ 卡利亚金,第227页。又见蒋介石,《蒋总统思想言论集》,第14卷第271—272页。
④ 鲍威尔,第57页;厄特利,第123—124页。
⑤ 法默,第137页。
⑥ 这一结论建立在这样的事实上:战争期间从军队中退转出的人数很少,1937年7月军队有近170万人,1937—1945年期间征集新兵14 053 988人。而1945年8月的国民党军队人数只有大约350万(据中国统计),或270万(据美国统计)。所有的伤亡数(伤1 761 605人,其中一些人无疑又重返军队)是3 211 419。另有大约50万人投向日本。我没有看到日本抓获的俘虏数,但这一数字肯定不会超过50万。简单的算术表明,至少有800万人,也许多至900万人下落不明(这一数字包括政府承认的未作说明的1 867 283名新兵)。关于这些数字的来源,见《中华志,1950》,第182—185页。军队规模的数字,见陈诚著,表9,及罗曼纳斯和桑德兰,《失去的时机》,第382页。以上的结论系从国民党自己的资料中得出,但这与他们公开发表的战时开小差数(598 107)和病亡数(422 479)相去甚远。见陈诚著,表10。官方资料的这种矛盾显示了国民党有关军事数字的不可靠性。事实上,台湾地区的一位原国民党将军在回答我的询问时说,中国军队不重视伤亡人员的准确数字。

比例的人是开小差了。第18军的18师是一个典型的例子。它是中央军部队,它那儿的条件相对说来还是好的。然而,在1942年中,即使它没有从事作战,它的总人数11 000人中也丧失了6 000人,或死去或逃去。胡宗南将军的部队因被用于封锁华北的共产党人而受到偏爱,即使如此,据报告在1943年中它每月每师(大约1万人)要平均丧失600人。①

在八年全面抗日战争的后半期,国民党军队已处于一种崩溃的先期状态。无论它在战争初期对日作战中取得多大的成就,至少在1942年后,也许还更早些,它已经明显地无能力进行有效的军事行动。援引何应钦将军的话来说,战争末期的军队已处"疲惫之余"。② 当然也有例外,有8个师刚刚完成了13个星期的美式训练,另有22个师正处于这种训练的不同阶段。这些部队的伙食和装备俱优,相对来说是具有战斗力的。③ 然而,拥有300多个师的国民党军队的其余部队仍未获改善。这种疲惫和衰弱具有极大意义,因为这支军队很快就要被投入与共产党人的内战中去。

---

① 高斯致国务院函,《一个中国新闻记者的观察》,第3页,及附件第5页。又见蒋介石,《蒋总统思想言论集》,第14卷第272页。
② 何应钦,第29—30页。
③ 罗曼纳斯和桑德兰,《失去的时机》,第285—286、368、372—373页。

第七章　与共产党作战的国民党军队

当1945年8月日本投降时,尽管国民党军队是疲倦而残缺的,但它看上去仍比共产党军队强大得多。① 确实,在内战初期,即1946年和1947年初,政府军的向前推进似乎是不可阻挡的。他们深深地进入了东北,在通往哈尔滨的道路上越过了长春;山东的大部分地区亦为其所得;1947年3月19日,在一片大肆宣扬的胜利声中,他们占领了毛泽东在延安的指挥部。国民党的高层指挥得意洋洋地预言将在六个月内取得胜利。② 但是,从1947年下半年起,战略的有利趋势无情地转移到了共产党一边。

对于这场内战的这种戏剧性的质的变化如何解释?对它的研究数十年来引起了热烈的——常常是愤激的——争论。国民党的忠实党徒把谴责之手指向美国,认为它未能向国民党军队提供足够的武器、弹药和装备。例如,他们坚持主张说,乔治·C.马歇尔将军强加了从1946年7月到1947年5月的十个月的禁运,禁止美国向中国运送军火。随后,1948年4月的《援华法案》所授权的战争物资,在经过了似乎是不可原谅的很长时间的推延后才送到国民党军队手中。③

奇怪的是,对"谁丢失了中国?"这一问题的争论不是立足于中国

---

① 蔡辛,第177页。
② 《美国与中国的关系》,第238页。
③ 《美国与中国的关系》,第354—357页;安东尼·库贝克,第394—396页。

方面资料的基础上,而是几乎完全依赖于英语文献,特别是国务院文件和国会调查文件。这种文献中的证言是如此充满着影射,以至于时至今日仍有一些学者主张是美国的亲共分子决定了中国共产主义革命的政治和军事结局,尽管压倒性的证据与此相反。然而,各种不同的中国方面的资料显示出,国民党军队被击败,其原因并不在于国务院内共产党同路人的行动和美国政府对中国的出卖。接着到来的讨论主要立足于这些资料。这些资料包括国民党将军们的回忆录和国民党的官方出版物。后者中最有名的是一部六卷本的专题研究,书名是《剿匪重要战役之追述与检讨》(以下简称《追述》)。① 这一研究准备于溃败后不久的 1950 年,由包括胡宗南和汤恩伯在内的 17 名国民党高级军官撰述,大概是由国防部印行的。这样做显然是要向国民党的领导人们提供过去的经验教训,以作为未来的一个指南。与其他的中方资料一起,它清楚地揭示了国民党军队的失败是它自己无能的结果,是它与一支更具战斗力军队作战的结果。

武器和装备的获得

美国对国民党的武器禁运实际上持续到 1947 年 5 月。如果这种禁运严重地影响了国民党军队的作战,武器的缺乏到 1947 年下半年就会非常明显,然而,在这一年的 9 月,国防部报告说,自 1945 年 8 月以来,它已经积极地重新武装了它的第二线部队。从那时起至 1947 年 6 月,它向二线部队提供了 423 422 支步枪和 17 253 挺轻、重机枪。这一时期,所有重要省份的部队得到充足的供给,其他的次要省份的 60％以上的部队也得到了武器供应。国防部还补充说,这一装备全国

---

① 《剿匪重要战役之追述与检讨》。

范围内所有二线部队的工作将在 1947 年底完成。① 人们可以推定,如果二线部队都能得到充足的武器,第一线部队的短缺就不可能是确实的。

事实上,《追述》并没有提及装备的缺乏,没有把它作为影响到 1949 年初为止的任何反共战役的一个因素,那时国民党军队正在准备防守扬子江,以阻止共产党渡过。② 此外,1949 年的短缺,并不是由于国外物资输入的不足,而是由于早些时候在东北和华北的灾难性损失。共产党宣称在从 1948 年 9 月到 1949 年 2 月的四个半月中,他们缴获了 1 709 000 支步枪、卡宾枪和手枪,193 000 支自动步枪,37 000 门炮,12 000 辆汽车。③

而且,国防部明确地肯定,弹药和武器的短缺不是军事崩溃的原因。1950 年,在一份标有"绝密"等级的文件中,国防部谈论了美国援助的丰富:39 个师完全装备了美式武器,其他许多师得到了剩余的美国供给品。那么,问题就不是缺少美国援助,国防部报告的结论是:"我们从未听说我们近年来的军事失利是缺少军火或其他供给品不足的结果。我们对剿匪和反对共产主义理解不当,我们士气不足,我们的政府、经济和计划完全不能向剿匪的战争努力提供密切的支持。这是我们失败的一个重要因素。"④

---

① 国防部,《中央执行委员会第六届第四次全体会议军事报告》,第 29 页。
②《剿匪重要战役之追述与检讨》,第 6 卷,第 104、123 页。又见国防部史政局《戡乱简史》,第 4 卷第 407—408 页,该书列出了它所认为的军事失败的主要原因,但并没有提到缺乏武器。
③ 蔡辛,第 208 页。又见张赣萍,第 222 页。美国驻华武官在 1948 年 12 月报告说,美国送给国民党的装备有 75% 被共产党缴获(《美国与中国的关系》,第 357 页)。参见库贝克,第397页。
④ 国防部总政治部,《国军政治工作指导要点》,第 6 页。关麟征将军也认为,国民党并无任何因为缺乏装备而打败仗或丢失城市之事,共产党军队缴获并使用的大量美式装备显示了美国援助的丰富(张赣萍,《抗日名将关麟征》第 222 页)。

错误的战术和战略

《追述》指出，内战中的国民党军队害怕近战，不敢进行夜战，战场纪律软弱无力，缺少灵活性。他们未能适当地勘察他们所处的位置，他们讨厌在山区作战。① 尽管这些批评是认真的，但国民党军事失败的主要原因并不在于战术而在于战略，正如刘峙将军评论淮海战役："战略失败远大于战术失败，战术失败远大于（单个的）战斗失败。"②

从战争一开始，国民党的高层指挥就过分铺开了它的部队。由于企图控制太广泛的地区，军队在各地都显得薄弱。《追述》写道，它的"延线占点"的战略最初是"政治要求"——大概是指马歇尔调停——的结果。《追述》的作者们说③，因此之故，国民党军队未能紧紧抓住它的优势，在它对共产党人持有决定性优势的时候夺取胜利。④《追

---

① 《剿匪重要战役之追述与检讨》，第4卷，第128页。
② 刘峙，第173页。
③ 《剿匪重要战役之追述与检讨》，第4卷，第77页。
④ 国民党军队能够轻易地迅速地消灭共产党部队——如果没有1946年1月的马歇尔调停的话——的看法在亲国民党的圈子里仍很有市场。这完全是荒谬的。至少是从20世纪30年代以来，国民党当局就不断地宣称将在三个月、六个月或一年内消灭共产党部队，在1947年及晚些时候，他们继续作这样的预言——当然，每一次都毫无结果。因此，他们指望在1946年初能比以往更成功地实现这一目标是不可能的。

此外，认为他们能够在1946年1月而不是4月平定共产党的主张，隐约地承认了国民党完全无能力战胜一支拥有挑战力的共产党军队。因为，即使共产党在4月份比他们在四个月前要强一些，但正如所有客观的评论家所估计，他们仍然要比国民党弱小得多。他们的军队少，武器差，他们控制的是国家次要的贫困地区，他们得到的国际援助也比国民党少得多。实际上，经过对东北地区共产党活动的仔细研究，梁思文（Steven. I. Levine）指出了共产党的虚弱："到1947年中期，共产党在北满许多地方的权力基础仍是极不稳固的，一支稍有良好组织和良好领导的对手就至少可以战斗可使共产党在那一地区停滞不前"（梁思文，《战争动员》，第5页）。由此可见，1946年停战协定对战争结果极为关键的主张是完全的诡辩。

述》继续说,由于把自己分散于"点和线"上,国民党军队犯了把主动权让给了共产党的重大错误,国民党的指挥官们不是去进攻共产党,而是与他们拥有城堡要塞的部队在一起——通常是在处于交通线上的城镇里——他们更关心他们自己的安全而不是消灭敌人。《追述》说,许多指挥官"过分注重他们的个人安全。因此,所有的人都踌躇不前,并以对共产党之凶猛的恐惧感互相传染。结果,他们放弃了战场上的主动权,使得共产党能够任意来往驰骋"①。

这种战略上的消极,与共产党军队的攻势精神和高度机动性结合在一起,使国民党军队处于一个难以应付的困境:

> 由于防点守线,我们的军队被钉住了,失去了机动性并难以取得主动权。例如,当我们进攻共产党时,如果我们削减了各个要塞的部队人数,那么匪军将避免与我主力部队决战,而代之以到我军后方打击薄弱据点……如果我们考虑到各地的安全,那我们就没有足够的部队去进攻。这不仅无效,而且有害。进一步说,当匪军主力部队攻击我方一据点时,如果我们的援兵不及时赶到,这一据点就有被消灭的危险;如果我们的援兵及时赶到了,那匪军就可能转而攻击另一据点。结果,这就使得我们总是跟在敌人后面转,每一个地方都陷入被动。②

缺少合作

个人关系和派别组合在中国社会和政治中常常发挥着重要作用。然而,在军队里各个部队的不同特性显得更为重要。无论他们

---

① 《剿匪重要战役之追述与检讨》,第 4 卷,第 133 页。
② 同上,第 4 卷,第 78 页;第 6 卷第 71—72 页。

的渊源如何,过去的敌意和猜疑——尤其是在一些地方指挥官之间以及地方指挥官与中央军指挥官之间——常常依然是强烈的。甚至在黄埔军校的毕业生之间,嫉妒和敌意也在指挥结构上造成了很大的裂缝。

内战时期,在军队中占优势地位的能决定所有其他派系取向的派系集团是陈诚集团。陈诚先任军政部长(1945年12月至1946年6月),后任参谋总长(1946年6月至1948年4月),由此而扩展了人事权。那些不属于他的圈子的将军们说,他把军队的高级职务给了属于他的派系的黄埔毕业生,即使他们中的大多数人战斗经验有限①,而那些具有才能和经验的指挥官被降调到无关紧要的管理或训练岗位上。例如宋希濂将军,他曾是美国训练的进入缅甸的中国远征军的一位集团军司令,他被调到新疆,在那里他只能指挥只有200名学生的一个军校。② 据说是由于嫉妒,陈诚解除了陈明仁将军的指挥权,尽管他曾经在四平街战役中取得了国民党在东北的最重大胜利。③ 接替蒋介石担任中央军校校长的关麟征感到,陈诚最终任命他指挥一支非常残破的士气低落的部队,只是因为陈诚希望他被共产党人击败,由此而让他丢脸。④

在战斗中,这些敌意和勾心斗角常常带来灾难性的后果。例如,在1948年末的著名的淮海战役中,邱清泉将军受命去援救被共产党包围的黄百韬兵团。但是,邱在10天里只前进了8英里。当黄百韬

---

① 陈诚特别喜欢杜聿明、王耀武、范汉杰和胡宗南,其中只有胡宗南有相当的战斗经验(张赣萍,《抗日名将关麟征》,第202页)。
② 张赣萍,《抗日名将关麟征》,第200页。《字林西报》也评论说,政府总是任命旧式的未经考验的军官担任战场最高指挥官,而那些在缅甸战役中闻名的年轻将军们大部分被调到管理和训练部门(《字林西报》1948年9月7日)。
③ 张赣萍,《抗日名将关麟征》,第224页;唐德刚和李宗仁,第471—472页。陈明仁后来在1949年5月起义倒向了共产党。孙震,第8页。
④ 张赣萍,《抗日名将关麟征》,第209—211页。

自杀以及他的大部分部队向共产党投降时,邱离他还有 12 英里的距离。据称,自从黄接受了蒋介石给予的特殊荣誉以来,邱一直嫉妒他。当他第一次得到黄的兵团被包围的消息时,据传他愉快地评论说,现在黄能够证明他是否确实配得上那些给予他的荣誉。①

《追述》说,在战争中,我们的指挥官们"常常(只)关心他们自己的利益,以至使整个形势受到损害"②。国民党指挥官在战场合作、协同作战或援助他人等方面的不力张大了共产党的力量,常常使他们能够分割消灭国民党部队,这对国民党的最终失败起了重大作用。③

倒戈和部队补充的困难

自日本投降后,国民党部队投向共产党的第一次重大倒戈,发生于 1945 年 10 月 31 日,高树勋将军与他的整个部队一起投向了河北的共产党。此后,倒戈部队的数目迅速增长。④ 倒戈常常发生于战斗中间,许多战斗的结果由这些突然的投降所决定。⑤

共产党以他们著名的优待战俘的政策使国民党军队更易于倒戈。所有同意留下来的俘虏和倒戈者都被收编进共产党军队,或在一线作战,或做勤务工作。《追述》记载,其他太过于虚弱的或由于某些其他原因不能雇用的,则发给通行证和路费予以释放,以使他

---

① 冯亦鲁,第 65—67 页;柯乐布,第 392—393 页;唐德刚和李宗仁,第 476—477 页,对于邱在这一事件中的动机提出了不同的说法。
② 《剿匪重要战役之追述与检讨》,第 6 卷,第 94—95 页。又见该书第 4 卷第 79、132 页,第 6 卷第 72 页。
③ 邓文仪,第 2 卷第 230 页。又见刘峙,第 171 页。
④ 朱岳山(音)编,第 7 页;唐德刚和李宗仁,第 444—445 页;贝尔登,第 325—329 页。在 10 月 12 日和 25 日,已发生了规模比高部小一些的倒戈。见朱岳山(音)编,第 7 页,及《国民党军队深明大义光荣壮举》。
⑤ 蔡辛,第 208 页;刘峙,第 172 页。

们能够回到国民党统治区。为了吸引有特殊技能的军官投奔他们，共产党给予高职衔，增加其薪水。《追述》的国民党作者写道，这样的俘虏待遇与国民党方面全然不同，它显示出共产党方面的心理上的优势。这样的方法还使共产党人得以在1948年中获得了对国民党的数量上的均势。①

所有倒戈的部队几乎都是地方部队，而不是中央军。地方部队的指挥官特别易于倒戈，是因为他们感到受歧视，许多人认为中央当局把他们从他们的省调出来，派他们去与共产党作战，是期望他们被消灭掉。因此，早在1946年初，地方部队中对内战的反对意见就较强烈，尤其是那些广西和云南的部队。这就加深了中央当局对他们的不信任。为了防止倒戈，他们在这些地方部队安置特务。中央当局还分割大编制的地方部队，拆散这些部队，以师级或更小的规模分别插入更为忠诚的中央军部队中。这样的措施降低了地方部队的倒戈率，却无助于激发他们的战斗精神。②

众多的反戈事件自然使国民党军队的士气低落下去，没有什么地方比军队下层更明显地缺乏士气。征兵制度至少是像抗战时期那样腐败，因此军队不能获得足够的补充兵。大多数部队由此而远远低于编制力量。《追述》抱怨说，共产党在动员人们参军方面的困难就小得多，这一差别极大地影响了战争的结局。③ 被拉来服役的国民党士兵们，对于他们被要求为之战斗的事业并不信奉。他们得到的食物可能

---

① 《剿匪重要战役之追述与检讨》，第4卷，第124—125页。关于内战期间国民党军队和共产党军队的人数的估计，有各种不同的说法，见陈志让，第374页，附录E。
② 唐德刚和李宗仁，第472—477页；《地下斗争路线纲领》，第3页。云南部队的第184师师长倒戈后的声明，是地方军队反战意识的一个典型例子。见张文实，《云南内幕》，第23—24页。
③ 《剿匪重要战役之追述与检讨》，第4卷，第122—123；第6卷第77页。

比抗战时期还要少。① 因此,内战时期,部队几乎全无战斗精神。1948年中正担任国防部长的何应钦认识到这一点,他宣称他的首要任务是要从上到下恢复部队的士气,他说"缺吃少穿的人是不能战斗的"②。

共产党巧妙地利用了国民党部队的不满。他们对准国民党心理和政治盔甲上的薄弱点展开猛烈的宣传攻势。宣传传单着力描述国民党统治下生活的艰难,指出政府夺去了人民的粮食、不断有饥荒和洪水、在有钱人过着舒适奢侈生活的同时贫苦人则不得不去军队服役。传单强调指出,国民党军队里的士兵得不到足够的食物,并受其长官的虐待。对于地方部队,共产党写道,蒋介石一方面把他们送到远离家乡的战场上来,牺牲他们,另一方面优待和保护他们的中央军力量。宣传小册子还说,在解放区人们同心同德,经济富足;它不像国统区那样有乞丐、小偷和土匪。因此国民党士兵应该停止杀害中国人,投降过来的人将会得到优待。有一本小册子要国民党士兵们放心,共产党并不像蒋介石的宣传所说的那样活埋俘虏或剥皮。③

间谍和特务

《追述》不断地抱怨缺少关于共产党的情报。它认为国民党的情报工作是形式主义的和官僚化的,它"并不比报纸上关于部队部署的讨论多点儿什么"④。国民党特务无法渗透到共产党机构中去,结果,

---

① 《胡上将宗南年谱》,第233页。
② 《密勒氏评论报》,1948年6月5日,第26页。1962年,国防部谈到了士气低落对战斗力的削弱作用(国防部史政局,《戡乱简史》第4卷,第407—408页)。
③ 《山保六团全体官兵开座谈会》和《国民党军官们起来!》。
④ 《剿匪重要战役之追述与检讨》,第4卷,第122—123页。

国民党军队常常不知不觉地走进共产党的陷阱。① 相反,共产党的特工非常成功。邓文仪将军回忆说:"从总司令的办公室到各级指挥部,都被共产党特务所渗透,他们猎取情报并制造假情报,因此敌人对我们的情况了如指掌,而国民党军队则既不知己也不知彼。自然,我们的军队难以避免被共产党所包围和俘获。"②

尽管邓文仪可能像许多国民党的权威人士一样,过分夸大了对共产党地下活动的担忧,但事实上共产党情报人员确实对共产党的胜利做出了极为重要的贡献。许多人处于要害位置上。例如,在1948年4月山东潍县的重要战役中,国民党第96军的参谋长就是共产党特工。在1948年9月的济南战役中,据报告,第二绥靖区的作战处向敌人泄露了国民党的整个作战计划(再加上第84师在关键时刻的倒戈,由此而在很大程度上促成了国民党在中国关内第一个省会的陷落)。③

然而,共产党渗透的最戏剧性的一例还是令人吃惊的刘斐将军。刘在抗战和内战的大部分时期内担任着整个国民党军队的参谋次长,同时,他是共产党的特工。④ 从他的高级办公室里他基本上能够向共产党报告国民党军队将要采取的每一个重大行动。他还把另一个共产党特工郭汝瑰安插到作战厅厅长的重要岗位上。在1948年11月至1949年1月的淮海战役中,国民党遭到灾难性的失败,这两个人受到了怀疑,因为据这一战役的国民党最高指挥官刘峙将军说:"我们军队的每一个行动都常常被共产党所预知。"⑤然而,没有进行任何调查,可能是因为刘斐是一个典型模式化的国民党官员——自负、官僚

---

① 《剿匪重要战役之追述与检讨》,第4卷,第122页;第6卷第71—95页。
② 邓文仪,第2卷第230页。又见《剿匪重要战役之追述与检讨》,第4卷第122页。
③ 《观察》,第5卷第9期(1948年10月);《密勒氏评论报》第111卷第5期(1948年10月2日)第116页。
④ 沙学浚,第48—49页;凌云(音),第44页;秦德纯,第198—199页。
⑤ 刘峙,第171页。

化,以及以批评每一个人而闻名。①

1949年春,刘斐又被派作另一项高度机密的工作。他仍然得到国民党最高领导的信任,被任命为一个6人代表团的成员,于1949年4月1日飞往北平去与共产党和谈。由于有刘在国民党的谈判代表团中,共产党的首席代表周恩来处于一个令人羡慕的地位,他能得知他的对手的每一项考虑和行动。②

谈判破裂之后,刘斐和代表团的其他人员仍然留在北平,而不是回到南京。此后,刘在共产党政权下生活得相当舒适,并得到了一定的荣誉。实际上,当刘在1949年被特邀为共产党的政治协商会议代表时,毛泽东评价了他的地下活动,公开赞扬他是"中华人民共和国建国功臣"③。

在内战的最后阶段,共产党的情报人员激增。尤其是在1949年,随着国民党丢失东北、淮海战役失败和金圆券改革破产,国统区的士气骤然跌落。《追述》指出,甚至在军队和政府内部"机会主义、不团结和失败主义的现象也在微妙地发展着"④。结果,共产党在国民党军队内部很容易发展新的情报人员。戴戎光便是其中之一,他是得到蒋介石完全信任的黄埔学生。然而,当共产党在4月20日夜里发起他

---

① 凌云,第44页。罗敦伟,第181页。对这位成为共产党间谍的人,史迪威的描述令人难忘(史迪威,第144—146页):

"1942年9月9日……刘斐来见我:讲了两个半小时的废话。我真想把他推下码头。累得我筋疲力尽……"

"刘斐有闪光的思想,他是军令部的第2号人物,一个需要理发的苍白邋遢的家伙。严于律己,非常严于律己。他从不出格,总是一个出色的谋士,总是在沉思,想出一个个深奥而透彻的观点。他无所不知,其他人则一无所知……"

"刘斐有价值的新观点:日本人占领的广州是一个点。他们已经控制了海,所以我们无法进攻他们。日本人占领的长江是一条线,他们有舰船和飞机,所以我们无法切断它。日本人占领的华北是一个面,它扩展开来,所以我们也无法进攻它。"

② 罗敦伟,第181页;沙学浚,第48页。
③ 《传记文学》,第253期(1983年6月),第148页。我要感谢刘绍唐使我注意到这一点。
④ 《剿匪重要战役之追述与检讨》,第6卷第93—94页。

们的渡江登陆作战时,戴命令他处于上海和南京之间的江阴要塞的部队,调转枪口去攻击其他的国民党防守部队。① 共产党渡越这条大江的进攻是有危险的,魏德迈曾说,国民党"能够以扫帚柄防守住扬子江,如果他们有意防守的话"②。但是,得到戴戎光反戈的帮助,共产党横扫长江,4月23日进入国民党的首都南京。国民党统治的结束近在眼前。

国民党政权内部的共产党特工,在决定内战结局方面显然起了极为重要的作用。然而那些企图为国民党失败辩解的学者们完全无视历史的这一方面。他们反复地搜寻共产党对美国政策的直接或间接影响的最微小的线索以说明由此而导致1949年的失败。很难想象现实政治因素对历史学家的事业的扭曲有比这更为令人吃惊的例子。

共产党的优势

与对他们自己军队的批评形成对比的是,《追述》的作者们对其共产党对手有相当的赞扬。他们的评述清楚地显示出国民党军队在战场上既败于斗智又败于斗勇。据《追述》所述,在战斗之前,共产党要做广泛的准备。他们"充分地说明他们的想法,统一意志……研究地势,掌握敌人的情况"③。这种详尽的讨论与国民党保守秘密的徒然努力截然不同。《追述》说"至于我方,出于保密的考虑,战前不谈论任何准备事项。由于内部的这种情报封锁,所有的战斗都打得糊里糊

---

① 罗敦伟,第191—192页;唐德刚和李宗仁,第511—514页;云庵,第43页;陈少校,《金陵残照记》,第147—152页。
② 邹谠,第495页。
③ 《剿匪重要战役之追述与检讨》,第4卷第124页。

涂。我们甚至对研究和分析敌人的情况缺少经验"①。

《追述》说,共产党只有在他们持有优势的时候才展开战斗。一旦开始后,他们"不躲避任何困难,不吝惜任何牺牲,勇敢、坚决地进攻,不达到消灭我们的目标,进攻决不停止。但是当形势对他们不利时,他们迅速地毫不犹豫地退出战斗,转而攻击其他地区的我军"②。《追述》的国民党作者写道,这样,共产党总是掌握着主动权,使国民党军队处于不平衡和守势之中。③

在战术上,共产党强调出其不意,在没有预料到的时间、地点展开攻击。《追述》说:在每次战斗中,共产党"首先采用奇袭,然后他们发起强攻……在强攻中,他们为奇袭创造出机会"。国民党的将军们又补充说,但我们"总是进行阵地进攻,我们很少准备或采用奇袭或强攻"④。

《追述》强调指出,使共产党格外具有力量的是战地指挥员有很大的决定自由。因此,如果他们面临失败,他们就能迅速撤退,由此而使他们的损失减至最小限度。与之对比,国民党则"常常陷入(士兵们必须)战斗至死的境地……高级指挥官缺少独立行动或立即改变计划的授权"。这一点尤为令人悔恨,因为高级计划参谋们对战场的准确形势一无所知,但他们却常常以官僚主义的方法发布不允许有任何讨论或修正的命令。⑤ 这两种相反的方法所导致的结果是,共产党甚至在他们被击败时也能避免重大损失,而在他们成功时,他们的胜利是决

---

① 《剿匪重要战役之追述与检讨》,第125页。
② 同上,第78页。
③ 同上,第6卷第71页。
④ 《剿匪重要战役之追述与检讨》,第6卷,第71—72页。
⑤ 同上,第4卷,第124—125页。读者们可能已经注意到了战场指挥员的相对自主权,《追述》认为这是共产党军队的一个长处,但卡利亚金却把它作为国民党军队的短处。我认为,这个看起来似乎矛盾的解释,其原因在于指挥员的动机:共产党指挥员的退却是为了更有效地再在其他地方战斗,而国民党军队地方部队指挥官的退却完全是为了逃避战斗,从而保存他们的军事和政治实力。

定性的,国民党的伤亡巨大。《追述》评论道,这是共产党为什么能从劣势地位转入优势地位的一个基本原因。①

当然,军事胜利的原因是复杂的,《追述》附带提及了影响内战结局的一些其他因素。例如,共产党军队中的提升或降级完全以"战绩"为考核基础,"但是我们是以学校和财政背景、社会和政治后台作为提升的基础。战绩是次要的"②。《追述》评论说,国民党的军事努力被官僚政治所损害。例如,在东北的战斗中,共产党使用雪橇和马来回运动。然而,只有经过数不清的会议之后,国民党军队才能够获得这些东西。共产党军队还有雪地使用的伪装和铁铲,但国民党部队被陈规和财政短缺所碍,未能调整适应环境的要求。③

最后,《追述》佩服共产党获得了老百姓的支持。例如,共产党使老老少少都成为瞭望哨,全部民众构成了一个情报网。如果共产党部队的粮食暂缺了,他们能够与民众家庭一起吃饭。由于动员了群众,共产党很少把伤员留在战场上。但是在国统区,《追述》指出,"政治不支持军事",因此"我们不得不纯粹依赖军事力量来作战"。④

国防部政治厅对民众支持影响内战结局的重要性的反省甚至更为尖锐。1950年政治厅表示:"坦率地说,如果没有老百姓的帮助,仅仅依靠政府和军队去戡平共匪是不可能的。我们在大陆上失败的原因就是因为我们没有与老百姓亲密地拉起手来。"⑤

这里我们再一次得到证明:军事和政治的灾难,经过静心思考,至少给一部分国民党领导人带来了一些启发。"我们在大陆失败的原

---

① 《剿匪重要战役之追述与检讨》,第77、124页;第6卷,第72页。
② 同上,第4卷,第123页。
③ 《剿匪重要战役之追述与检讨》,第77、124页;第4卷,第122页。
④ 同上,第6卷,第126—127页。
⑤ 季天(音),第13页。

因就是因为我们没有与老百姓亲密地拉起手来",这一观点给了他们何等的嘲弄。当然,与老百姓拉手所要求的是一种政治行动,而不是一个身体动作。它将要求根本的改革,要求一个接受公众舆论监督的政府、有利于老百姓的政策,以及一个能够超越个人和派系利益以追求更大的国家利益的行政管理和领导。然而,国民党从未怎么表现出这些特点。因此,可以说,抗日战争严重地削弱了国民党军队,但另一方面,它失败的真正原因则在于这个政权本身的性质。

第八章 蒋经国和金圆券改革

1979年,台湾地区《传记文学》杂志的一位作者声称,他始终相信如果不推行金圆券改革,那么,国民党政权现在肯定还留在南京。① 此外,台湾地区研究中国近代史的权威学者沈云龙先生也以同样的口吻说:"仅仅四十天后,金圆券的价值就一落千丈,几乎形同废纸。几千万平民百姓的财产转眼间化为子虚乌有,一文不值。这严重地影响了民众的信心和国家的命运,也是失去大陆的主要原因。"② 由于这种看法非常普遍,以致金圆券改革时任财政部长的王云五,自从1979年去世以后,也一直被斥为国民党失败的罪魁祸首。③

与1948年8月金圆券改革接踵而来的一系列事件,似乎也为这种解释和责难增添了几分诡辩之辞,因为在宣布改革的三个月内,经济陷入了最后崩溃的境地,国民党的军队退到了长江边上。更巧的是,恰恰在两个月后,即1949年1月,蒋介石被迫辞去了国民政府总统的职位。从此以后,局势每况愈下,愈发不可收拾。

这种把国民党的失败嫁祸于金圆券改革或一个孤零零的财政部

---

① 赵世洵,第46页。一种相反的观点认为,国民党在大陆溃败的原因远不只是金圆券改革,见朱文长,第51页。
② 沈云龙,《王云老与金圆券案质疑》,第42页。
③ 吴相湘,《王云五与金圆券的发行》,第44—50页;沈云龙,《对金圆券案应进一步追踪研究》,第40—42页。

长的说法,显然是混淆了因果关系。1948年的改革并不是经济崩溃的原因。国民党只不过是在这场赌博中铤而走险,赌资投得太大,结果加快了早在改革之前就已经起步的崩溃速度。毫无疑问,这次是赌输了,它引起了整个中上层社会的失望和怨恨。特别是一些中产阶级,他们历来就站在国民党政权拥护者的行列之中。因此,金圆券改革肯定加快了国民党政治上的垮台。但是,在那个时候,不管是蒋介石,还是王云五,他们都认定这场赌博是看准了的,至少是有赢的把握的。

金圆券改革被采纳

在整个1947年和1948年的前三季度,国民党统治区的经济状况简直是一塌糊涂。农村社会濒于解体,工业生产停滞不前,交通运输还没有修复(主要因为遭到了共产党的破袭),通货膨胀每天都把法币的价值贬下一大截①(见表六)。到了1948年夏天,经济形势更糟,整个国家似乎已经临近了崩溃的边缘。因为同共产党打仗,导致了巨大的预算赤字。法币在市面上的流通量从1947年12月的34万亿上升到1948年6月的250万亿。然后,在接下来的一个半月里,这个数字更猛增到600万亿至700万亿。② 战区的扩大,还带来另外一个恶果,法币像一阵洪水猛兽,从华北涌到华中,又从华中扑向华南。③

---

① 仔细分析和描述战后经济很有必要,关于1947—1948年的经济情况,见《大公报》1948年4月13日第2版,1948年4月16日第3版;季梅(音),第12—15页;亘移今,《几个月来的中国经济形势》,第10—12页;和张奇瑛《三十六年》,第1—21页。
② 郑,《对外贸易》,第160页;周舜莘,第301页;《美国外交文件》,1948年第6卷397页。
③ 张奇瑛,《三十六年》,第7页。

表六：1945年9月—1948年8月19日
法币贬值情况统计表(1945年9月＝100)

	月 份	法 币 发 行 数	上海趸售物价指数
1945	9月	100	100
	10月	120	110
	11月	134	288
	12月	153	257
1946	1月	171	269
	2月	187	509
	3月	200	742
	4月	227	748
	5月	266	1 103
	6月	313	1 070
	7月	320	1 180
	8月	352	1 242
	9月	401	1 475
	10月	443	1 554
	11月	489	1 541
	12月	553	1 656
1947	1月	669	1 990
	2月	718	3 090
	3月	852	3 248
	4月	1 024	4 130
	5月	1 243	7 045
	6月	1 453	8 673
	7月	1 746	9 032
	8月	2 211	9 557
	9月	2 526	12 534
	10月	3 106	17 352
	11月	4 012	19 296
	12月	4 941	24 282

(续)

	月　份	法币发行数	上海麕售物价指数
1948	1月	5 191	36 939
	2月	—	52 900
	3月	10 383	85 502
	4月	—	99 117
	5月	20 024	142 468
	6月	—	256 397
	7月	—	755 165
	8月	296 648	1 368 049

资料来源：吴远立(音)著,第 50—51 页。

随着法币发行量的增大,国民对政府和钞票的信赖也骤跌。因此,只要他们手中的钱还留有一丝的价值,老百姓就赶紧去换成实物。而货币周转速度的加快自然又给通货膨胀火上浇油,以致政府发行的法币数量远远赶不上物价的暴涨。1947 年 12 月,物价的增长速度是新币发行量的 3.5 倍;1948 年 6 月,已达 5 倍之多,到 8 月初,超过了 11 倍。[①] 结果,通货膨胀以前所未有的速度直穿云霄。从 5 月底到 8 月中旬的两个半月中,上海的物价上涨了将近 10 倍。5 月 26 日,大米售价是 630 万元,到了 8 月 18 日,售价已是 6 300 万元;同一时期,花生油的售价从 1 850 万元上涨到 19 500 万元;肥皂从 700 万元涨到 8 350万元(见表七)。

[①] 郑,《对外贸易》,第 160 页,张嘉璈,《通货膨胀:中国的经历,1939—1950 年》,第 270 页。

表七：1948年5月至8月上海几种物价上涨情况
（单位：法币千元）

日期	白米（一等）	面粉	花生油	棉纱（细纱）	棉纱（粗纱）	固本肥皂
5月26日	6 300	2 050	—	305 000	204 000	7 000
6月2日	6 700	1 950	18 500	302 000	194 000	7 030
6月9日	8 000	2 530	22 500	442 000	262 000	9 100
6月16日	10 000	3 310	31 000	500 000	262 000	9 100
6月23日	13 900	4 280	40 500	655 000	450 000	20 100
6月30日	—			830 000	800 000	32 500
7月7日	20 000			1 000 000	800 000	36 000
7月14日	29 500	8 120	76 000	1 350 000	—	
7月21日	37 000	11 300	102 000	1 700 000	1 150 000	75 000
7月28日	37 000	10 700	95 000	1 800 000	1 370 000	75 000
8月4日	39 500	12 650	107 000	2 000 000	1 420 000	65 000
8月11日	50 000	18 150	165 000	2 880 000	1 850 000	76 000
8月18日	63 000	22 700	195 000	3 200 000	2 130 000	83 500

资料来源：摘自《密勒氏评论报》1948年6月5日—8月21日的"本周商情"（来源未列出上述商品的计量单位）

6月到8月中旬之间，由于通货膨胀恶性发展而造成经济崩溃的趋势更加明朗。6月14日，宁波首先发生抢米风潮，接着在以后的几个月里，这场骚动迅速席卷全国。与此同时，其他一些商品的价格也跟着直往上涨，以致商店老板不得不每天要打烊几次，以调整货物牌价。6月25日和7月10日两天，仅一整天的工夫，物价激涨了大约30%。因为物价和生产成本瞬息万变，所以正常的商业经营也无从展开。商店老板们已经习惯于宁愿关门，也不用他们的存货去换回那些一文不值的法币。[①] 这时，往返于南京和上海之间的班机也予以取

---

① 《大公报》1948年6月17日第6版，1948年7月1日第6版，1948年7月13日第6版；《密勒氏评论报》1948年7月24日第235版，《纽约时报》1948年7月11日，第28版。

消,因为国家规定的机票价格远远低于不断上涨的油料价格。① 政府的印刷工厂生产的钞票已经根本满足不了经济活动的需要。例如,资本家就无法筹集足够的现金来开支薪水。大部分法币的面值都是在 10 万元上下,到了 7 月底和 8 月,海关的金票更有面值 50 万到 500 万的。所以做一件小买卖必须带上大捆大捆钞票,也是司空见惯的事了。②

经济的恶化,必然引起公众心理的犹豫、恐慌和失望。8 月 5 日出版的上海《大公报》说:"更为严重的是大家都相信这场经济危机已经到了山穷水尽的地步,所以谁也不指望会出现柳暗花明,只管苟且度日,算计着末日的到来。"③所有缓解经济崩溃的努力都宣告无效,老百姓对政府的怨恨日甚一日。于是,谣言四起,说政府正准备封存国库和黄金,关闭一半的国家银行,甚至还有传闻说蒋介石已经在华北被扣押了。④ 人们纷纷做好了最坏的打算。

在政府内部,一些主要官员一直低估经济形势的严重性。⑤ 但是,到了 6 月份,危机日渐加深,事实上已经不可能再推诿卸责了。国民党中央银行的首席顾问,英国人西里尔·罗杰斯(Cyril Rogers)在 7 月中旬的报告说:"严重的现实局面最终已经把政府的最高层打得晕头转向,结果奥林匹斯山的殿堂也搅得一片混乱。"⑥一个月后,也就

---

① 《美国外交文件》,1948 年第 8 卷第 377 页,又见《密勒氏评论报》1948 年 7 月 10 日,第 173 页。
② 《纽约时报》1948 年 8 月 14 日第 5 版;姚崧龄,第 67 页;《密勒氏评论报》1948 年 7 月 24 日第 238 版;《力报》1948 年 7 月 19 日,见《中国新闻评论》,1948 年 7 月 17—19 日,第 3 页。
③ 《大公报》,1948 年 8 月 5 日,第 2 页(社论)。
④ 《申报》,见《中国新闻评论》,1948 年 8 月 4 日,第 1 页;《正义报》1948 年 8 月 29 日;《密勒氏评论报》1948 年 7 月 24 日第 285 版;《美国外交文件》,1948 年第 8 卷第 370 页。
⑤ 《美国外交文件》,1948 年第 8 卷第 368—373 页。
⑥ 《美国外交文件》,1948 年第 8 卷第 373 页。奥林匹斯山为希腊神话中众神居住的地方。——译注

是8月11日,行政院院长翁文灏向美国通报说:"在不久的将来,中国就会面临着覆灭的危险。"①因此,面临眼前财政危机,国民党政府能够选择的唯一出路(相较于放弃反共内战),只有用一种新的货币来代替法币,这就是金圆券。

几年来,各方面的经济学家和法律界人士曾经讨论过币制改革问题。他们坚持认为公众的心理——譬如老百姓对法币缺乏信赖——是无法控制的通货膨胀的主要原因。② 他们断定,只要用一种新的货币单位取代法币,通货膨胀率就可以减小。这个想法非常简单易行,动人心弦。因此,在抗战期间,国民党政府实际上就已经印制了大量的新货币,到了1945年又一度老调重弹。③ 但是,目光敏锐的人早已指出,不管货币单位大小如何,只要政府的预算不平衡,通货膨胀就无法制止。

1948年夏天,经济危机的加剧,迫使国民党政府不得不重新捡起改革币制的主张,当作灵丹妙药来医治实际上已经无法控制的通货膨胀。据透露,在征得蒋介石同意后,翁文灏早在7月初就组织了一个小组,起草有关尽快改革币制的计划。一个星期后,该小组在呈送的报告中警告行政院长,在这个时候改革货币是不合适的。他们提醒他,说这一举动将会困难重重,有害无益。翁文灏将报告的内容向蒋介石做了汇报。蒋介石表示"有些事情不妨留待日后再做",也就是说他已经撇开了放弃法币的念头。④

但是,到了8月初,危机已经无可挽回,蒋介石坚信不管有多大危

---

① 《美国外交文件》,第380页。
② 笪移今,《争议中的币制问题》,第6页;严仁庚,第9—12页;杨格,《中国与外援》,第386—387页。
③ 《美国外交文件》,1948年第8卷第373—374页。
④ 《美国外交文件》,1948年第8卷第374—375页。

险,也必须推行货币改革。在桂林避暑胜地,他召集了政府的主要财政顾问进行磋商。据说宋子文、张嘉璈和俞鸿钧等人都竭力反对,认为如果不首先削减军费开支的话,新币制的价值就难以维持。可是,行政院长翁文灏和财政部长王云五却赞同改革币制。①

虽说参加会商的人分成了两派,但是币制改革的各项准备工作仍然在举棋不定中加速进行。最迟在8月7日,中央银行开始把新制的钞票发往全国各级分支机构。到13日晚上,更是突然发表了施行改革的决定,以致中央银行在上海的官员也被冷落在一旁,对兑换的命令预先一无所知。② 即使这样,这项决定仍然在有计划地贯彻执行。8月16日,中央银行总裁俞鸿钧带了一套新的兑换方案从上海来到南京,称之为"B"方案。对此,翁文灏、王云五和外交部部长王世杰都表示赞同,而把原来的方案称为"A"方案,暂且搁置一边。接着,翁文灏和俞鸿钧就飞赴桂林,向蒋介石呈报了这套新方案。蒋介石对方案作了很大的修改,否决了可以用新币自由兑换黄金的提议。③ 宋子文对新的方案予以支持,蒋介石在和他讨论了有关问题之后,又于8月18日突然飞回南京。在首都,一些反对派人物再一次就方案中的各种漏洞和不当向蒋介石发出了警告。但是,蒋介石认为经济危机已如此深重,根本容不得迟疑或不同意见。蒋介石声称,各项措施已经经过反复的研究,必须尽快公布;如果真的还有什么差错的话,也可以日后再加调整。④ 在国民党中央政治会议和行政院一致批准之后,蒋介石即以反共内战赋予他的紧急处置权力,在1948年8月19日颁布了《财

---

① 萧铮,第304页。
② 《美国外交文件》,1948年第8卷第384、387页。
③ 《美国外交文件》,1948年第8卷,第390页,据说是罗杰士(Cyril Rogers)起草了B计划,见同上,第386页。
④ 《美国外交文件》,1948年第8卷第386页,萧铮,第304页。

政经济紧急处分命令》。①

在极有限的几个星期内,这些紧急处分措施确实减缓了通货膨胀的速度。但是,就在宣布改革的 70 天后,国民党政府已经不得不承认它的失败了。这不是很清楚地说明币制改革从一开始就条件不成熟吗?

毫无疑问,在这项政策的制定过程中,一系列现实的阴影笼罩着蒋介石对问题的估计。到 8 月份,通货膨胀已经完全失去了控制,整个经济正在走向崩溃;如果经济垮了,那么政治和军事的全盘覆灭也就会接踵而至。就是在这样一种走投无路的形势之下,蒋介石才看到只有币制改革闪出了一丝希望之光。

在这点上币制改革的发动者是对的,即物价的暴涨在很大程度上是因为老百姓对法币丧失了信赖。很明显的一个例证就是物价的上涨远远超过新钞票的印制。蒋介石、翁文灏和王云五寄希望于新币制至少能够暂时赢得公众的信赖,哪怕只有半年时间也行。如果经济的崩溃在一个短时期内有所好转的话,政府也就可以趁此机会采取进一步的措施缓解货币危机。

国民党政府的这几位领导人还设想了一个长远的基本办法,就是做到预算平衡。不管是翁文灏还是王云五,都毫不隐讳地承认通货膨

---

① 1948 年 8 月 20 日《中央日报》第 2 页公布,《财政经济紧急处分命令》内容如下,1. 用新币金圆券取代旧法币,以法币 300 万元折合金圆券 1 元。金圆券有 100% 的发行储备,其中 40% 为黄金、白银和外汇,另外 60% 为有价证券和政府企业的股份。但金圆券不得实际兑换成金、银和外汇。法币收缴的最后日期是 1948 年 11 月 20 日。2. 为了确立民众对金圆券的信赖,金圆券发行总额为 20 亿元。3. 各地物价实行冻结,以 8 月 19 日为标准。工资不得超过 8 月上旬的水平。4. 所有外汇、黄金、白银和金条实行国有化。民众必须在 9 月 30 日以前,把手中的外汇和硬通货兑换成金圆券。标准是:1 美元折合 4 元金圆券,1 盎司黄金(中国标准,净重 31.25 克)折合 200 元金圆券,1 盎司白银折合 3 元金圆券。金银首饰允许收藏和买卖,但售价不得超过官方牌价,重量不得超过 2 盎司(外汇和黄金的收缴期限后推迟到 10 月 31 日,白银推迟到 11 月 30 日)。见《美国外交文件》,1948 年第 8 卷第 416 页。5. 所有的中国人必须在 9 月 30 日以前,向政府申报他们储存在国外,超过 3 000 美元以上的财产。

胀问题的根源就在于预算赤字导致滥印钞票。① 他们提议财政赤字不得超过财政总支出的 30%,而当时实际上要超过 66% 以上。② 因此,紧急处置命令规定要开源节流;增加财政收入,主要是提高税收,例如超量地征收 40% 的进口税;紧缩财政开支,包括裁除军队和政府冗员,把国家经营的企业和交通机构转让给私人。据有关材料说,甚至连国防部部长何应钦将军也赞同只要物价稳定,就可以削减军费支出。③

这几位领导人设想的第二个办法是从美国获得一笔稳定货币的贷款。只要有了这笔贷款,政府就掌握了足够的外汇储备,可以允许金圆券和美元、黄金自由兑换,从而赢得公众对新币制的信赖。在这一年的早些时候,也就是在 1948 年 4 月的援华法案有关条款谈判之前,华盛顿已经拒绝了中国人对稳定货币贷款的要求,理由是在目前这种战争形势和通货膨胀的情况下,巨额数量的钱财也只能被无端地挥霍掉。但是,到了 8 月,国民党领导人有了两条足以恢复上述要求的理由。第一,如果币制改革制止了通货膨胀,哪怕只有几个月,也就证明了中国人有"自助"的能力,这是美国给予进一步援助的前提条件;第二,11 月份美国的大选,很有可能由共和党人入主白宫和国会,他们会比以前的民主党人更同情国民党政府。④ 这就像司徒雷登大

---

① 《大公报》,1948 年 8 月 20 日,第 2 页;《美国外交文件》,1948 年第 8 卷第 380 页;《总结这七十天》,第 360 页。
② 《纽约时报》1948 年 8 月 20 日第 1、6 页;张嘉璈,第 80、154 页。
③ 《大公报》,1948 年 8 月 20 日,第 2 页;《美国外交文件》,1948 年第 8 卷第 386 页。
④ 《美国外交文件》,1948 年第 8 卷第 387—388、390、396、398—399 页;《纽约时报》1948 年 8 月 21 日第 3、8 页。然而南京政府从未正式向华盛顿要求过贷款。在美国前驻苏大使布利特和其他人的影响下,中国人非常自信地认为共和党政府会更加热情地支持他们。在访问中国期间,布利特告诉国民党政府官员说,马歇尔是反华的,杜鲁门将在下一届总统竞选中失败,共和党政府肯定会慷慨地给予援助,以反对共产党。见《美国外交文件》,1948 年第 8 卷第 237—239 页。

使在8月23日觉察到的,他说:"令人惊奇的是,在政府官员中流露出一种赤忱的期待,他们把眼睛直盯住在一月里会出现的富有同情性的共和党人的国会,以及能够在深渊之上架起独木桥的币制改革计划。"①然而国民党政府在这两方面的希望都落了空,币制改革的满腔热情并没有维持几个月,共和党人也在1948年的大选中遭到失败。

蒋经国在上海

紧急处分命令贯彻到了国民党统治区的每个角落。但是,实际上政府还是把重点放在一些大城市中,特别是像沿海地带的上海、广州、天津。在这三个城市中,都设立了经济管制督导员办公室,负责协调和执行改革方案的全部内容。在广州,经济管制督导员由广东省主席宋子文兼任;在天津,经济管制督导员是中央政府的副院长张厉生;在上海则是俞鸿钧。②

很快,有迹象表明,宋子文和张厉生对紧急处分命令的执行并不热心。到9月底,在他们俩的管辖地区之内,物价几乎比8月19日上涨了2倍。在全国其他地方,物价也以同样的速度齐头并进。③因此,上海也就成了全部改革措施的试验地。上海是全国财政、经济和工业

---

① 《美国外交文件》,1948年第8卷第390页。又见《字林西报》1948年8月25日第1、7—8页。外交部部长王世杰告诉美国国务卿马歇尔,有关美国援助的中美双边协定的签订(于1946年7月3日签署,贯彻执行援华法令并强调中国须着力开展自助方案)是实行这些措施的主要依据,《美国外交文件》,1948年第8卷第394页,协议内容见《密勒氏评论报》1948年7月17日,第207—209页。最初,中国人对稳定币制贷款的兴趣淡漠,因为中国人有可能知道国会也许不会批准这项贷款的要求(《美国与中国的关系》,第367—369页)。
② 《大公报》,1948年8月22日,第2页。
③ 《大公报》,1948年9月24日,第2页(社论);《大公报》,1948年10月2日,第5页(广州形势);《美国外交文件》,1948年第8卷第414页;据《大公报》,1948年9月11日,第2页报道,张厉生对执行的理解与蒋经国有很大不同。

的中心,在这儿,对富商大贾和有权势的工厂老板来说,囤积居奇、投机钻营已是习以为常的事。可是,改革却贯彻得雷厉风行,毫不留情面。何以如此呢?原因是一位斗志昂扬的人物代理了上海经济管制督导员的职务,他就是蒋经国。

蒋经国是一位极不寻常的官僚,1948年夏天时年仅39岁。他是蒋介石的长子,曾经在苏联生活了11年。1937年他从苏联回国后,他父亲就有意让他在官场中摔打一番。在江西,他担任过一些中级职务,从而开始了他的仕宦之途,并为自己树立了一个善于掌权而又热情负责的长官形象。蒋经国还是三青团的领导人之一,他吸引了一大批青年人,对在以后一直跟随他左右的更予以重任。在几年时间中,小蒋不仅向他父亲显示了他做官的能耐,而且还呈上了一颗炽热的忠孝之心。① 因此,蒋介石选择蒋经国出任上海的职务并不是心血来潮。现在蒋介石可以倚重的人物已是屈指可数,在上海方面,他需要有一个能够为他分忧解难、廉洁奉公、办事干练又无所畏惧的人物。经国是符合这些条件的,他很快就成了上海的铁腕人物。

尽管俞鸿钧顶着经济管制督导员的头衔,但他在改革中扮演的角色是无足轻重的。因此,也曾是经济管制督导员办公室成员之一的上海市市长吴国桢深有感触地说,俞鸿钧"不过是摆摆样子的,他对一切唯经国马首是瞻"②。8月26日,经国在经济管制督导员办公室召开的大会上,打下了他的权威基础。他被授予全权负责上海经济的管制和调查工作,并且协助所有政、军和其他政府部门为此而努力。③

蒋经国到上海带了两样东西:一是对平民百姓的深切关怀,二是强烈的劫富政治哲学。他对上海大多数居民生活在贫病交困之中,而

---

① 吴相湘,《民国百将传》,第4卷第367—375页;费斯勒著,波曼编,第1卷第306—312页。
② 吴国桢,第89页。
③ 《大公报》,1948年8月27日,第4页;《字林西报》1948年8月27日第3:7页。

对少数达官贵人衣香鬓影、以车代步、住着深宅大院表示震惊。他大声疾呼:"广大的老百姓还居住在破烂不堪的工棚和小茅房里,更有成千上万的人无家可归,流浪于街头巷尾,沦落在荒野沟洫之中。一点不假,他们是一支乞丐大军,甚至连穿一双草鞋都不敢奢望。"①在改革的日子里,经国常常在日记中流露出对老百姓简朴纯真、吃苦耐劳的优秀品质的赞许。例如,8月31日,他记下了这样一段话:"下午,会见了四十多位群众代表,他们所说的都非常平凡。我发现这些小民百姓是极其可爱可敬的。"②9月10日,他又写道:"中国的老百姓真是太善良了,如果有朝一日我有能力的话,一定要为他们多做些事情。"③

在经国的眼里,老百姓不仅是可怜的,值得同情的,而且也是政治权威的力量源泉。他声称:"不管一个人做些什么,只要他和民众打成一片,他就永远立于不败之地"。他还说道:"在整个世界上,没有任何力量会比人民的力量更强大,也没有任何言辞能比人民的言辞更真切动人。"④

相反,蒋经国则把上海的有钱人视为尔虞我诈的恶棍,是民众受苦受难的根源。他说:"他们的财富,他们的洋房建筑在老百姓的尸骨之上。他们的行为举止和持枪的土匪有何两样?"⑤"有钱阶级的汽车、冰箱、香水、尼龙丝袜就像有毒的病菌,是靠寄生在骨瘦如柴的国家之上繁衍滋长的,或像鸦片,破坏国民经济。因为使用外汇满足了上层社会的穷奢极欲,但对国家无疑是一项自杀的决策。"⑥

---

① 蒋经国9月12日发表了题为"上海往何处去"的讲话,本文引用的文字见蔡真云,《蒋经国在上海》,第45—62页。演说的翻译稿发表在《中国新闻评论》,1948年9月16日,第Ⅰ—Ⅶ页。
② 蒋经国,《沪滨日记》,第95页。
③ 蒋经国,《沪滨日记》,第100页。
④ 蔡真云,第39—40页。
⑤ 同上,第54页。
⑥ 同上,第45页。

抱着对社会的这样一种看法,蒋经国并不想把币制改革和控制物价的重任以三番五次的政府公文法令去托付给腐朽糜烂的官僚衙门。他强调指出,过去的这种做法是错误的,结果使以前所有解决经济危机的尝试不可能不碰壁。因此,他把在上海的这次使命看作是用"革命的手段"发动"一场社会革命运动",他说:"今天,限制物价不过是一项技术任务,其真正目的是要打倒社会中所有经济上不平等的现象。"①

这场社会革命的矛头所指是财大气粗的"不法商人"。蒋经国在到上海的第三天就宣布:"这些能够扰乱经济市场的人,不是一般的小商小贩,而是大资本家和大商人。因此,我们要给予严厉的制裁,要从一些为首的坏头头开刀。"②可是,当他和这些财神们举行会谈之后,在离开时,显然又带上了另一种印象,它和老百姓交谈中所得到的完全不一样。他说,从个人来说,资本家对他友好和善。"当然,人的背脊上总会有一些不清不白的。"③

在上海执行紧急处分命令的日子里,经国不得不亲自督导所有的政府和警察部门。但是,他和这些机构中的命官要人却时常把关系处得很紧张,因为他感到这些人对他的"革命"手段和目标并不满腔热忱地给予支持。④ 结果,他只好倚重于两个和他保持着密切私人关系的组织,其中之一就是准军事化的戡乱建国大队。戡建大队最早成立于1947年初,原来是为了协助国民党在靠近战场的地方或新占领的解放区维持统治的。当时在这些地区,共产党的地下活动非常活跃,而国

---

① 蔡真云,第49页。
② 蒋经国,《沪滨日记》,第90页。实际上此处引文引自蒋经国《点滴在心头》第81页。这个版本是1955年版的校订本,我引用这一段是因为它不像1955年版那样含蓄。
③ 同上,第96页。
④ 同上,第98、117、121页;董佳木,第3页。

民党的保甲制已经溃烂瘫痪,中央军和老百姓的关系一直很坏。为了弥补这些弊病,国民党曾经为戡建大队抽调了许多干部到中央训练团受训。而中央训练团是由中央训练委员会领导的,其主任委员和副主任委员分别是张厉生和蒋经国。因此,戡乱建国大队的大队长,毕业于黄埔一期的胡轨将军也就成了蒋经国的"心腹"之一。①

但是,在上海,戡乱建国大队的显赫人物是王昇,他是经国久经患难的忠实朋友。而且,众所周知,这种友情是在抗战期间建立的,当时他们都在三青团工作。王昇是第六大队的大队长,这是戡建大队调到上海的第一支部队。到 10 月下旬,第六大队的 4 个中队已经开进了上海,还有 2 个中队也做好了脱离前线,加入蒋经国麾下的准备工作。这样,经国在上海的部队就有 3 万人之多。②

戡建大队的工作是协助上海地区现有的警察和警备部队执行紧急处分命令。例如,他们要参加对囤积货物的各类仓库进行调查。他们还在每一个区设立"匿名信箱",以方便市民告发违反当局经济紧急处分命令的不法分子。但是,戡建大队的队员无权自行拘捕,这被留给了正式的执法机构。③

对经国的抱负给予支持的第二个组织是大上海青年服务总队。这是一个群众性政治团体,很多方面与三青团很相似。实际上,它也是戡建大队的外围组织,归王昇指挥,接受戡建大队的训练。青年服务总队正式成立是在 1948 年 9 月 9 日,它呼吁"上海的青年组织中那些为真理而热血沸腾,为平等而奋勇向前,有志向有理想的青年人踊

---

① 《中国新闻评论》,1948 年 10 月 1 日,第 6—7 页。
② 《新闻报》,1948 年 10 月 25 日;《飞报》,见《中国新闻评论》,1948 年 10 月 26 日第 8 页。估计 3 万人,是依据一媒体报道说,共有两大队,每大队有 1 万多人。
③ 《大公报》,1948 年 8 月 28 日,第 4 页;1948 年 8 月 30 日,第 4 页;1948 年 9 月 1 日,第 4 页;《益世报》,见《中国新闻评论》,1948 年 9 月 25—27 日,第 8 页。

跃参加到大上海青年服务总队中来,让我们紧密团结拧成一股劲,我们就可以彻底清除时代潮流中的残渣,努力建成一个三民主义的新中国"。9月25日,在宣告成立的纪念大会上,参加的人数超过了12 000人。①

蒋经国对这个新组织寄予了很大的希望,把它看作他在上海也是在全国完成最后的经济和政治目标的工具。② 按照王昇的说法,青年服务总队的宗旨是:"(1) 打倒违背国家和民族利益的恶势力;(2) 不存特权的念头,而做别人不愿做的事,忍受别人不愿忍受的艰苦,对立法院委员和国民大会的代表不图非分之想;(3) 援助贫病交迫的同胞兄弟;(4) 为克尽我们对国家的千斤重任,要甘当无名英雄。总而言之,我们志在消灭两种组织,一是黑帮恶势,一是共产党。前者就是那些堕落分子、贪官腐吏和不法奸商。"③

这样一个计划是非常旗帜鲜明,而又雄心勃勃的。它没有私利,只要激励青年人为改善人民群众的生活而努力,反对共产党和社会上邪恶势力的阴谋诡计。但是,这项计划所赋予的任务远远超过了青年服务大队的才干和上海实际状况的承受能力,因为改革运动不久就烟消云散,而我们从所有的材料中能够看到的青年服务大队的成绩也只是昙花一现。

金圆券改革的执行情况

在上海,将法币兑换成金圆券,这第一步进行得稳稳当当。紧急

---

① 《前线日报》,见《中国新闻评论》,1948年9月10日,第5页;《大公报》,1948年9月26日,第4页。
② 蔡真云,第41—42页,又见《前线日报》,见《中国新闻评论》,1948年9月23日,第6—7页。
③ 《大公报》,1948年9月26日,第4页,又见蔡真云,第39—44页。

处分命令公布之后,各家银行都歇业3天,以把他们的资金总额都兑换成相应的金圆券。8月23日,星期一,各银行又重新开门,开始用新钞票兑换旧钞票,比率是300万元法币兑换1元金圆券。民众抱着出人意料的热情给予了很好的合作,许多人常常在银行门口一排几个小时,以等着把整箱整筐的法币换成金褐色的金圆券。不过,要适应这新钞票还需有心理上的努力,譬如现在一张电车票只值1毛,而以前要30万;一份《字林西报》现在只要2毛5分,而几天之前还要80万;同样纸张的月刊也由1 900万元降低到6元。① 迄今为止,在中国每一个人都已成了百万富翁,币制改革又使大多数人失去了这种徒有虚名的尊荣。但是,大家并没有拒绝接受这种新钞票,因为没有一个人对一文不值的法币还存有幻想了。

但是,改革计划的另一方面说明了它的步履维艰。一般来说,中下层的小民百姓都规规矩矩地把他们的金银首饰交给了政府,而那些窝藏着大量的金银元宝和外汇的人,像一些私人银行和有钱有势的大户,则常常予以抵制,他们至今还对任何的纸币持疑虑的态度。许多人只是把他们手中很小的一部分现金作了兑换,从而拿到了一个护身符,可以振振有词地证明他们是和政府法令保持一致的。但是,却将大宗的金银、外汇以及货物囤积隐藏了起来,或偷运到广州或香港。②

蒋经国决心要逼迫那些富商大贾交出他们囤积的货物。装着高音喇叭的大卡车在马路上来往巡游,还停在有钱人家的门口大声动员他们把黄金交出来。政府鼓励用匿名信向警方③揭发那些违法乱纪

---

① 《字林西报》1948年8月22日,第1页;1948年8月23日,第1页。
② 《美国外交文件》,1948年第8卷第401、412页;《大公报》,1948年9月17日,第2页;《商报》1948年9月27日,见《中国新闻评论》,1948年9月25—27日,第10页;《投机家的新乐园》,第12页。
③ 凯利,第280页;《大公报》,1948年8月28日,第4页。

的人。另外，一些强制手段也是必要的。9月18日，经国查封了全市四家主要的商业银行，因为他们不愿意把贮藏的黄金兑换成金圆券。① 他还以偷运黄金和外汇的罪名下令逮捕"香虎王"胡文虎的儿子、颇著声名的胡好。② 由于这种强制手段的结果，到9月底，上海的居民至少交出了占国民党政府从全国搜刮到的金银和外汇的64％。③

尽管已经做了很大的努力，但报界和公众还是指责政府刑不上大夫，对一些全国首富的人家不能绳之以法。例如，国民党政府规定所有拥有3 000美元以上外汇资产的国民都必须申报登记，可是，无人理睬。当然，其中还因为美国政府首先就拒绝合作，去核实这些人在美国的财产。④ 根据国民党方面的报纸统计，在全国范围内，直到9月30日⑤的最后限期，用以兑换金圆券的黄金、银子和外汇只占总数的20％—30％。而且这些还大多出自中产阶级之手，并非来自财阀豪富的家门。⑥

在上海，蒋经国干得最热闹的一场是用武力或以武力相威胁，把物价限制在8月19日的水平线上。因为这一点，他受到了褒贬不同的评价，赞扬的理由是，上海的物价比其他地方稳定的时间更长；咒骂的原因是，用政治手段来控制经济趋势的任何企图最终肯定要失败。

在紧急处分命令公布后的70天里，上海有几百人遭到了逮捕，还

---

① 《大公报》，1948年9月18日，第4页。
② 但是，胡好及时飞赴香港逃避了追捕，见《大公报》，1948年9月27日，第4页；9月28日，第4页；9月29日，第4页。蒋经国对胡好逃跑深感不安，见《沪滨日记》，第111页。
③ 这一百分比出自于蒋经国的演说，见《大公报》，1948年10月7日，第2页。大公报公布的数字显示从8月23日到9月30日这段时间的百分比实际超过了71％，见《大公报》，1948年10月2日，第5页。
④ 《美国外交文件》，1948年第8卷第392—393,404页。
⑤ 《东南日报》，见《中国新闻评论》，1948年10月6日，第3页。
⑥ 该信息来自王云五。见《美国外交文件》，1948年第8卷第412页。美国大使司徒雷登写道，那些真正富有的人的大部分都绕开这个规定（《在华五十年》，第194页）。

有一人因经济犯罪而被处死。这些人大都被指控为哄抬物价、倒买倒卖或囤积居奇。① 例如，8月25日，也就是命令实行有效后的第3天，经济警察抓获了2名推销蔬菜和肉类的小摊贩，控告他们超过了8月19日的物价。在接下来的几个星期内，更有数十人沦入囹圄。其中罪大恶极的都被送到了特别刑事法庭。但是，大多数在那儿只是关上几天，就很快被放了出来。②

当然，蒋经国不只是把两眼死死地盯住在一斤猪肉、一包香烟上多收几分钱的小店主们。在他看来，大囤积商、大投机商以及市场的幕后操纵者造成了商品的短缺和通货膨胀的加剧，用上海话来说，这些人是"大老虎"，而且经国很快就荣获了无所畏惧、敢碰"大老虎"的美名。在他的日记中，从9月1日开始，就记下了他准备一露锋芒的决心。1日，"下午，我决定开列一个大囤积者的名单，以便采取行动。"2日，他记道，"昨天晚上，我接到了从南京打来的电话（是否他父亲的电话），希望尽快查处有关违反经济法令的案件，并要求严厉处置大投机商……今天，我决定采取果断行动，打击不法商人。"③3日，7只"大老虎"被抓了起来，其中包括上海最有声望的名流。杜月笙的大公子杜维屏被指控在上海证券交易所明令查封之后，居然还从事黑市股票买卖；荣家的头号人物荣鸿元犯有非法套汇的罪行，荣家的资产横跨棉纺、面粉业，而且

---

① 胡素珊，第123页。据说（没有注明出处）有3 000名投机商被捕。我没有关于被捕人数的官方数字，但是如果细读一下《大公报》，就会得出一个估计，仅有200人被捕。两次大规模逮捕的报道在《大公报》1948年8月26日和9月24日上有登载，人数分别是20名和40名。又见《大公报》，8月28日第4页和8月29日第4版。另据《美国外交文件》1948年第8卷第394—395页记，大约有100名商贩在8月23—24日被捕。但是，我没有看到任何新闻报道证实这一数字。《纽约时报》9月13日报道有100名银行家和商人被捕。两名军官因犯敲诈勒索罪在上海被处以死刑。这项处决是南京政府而不是蒋经国办公室下的命令。见《大公报》9月6日第4版、9月22日第4版。
② 《大公报》，1948年8月26日第4版；《大公报》，1948年8月29日第4版。
③ 蒋经国，《沪滨日记》，第96页。

还是南京国大代表的一员;其他一些人,像烟草公司的经理黄以聪,纸业公会理事长詹沛霖,也都被科以囤积居奇、拒不按政府牌价销售货物的罪名。① 同一天,因大量倒卖外汇而在两个月前被逮捕的王春哲也宣判了死刑。② 对此,经国在他的日记中写道:"这样的事情对改变上海人民的心理是有深远影响的。"③

在8月底和整个9月,上海的物价基本上保持了平稳。但是,黑市也由此得到了繁殖。粮食贩子在私下卖出了他们精心挑选过的货物,当然价钱也远远超过政府的最高限价;而按官方牌价卖出的东西,则质量低劣,以致顾客抱怨说现在的肉全是骨头,母鸡一看便知道再也不会下蛋。④ 但是,尽管如此,驻中国的印度大使还是下了这样的评语,他说:"四个多星期来,上海已经从狰狞可怕的模样变得和蔼可亲了。"⑤

---

① 《大公报》,1948年9月4日第4版;蔡真云,第28—30页。
② 《大公报》,1948年9月4日第4版;王在9月24日被处以死刑。见《大公报》,9月25日第4版。
③ 《沪滨日记》,第97页,一个被称为"大老虎"的人逃出了蒋经国的牢房,他就是孔令侃,孔祥熙的儿子和蒋介石夫妇的侄子。孔是扬子发展公司的总经理,9月29日的搜查发现他囤积了大量的物资。但是,孔令侃声称这些物资是政府的合法物资。到12月底,监察院收回了对孔的起诉,然而这时他已经飞往了美国。蒋经国在他的日记中也讲孔令侃是完全无罪的,说他不会对孔采取行动。但是,公众则普遍认为孔令侃是得到了政界某些人物的庇护。这一事件有损于蒋经国的声誉,同样也损害了国民党政府的形象。《大公报》,10月3日第4版;12月22日第1版,《沪滨日记》第116,119—20,123页,《中国新闻评论》,11月5日第9—10页;11月9日第10—12页。有人把金圆券改革最终失败归咎于"大老虎"对蒋经国大力执行法规的竭力反对。这一观点见潘尼卡,第32—33页。我没有看到任何支持这一观点的迹象。
④ 《大公报》,1948年9月7日,第4页;《字林西报》,9月10日,第2;5页以及9月11日第5页;《密勒氏评论报》9月18日第66版。
⑤ 潘尼卡,32页,这显然不是夸张,见《时事新报》,载《中国新闻评论》,1948年9月22日,第2页:"在过去的一个月中,每个人在神经极度紧张中度日,害怕他或她所做的事可能触犯法律。商贩不敢做生意,以至于一种压抑的氛围弥漫在城市中,经济活动已部分处于停顿中。"又见《密勒氏评论报》9月18日第5版。

具有讽刺意味的是,正因为蒋经国成功地把物价控制在了8月19日的水平线上,结果反而给他带来了最头痛的问题。由于全国其他地方的物价有升无降,所以许多商品纷纷从经国管辖的地区流了出去,而上海的物资短缺则愈来愈突出,最终引起了消费者和生产者的恐慌。而且,缺货问题也给物价不断施加了沉重的压力。例如,早在9月4日,就已经觉察到了大米供不应求,随后这个问题更引起严重的关注。每天早晨,市场的蔬菜和猪肉都很快一抢而光。此外,随着冬季的临近,因为煤球货源短缺而造成的不安气氛异常浓重。在工业方面,生产厂家也面临着原料和燃料的日益紧缺。但是,对他们来说,更糟糕的事情是生产成品的价格被冻结,而在上海以外地方购进的原料,其价格并不受到限制,结果形成两种价格倒挂。例如,在10月初,生产每一件棉纱的成本是780元金圆券,而售出的最高限价只能是707元。[①] 因此,资本家们扬言要停止生产,干脆把现有的存货全部囤积起来。毫无疑问,如果他们真这样干的话,上海的失业人数就要增加,日常生活用品的缺货就会更趋严重。这种局势,就像经国在9月24日的日记中写的,"需要奋力予以改观"[②]。

　　为了解决供应问题,采取了许多办法。囤积商受到了严厉制裁。戡建大队、青年服务总队和上海经济警察在全市范围内对所有的仓库、厂家,甚至民宅进行了反复搜查。按照政府规定,每户贮存的生活日用品最多可供三个月使用,凡超过三个月以上的数量一律没收。这些措施确实把一部分商品赶上了市场,但是对消费者的要求来说,简直是杯水车薪。接着,为了保证上海的物资供应,又对市内的粮食、布匹、燃料和其他一些商品,诸如肥皂、鞋子、纸张的输出定下了严格的

---

① 《大公报》,1948年10月4日第5版。
② 蒋经国,《沪滨日记》,第107页。

第八章 蒋经国和金圆券改革

限制。同时,还在9月中旬,由国营和私营的棉纺织厂组织了联合采购机构,到内地收买棉花,再分配给所有的厂家,以解决棉花原料供应严重不足的问题。

虽然采取了这一系列措施,但是,大量的急需物资仍然没有进入上海。上海已经成了通货膨胀泛滥成灾的汪洋大海中,唯一控制物价的可怜的孤岛。① 形势显然已经无可挽回,9月30日,行政院面临的问题是必须扩大经济管制督导员所辖的区域。从此以后,经国又把他强行控制物价的权威推广到了南京、江苏、浙江和安徽3省1市。② 可是,这项措施的效果证明它毫无作用,而且为时过晚,因为甚至上海的通货膨胀也很快发展到经国所难以控制的程度了。

在上海,10月2日是一个转折。当时,中央政府的所作所为说明它愚蠢至极。一项对减少预算赤字颇为合理的办法被抬了出来,国民党政府决定提高对烟、酒、锡箔等货物的征税额,并在此基础上,允许商人调整对这些商品的零售价。当然,如果在另外一种情况下,这一办法是无可厚非的。可是,时过境迁,各香烟店在得知这一消息后,立刻关门歇业,以调整他们的牌价。等商店重新开门时,各类烟卷顿时上涨了100%或120%。这是上海当局第一次正式允许物价可以超过8月19日的最高限制,市民们遭到了当头一棒。长期以来,人们对今后的通货膨胀就一直担惊受怕,现在自然会由增税、烟价上涨,进而联想到日常生活用品也要受波及。③

---

① 法令规定禁止囤积货物和投机,见《大公报》,1948年9月11日第2版。有关禁止出口的情况,见《大公报》,1948年9月10日第5版,和9月30日第4版。该禁令随后有所缓解,见《大公报》,1948年10月9日第4版。关于采购代办所,见《大公报》,9月15日第5版和9月16日第5版。
②《大公报》,1948年10月1日第2版。其他两个经济管制督导员管辖区域可能会扩大,第四个办公室设在华中地区,总部设在汉口。
③ 见《大公报》,1948年10月3日第4版,10月4日第4版和10月7日第2版(社论)。又见《字林西报》10月4日第3;7页。香烟税收的增加,从76%到超过11倍不等。

结果,很快就导致了一场抢购风潮,人们在预计还没有涨价之前,必须尽量多买。第一抢手的货物有毛纺品、丝织品、鞋子、现成的衣服、罐头食品和各种各样的进口食品。很快,所有的商品都被抢购一空。而对商店老板来说,却是卖一件赔一份,因为售出价低于批发价。于是,他们就把剩下的货物贮藏起来,千方百计缩短营业时间,早上推迟开门,中午吃饭停业,晚上提前打烊。无疑,这更激化了顾客的恐慌心理。到 10 月 7 日,商品短缺已达到极限。工厂只能生产出有限的新产品,而流入上海的粮食和原料也少之又少。商店的货架空空荡荡,甚至连在很长时间内市政当局都无法取缔的走街穿巷的小食货摊贩也最终因为无货可卖而无影无踪了。①

经过三个星期,抢购风慢慢平息下来,实际上也已经没有任何东西可供抢购。上海就像陷入重围之中,人们想不起来还有什么时候缺衣少食能比现在这样严重,甚至在抗战后期也不至如此。穷人家在没有粮、没有肉、没有食油中煎熬;市场上每天只有一点蔬菜,队伍还排得老长,价格大大超过官方牌价的最高限额。因为得不到粮食,医院的院长们也正商议着准备关门停诊。医生没法给病人开出药,婴儿没有奶粉可吃,甚至连棺材都四下无货。这就是说,人们由于预感到通货膨胀的重演,便发疯似的抢购套买,以便有备无患,结果店里百物殆尽。②

比起工人来,富人家经受的困苦要好得多。但也是难逃劫数。为了买到一点可怜巴巴的猪肉和粮食,哪怕是价钱再高,他们的佣人也得在凌晨 3 点就赶紧去市场上排队。一些有钱的大亨,开始到饭馆里

---

① 《大公报》,1948 年 10 月 4 日第 4 版;10 月 7 日第 2 版(社论);又见《字林西报》,10 月 29 日,第 3;4 页,10 月 30 日,第 1、4 页;10 月 31 日第 3;4 页。
② 《纽约时报》,1948 年 10 月 23 日第 5 版;《字林西报》,10 月 22 日第 3 版;又见《大公报》10 月 9 日第 4 版;10 月 13 日第 4 版;10 月 28 日第 2 版(社论)。

去饱尝肉味。因为这些饭馆和几家供货点有老关系,所以还可以弄到猪肉和蔬菜。当然,价格肯定都在市面之上。可是,由于顾客蜂拥而至,饭馆的营业能力逐渐下降,最后到10月底,也只好关门打烊。于是,那些有足够的钱可供其吃喝玩乐的富翁们,又在及时行乐的狂热驱使下,簇拥到舞厅和酒吧。出于同样的原因,在开往汉口和苏州的火车上,外出寻欢作乐的比比皆是。① 对照之下,遭殃的还是成千上万名失业者和倒闭了的工厂的工人。小摊贩因为没有面粉可做大饼而自杀,面容憔悴的瞎子只能在外滩的树荫背后,在上海最大的银行的屋檐底下抽泣呻吟。②

蒋经国为经济形势的一再恶化而焦头烂额。他自信蒋家王朝的命运就押在紧急处分命令上了,而其中的关键又在于他的成功或失败。③ 因此,他拼死挣扎,想解决供应危机。例如,当10月份有人认为市场的幕后操纵者和囤积商造成了大米缺货时,他就警告杂粮油饼公会的会长和上海两家大米市的老板,说如果大米的进货一个月少于20万担的话,就要给他们厉害尝尝。④ 可是,事实上大米根本到不了上海,因为上海和产地之间不合理的价格相差太大。而更主要的是,许多产粮区的地方政府也正在禁止粮食流出它们的辖区范围。⑤ 于是,经国又制定出了一个更主动的办法,把上海的棉织品和糖运销到内地,交换米和粮食。⑥ 他还打算从11月起,开始实施定量供应,以保证

---

① 《字林西报》10月16日,第3、4页;《东南日报》,见《中国新闻评论》,1948年10月28日第10页;施复亮,第2页;《益世报》,见《中国新闻评论》,1948年10月5日第5页,10月28日第2页(社论)。
② 《大公报》,1948年10月16日第4版;《字林西报》,10月16日第3版。
③ 《大公报》,1948年9月4日第4版。
④ 《大公报》,1948年10月7日第4版;《沪滨日记》,第114页。
⑤ 《大公报》,1948年10月14日第4版;《沪滨日记》,第124—125页。
⑥ 《大公报》,1948年10月13日第4版;《字林西报》10月18日,第3、5页和10月31日,第3页。

全市市民都能分配到适当而公平的大米、棉布、煤球和糖。①

但是,这些措施没有一项是有效的。到10月底,实际上所有的生活必需品都已经从市面消失一空。商业活动和工业生产陷于彻底瘫痪状态。② 考虑到形势的极端严重性,10月27日和28日,国民党政府的最高层领导不得不在南京召开会议,以重新估计他们的经济政策。蒋介石因在华北视察军事没有参加会议。在这次会议上,大多数与会者都严辞痛斥紧急处分命令,蒋经国成了他们首要的靶子。只有天津的经济管制督导员张厉生,还和经国站在一起,力陈要继续实行经济管制。③

三天后,即10月31日,国民党政府撤销了限制物价的政策。同一天,翁文灏和王云五向蒋总统递交了辞职书。④ 至于蒋经国,他公开向上海人民表示道歉,说:"我不仅没有实行我的计划,尽到我的责任……而且在很多地方还给上海市民增添了痛苦。"因此,他要求中央政府给予他处分,以表示他对那些受尽灾难的人犯有罪过。与此同时,他还热切希望人民"不要再让那些不法商人、投机犯、官僚政客和流氓恶棍前来把持上海"⑤。

不久,国民党政府就把那些被没收的囤积物资还给了原主,将因

---

① 《大公报》,1948年10月14日第4版。
② 媒体当时预示了十分严重的工业危机。《字林西报》(1948年11月1日第1;3页)报道说,上海的经济正处在接近崩溃的危险状态。《密勒氏评论报》10月30日第235版宣称"工业生产几乎陷于停滞"。后来半官方的《中华志,1950》得出了类似评估:"……对成品和原材料的需求大大超过供应。结果很快造成商品的批发价和零售价甚至低于实际的生产成本。生产商停止生产产品。这样商店和商场无法补充他们的库存,很多生意都停滞下来。"如果以上评估专家正确的话,奇怪的是上海十月的工业用电(通常是一个较好的工业生产指标)仅低于1948年7月水平的18%。见《大公报》,1948年12月18日第3版。
③ 蒋经国,《沪滨日记》,第125页;《前线日报》,见《中国新闻评论》,1948年10月29日,第5、12页。
④ 《大公报》,1948年11月2日第2版;《商报》,1948年11月1日。
⑤ 《大公报》,1948年11月2日第4版;蒋经国,《沪滨日记》,第128页。

经济犯罪而投入监狱的商人也释放了出来。11月11日,更进而作出让步,允许私人拥有黄金、银子和外币,并调整了美元和金圆券的兑换率,由改革时的1∶4提高到1∶20,以承认新的经济现实。① 从此,通货膨胀一如既往,从8月19日开始的金圆券改革遭到了彻底失败。

金圆券改革的收场

10月31日,物价管制的结束标志着国民党政府在大陆最终垮台的开始。因此,有些评论家把金圆券的改革看作国民党失败的原因也就不足为奇了。更凑巧的是,国民党在战场的大规模失败也恰恰碰在这个时候。9月12日,共产党在东北发起了决定性的攻势,并且很快节节推进,10月20日,攻陷了长春;30日占领了沈阳;11月5日,夺取了国民党在长城以北的最后一个堡垒——营口。与此同时,国民党在长城以南的防线也开始瓦解,9月25日,济南失守,这是国民党一个惨痛的战略失败,它沉重地打击了国民党政府的威严和民心。六个星期后,11月8日,共产党开始向徐州发动攻击,它被视为是向长江和华中腹地——南京、上海——进军的最后一道军事屏障。淮海战役持续了65天,以国民党的惨败而宣告结束。民众相信国民党的军队不堪一击,以致早在11月9日,上海已经传闻淮海战役国民党即将失败。②

10月31日,随着物价的解冻,经济形势的急剧恶化比军事形势有过之而无不及。物价上涨已势在必行,但是,上涨的速度则大大超过了预料。仅仅在两个星期内,所有的物价指数上涨了16倍多。现在商店老板们把限价时期贮藏起来的许多货物又重新摆上了柜台,但

---

① 《大公报》,1948年11月5日第4版;《大公报》,11月12日第2版。
② 《和平日报》,见《中国新闻评论》,1948年11月9日,第2页,关于军事全局形势,见蔡辛,第183—199页。

是,顾客稀少,因为上海人已经把他们所有的钱在抢购风潮中花完了。显然,由于同样的原因,光顾饭馆的客人也减少了很多,至于其他一些娱乐场所,更是人迹罕至。①

除了豪门富家之外,对大多数人来说,燃眉之急还是解决粮食问题。废弃物价管制并没有能够恢复大米和其他生活必需品的供应。虽然上海附近的农民收成很好,可是他们不愿意出售粮食。因为他们不想在手里留着金圆券,再说也没有什么可供他们购买的货物。所以,他们把大米贮存了起来,并且宁可用多余的去喂猪。② 结果,上海的粮价就扶摇直上,到处供不应求。这种状况又引起了另外一场骚乱。当粮店一天十变哄抬价格时,饥肠辘辘而又胆战心惊的买米人,终于发起了暴动,把粮店的大米抢劫一空。据报道上海的抢米骚乱最早开始于11月4日,到11月8日形成高潮。10日,各粮店已被掳掠殆尽。于是,抢米的人流又转向了藏有白面的店铺和厂家。在这场抢米暴动中,有人还喊出了要求恢复物价管制的口号。他们责问,"蒋经国为什么要放弃最高限价?""他为什么要离开上海?""上海的全体工人要求保留蒋经国先生的职务。"由于害怕遭到抢劫,米商贩子们干脆再也不往上海运粮了。到11月12日,危机终于算是平息了下去。因为国民党政府从香港、江西等地紧急调拨了一批粮食,并不惜以空运的办法,送到了上海。不久,农民们也开始出售他们贮藏着的粮食,当然,付给他们的价钱是做梦也没有想到的。这样,才算是有了一个长远的解决办法。③

---

① 《大公报》,1948年11月11日第4版,我对文中关于滞销的解释心存疑虑,因为数周后中国人在政府宣布开始出售黄金时显得他们很有钱。参见下文。
② 《大公报》,1948年11月10日第2版(社论)。
③ 《大公报》,1948年11月5日第2版(社论);11月12日第4、5版;11月13日第4版;11月17日第2版(社论)。又见《中国新闻评论》,11月6—8日,第12—13页。

11月下旬,国民党统治区的经济已经走到了穷途末路。在上海,11月和12月的工业生产比同年的第一季度下降了50%—60%。制烟、缫丝和造纸各厂家大部分都停机歇工,工业用电锐减,工人普遍表示不满。银行的存款利息高达一个月500%。钞票贬值到只能按票面上20%的价值来结账支付。①

11月23日,新任财政部部长徐堪使出了最后一个绝招,试图控制通货膨胀的势头。国民党政府开始公开出售黄金和白银,以回收对通货膨胀起着推波助澜作用的大量滥印的金圆券,恢复新币的信誉。国民党规定,一盎司黄金值1 000元金圆券。但是,兑换时必须另外再储蓄1 000元,中央银行每年支付2%的利息。因此,这样一盎司黄金实际上要买2 000元金圆券。② 这对民众来说,等于是一个无法逃避的勒索。因为仅仅在3个月前,国民党政府把同样质地的黄金收进时,一盎司只付200元金圆券。可是,即使是2 000元的价格,人们也还是簇拥在银行门口,成千上万的人通宵达旦地排着队,以便能用钞票换取黄金。由于秩序混乱,打架斗殴,这场买卖至少被迫停止了两次,而且第二次还是在45人受伤,7人被挤死之后。③

到1949年初,金圆券的贬值已经无法挽回。以上海的物价指数为例,1948年11月底的基数为2 199,1949年元月初上升为3 483,2月初一跃而为35 774,到了4月,物价指数更超过了3 000 000。这时,已经逃往广州的国民党政府,只能孤注一掷,再来一次币制改革,用银圆券代替金圆券。因此,仅仅8个月,金圆券就一文不值,走上了从前

---

① 《大公报》,1948年12月18日第3版;《美国外交文件》,1948年第8卷第432、439页;《字林西报》11月10日第1;2页。
② 《美国外交文件》,1948年第8卷第436页;《大公报》,1948年11月24日第5版。
③ 《大公报》,1948年12月24日第4版,报道了12月23日的骚乱。

法币的老路。①

大概早在1948年11月,随着经济的崩溃和共产党向南京和上海的步步逼进,失魂落魄似的逃窜已经开始。一些显赫的政界要人和富商大贾,携带着他们的家眷,纷纷夺路而去。看到那些到达香港、台湾、广州、澳门、汕头和桂林的人们,就像读一本《中国名人录》。其中有王云五、蒋鼎文、李石曾以及宋子文和孔祥熙的家眷。在11月,大概有31 000人通过基隆和台北机场来到了台湾;仅仅在这个月的一个星期中,就有50 000人逃到了香港。接着在以后的几个月里,这个数字就直线上升。国民党政府对撤退也做过安排。12月1日,曾经通知各级官员可以预借两个月的工资,作为遣散他们家眷的经费,但是本人必须坚守工作。在上海,由于开出的船只早已被全部预订,所以在12月初,轮船招商局就宣布这个月没有多余的保留票了。结果,上海的不动产价格暴跌50%,因为在逃跑之前,老板们都急着要把能带的全带走。有些东西一时找不到买主,也只好拜托给外国人,当然主要是苏联人和捷克斯洛伐克人,请求用他们的名义帮助看管这些财产。因此,在金圆券改革的末尾,上海已经弥漫了悲观、失望和失败主义的情绪。②

1953年,吴国桢回忆说:"你知道,关于金圆券,所有的问题归结起来只有一点,就是它激怒了中国民众的各个方面,各个阶层,以致他们群起而攻击国民党政府。毫无疑问,知识分子知道金圆券起不了什么作用,他们认为这纯粹是愚蠢无知。而像李明(音译)这样的银行家和商人也对政府怀着怨恨和敌视。中产阶级几乎完全破产,因为他们被

---

① 吴远立(音),第55页;又见张嘉璈,第373页。
②《大公报》,1948年12月2日第1版;《大公报》,1948年12月10日第5版(广告)。《中国新闻评论》,11月20—22日第12页;11月25—26日第9页;11月30—12月1日第10页;12月2日第6页。《美国外交文件》,1948年第8卷第439页。

迫交出了唯一的一点积蓄。店铺老板们以金圆券平价出售了他们的货物,结果弄得倾家荡产。至于穷人就更不必提了。你知道中国的穷人总有一些装饰品,诸如金戒指之类,但他们也不得不交出这些东西,最后得到的却是一钱不值的纸币。由此,你就可以看到金圆券对政府的致命一击了。"①

吴国桢的这番述说,在那些经历过金圆券改革的中国人中间,是很有代表性的看法。对他们来说,那是一种痛苦的生活,造成了政治上和个人结局的悲剧。从此以后,大多数人不再对恢复经济抱有希望。因此,金圆券改革的失败似乎证明国民党政府已经根本无力控制通货膨胀了。民众对政府用毫无价值的纸币收买他们的黄金、白银和外汇真是深恶痛绝。

最初,这种普遍的憎恨是对准翁文灏和王云五的。但是,因为蒋介石和这场改革形影难分,所以也就逃脱不了全部罪过。这就像天主教教会办的《益世报》写的,"翁文灏内阁只不过是蒋总统的秘书处","它发布的每一项决定都是由蒋总统交办的"。《益世报》声明:"可以进而相信蒋介石的个性是很强的,但是,他要包办的事情也太多了。"②在金圆券改革失败后,对蒋介石的这种普遍的不信任感,无疑是他在 1949 年 1 月 21 日决定辞去总统职务的一个重要原因。

从历史的角度来看,显而易见,金圆券改革加速了国民党在大陆统治时期政治上的崩溃。但是,国民党政府试图进行币制改革本身并不是一件错事。一些对改革的非议往往忽视了这样一个事实,即早在 1948 年 8 月以前,国民党的经济已经混乱不堪,滑向了死亡的深渊。

---

① 吴国桢,第 88—89 页。
② 《益世报》,见《中国新闻评论》,1948 年 12 月 15 日,第 2 页。又见《新闻报》1948 年 11 月 27 日;《字林西报》1948 年 10 月 24 日第 1:4 页。

因此，南京政府的垮台是在意料之中的。① 在这种情况下，如果不打算改革，遭到的斥责肯定会比孤注一掷而后再失败，只有增多不会减少。这就犹如前面所说的，因为在8月中旬，从几种迹象来看改革至少是有成功希望的。然而，为什么会失败呢？

可以认为，失败的主要原因是金圆券发放过多，这样就重新刺激了通货膨胀的加剧。对此，大家似乎并不感到惊奇。但是，值得注意的是9月30日，新发放的金圆券钞票只有23％是用于政府的财政支出和军费开支，至少有63％是为了购买黄金、白银和外汇而印制的，况且这些东西又都转交给了中央银行(见表八)。因此，通货膨胀的恶化是由国民党政府的金银外汇国有化政策造成的。可是，也是由于这项政策，8月19日以后，通货膨胀曾一度发展得相当缓慢。此外，再看一下军费和政府的其他财政开支，可以发现到9月30日，赤字相应地减少到22 000万元以下。

在此，问题的关键是，迄今为止，黄金、白银和外币都是作为贮藏手段，不介入通货膨胀的力量之中的。事实上，在1946年和1947年初，政府还抛售过大量的黄金用作回笼市面上流通的钞票，以抑制通货膨胀的势头。可是，8月19日后的政策却颠倒了过来，国民党政府买进金银元宝，而把大量的纸币投入了市场流通之中。

国民党政府没有想到的是，私人在被迫交出黄金、白银和外币后，有三种可供选择的做法，一是把金圆券同样储入中央银行，二是购买政府发行的美元公债，三是把金圆券作为现金消费掉。② 而实际情况就像行政院长翁文灏在10月底解释的，比预计要大得多的人都选择了第三种办法。这样，就迫使政府发行的钞票远远超过了计划和希望

---

① 例如，罗杰士在7月中旬便认为，政府只能继续维持三至六个月。《美国外交文件》，1948年第8卷第373页。
②《字林西报》1948年8月21日第1：3页。

的数字。① 大概人们对政府的信任已经一落千丈——在此,表现为对中央银行的储蓄单和政府的公债券,所以他们宁可要现金(尽管他们也担心它会贬值)而不要那种代替现金的一张薄纸。结果,价值19 000万美元的黄金、白银和外币本来一直是脱离市场的,现在则突然兑换成钞票汇入了通货膨胀的恶浪浊水之中。如果用一句现代的术语来说,就是它变成了"游资",到处寻找可以购买或投资的目标。

表八:金圆券过量发放情况统计

1948年8月23日—10月31日(单位百万金圆券)一段时间的截至数

发 行 用 途	8月31日	9月30日	10月31日
收买金银外币	108.8	600.0	760.0
收买法币和东北印制的货币		50.0	
军费和其他政府财政开支		220.0	
总数	296.8	958.8	1 594.4
比1948年8月23日增长	50%	500%	800%

资料来源:《总结这七十天》第360页。

为了吸收这部分过量纸币,国民党政府曾尝试着拍卖一些以前的敌伪财产,并准备把5家主要的官办企业改成合资,它们是中国纺织品发展公司、轮船招商局、台湾糖业公司、台湾纸业公司和天津纸业公司。但是,民众对这类投资表示毫无兴趣。因此,几乎在一个月后,拍卖只回收了400万元金圆券,这同它的目标56 400万元相差太大了。② 与此同时,由于商业和工业屡遭破坏,结果,这些本可以吸收大量闲散资金的正常投资市场,也是死路一条。现在,钞票在市场上已

---

① 《新民晚报》1948年10月26日。
② 《大公报》,1948年10月7日第5版;冼,第1、2页。《字林西报》8月24日,第1:3页,列出了待出售企业的较高开价。在所有待出售股份的企业中,中国纺织发展公司最引人注目,股份开价达到286万金圆券;台湾糖业列第二,开价为103.52万金圆券,相比之下,天津纸业开价仅为4 000金圆券。

经成了过剩的怪物,这在一个侧面得到了充分的证实。例如,9月26日,上海黑市的利息率降到了每月5%,相比之下,在8月19日之前的一个月,平均利息率还是55%。① 因此,钞票的泛滥成灾,就成了通货膨胀重新抬头的契机。

紧急处分命令失败的第二个原因,是国民党政府的积弱和它对地方进行有效统治的局限性。在全国,如果控制物质的政策能够像上海一样,雷厉风行地推行开来,那么国民党政府就可以实现它的希望,至少能在6个月内使通货膨胀有所缓解。但是,即使在10月1日上海经济管制督导员办公室的管辖范围扩大后,蒋经国也只是在理论上有权把他在上海搞的那套办法全盘搬到江苏、浙江和安徽。实际上,国民党政府根本没有魄力把经济管制命令下达到广阔的内地省份。既然没有这样的魄力,却又想用政治手段挽回通货膨胀,其结果也就命中注定了。

最后,紧急处分命令的失败是因为民众对金圆券缺乏信心。当然,这首先要归咎于先前十年中纸币所遭受的不幸经历。但是,在币制改革期间,又另有两个因素彻底打消了人们对保存一些钞票的留恋。第一是国民党在东北和华北军事上的颓势。从9月12日开始,有关战况的报告就实在令人沮丧。和过去不一样,人们开始揣摩共产党取得胜利的可能,而对国民党政府的钞票产生了顾忌。第二是10月2日宣布的增税命令,这对金圆券在民众心目中的信誉无疑是致命的一击。毫无疑问,国民党政府加派这些新税是极其错误的,这也在事后得到了证实。对此,民众的反映完全超出了这些税收本身所含的价值,它说明在当时,大家对金圆券的信赖是多么的脆弱。

如果说8月19日之后,对通货膨胀最主要的刺激是金银外币的

---

①《美国外交文件》,1948年第8卷第415页;《密勒氏评论报》1948年8月21日第333版。

国有化政策和人们对新币抱有普遍的不信任,那么,在蒋介石修改了"B"方案,不允许用金圆券自由兑换黄金时,是否已经走错一步了呢?张嘉璈的回答是肯定的,而且他对这些问题的看法是很值得注意的。他写道:"如果国民党政府能够在钞票出笼的方面采取限制性措施,那么它就能够让金圆券自由地兑换成黄金,人们对新纸币的信任也就可以恢复。"①

但是,也有人争辩道,譬如蒋介石就相信这一点,在政府储存的硬通货和外汇受到社会大规模要求的威胁时,同意自由兑换实际上就是渎职和不负责任。早在1947年初,蒋介石自己就亲眼目睹过这种黄金骚乱威胁着政府的财政稳定。② 因此,根据那一次的经验和这一次黄金储备如此之少的情况,要在1948年再冒黄金骚乱的风险——尽管自由兑换很显然将有助于树立民众对金圆券的信心,肯定是一场比不允许自由兑换而进行金圆券改革危险更大的赌博。

关于金圆券改革的失败,除了上面列举的经济原因之外,蒋经国还从政治方面作了解释。他注意到了超量发行金圆券所产生的影响,以及增加烟酒税的错误决策。但是,最引起他痛恨的还是国民党政府中那一帮萎靡不振、无动于衷的官僚。即使在改革刚刚起步的时候,即8月22日,蒋经国就已经埋怨"大多数政府官员对改革采取怀疑的态度"③。到9月初,他更进一步断定:"今天,所有的麻烦和困难就是因为绝大部分高级干部坚持'观望'、'怀疑'和'敌视'的对策。他们不

---

① 张嘉璈,第81页。
② 政府承诺用2亿美元的外汇储备支持新货币(《字林西报》1948年8月24日第1;3页)。但是学术资料显示外汇储备在改革伊始就已经跌破这一承诺数字。张嘉璈(第81页)将该储备金额估在1.3亿美元;周舜莘(第170—171页)将该储备金额估在3 660万美元。我无法说明这两个数据出入何在。关于1947年2月的黄金危机,见千家驹,第51—71页。
③ 蒋经国,《沪滨日记》,第90页。

喜欢平民大众享有一个安乐的生活和衷心支持改革成功的殷切期望。因此,我只能孤军奋斗,不会有一个高级官员愿意助我一臂之力。"①在国民党官僚中,有公开反对强制推行改革的人,他们声称蒋经国这样蛮干会把工业家吓坏,而关闭工厂。在蒋经国看来,也有另外一些人,他们仅仅赞成执行改革的命令,但只说不动,或故意拖延。② 上海市长吴国桢就是其中之一。蒋经国所讨厌的就吴国桢那种庸庸碌碌的官僚作风。而吴国桢也就三番五次地送上他的辞职请求,虽然蒋介石总是照例予以拒绝。③

在蒋经国碰到的难处中,由中央政府那些官僚造成的并不比上海少。例如,行政院长翁文灏和行政院中的阁僚们就总是犹豫不定。经国曾经不止一次地发牢骚说,他们对整个政策根本没有一个通盘的设想,对控制物价的计划也缺乏信心。④ 因此,当挫折压得他无法喘气时,他就以此来发泄心中的愤懑。10月26日,蒋经国在日记中记下了这样一句话:"商人可恨,但是党内的政客比之更可憎。"⑤到物价管制政策被迫废弃之后,他又作了进一步的反省,他说:"问题不在于是不是要控制物价,而在于它反映了政府的无能,畏缩不前和缺乏信心。"⑥

实际上,国民党的政客、官僚还不至于像蒋经国描绘的那样腐朽堕落。例如,像翁文灏和王云五这样的官僚在心里就很明白,只要国民党政府坚持以财政赤字来支付打共产党的军费,通货膨胀就不可能得到制止。因此,他们不愿意和小蒋合作,至少部分原因是,他们认为他想通过道德说教和政治高压的办法来创造一个经济奇迹无疑是荒

---

① 蒋经国,《沪滨日记》,第97页。
② 同上,第99、117、118、121页。
③ 同上,第98页;《大公报》1948年9月22日第4版。
④ 同上,第120、122页。
⑤ 同上,第124页。
⑥ 同上,第126页。

唐的。在金圆券改革的前前后后,并没有出现过真正的恶棍人物,因为在这次革命的舞台上,所有的参加者似乎更像悲剧中的牺牲品,而不像在扮演故事片中的英雄和歹徒。在这段历史中,如果还可以说是有罪犯的话,也是 10 年或 20 年前的人,那时他们没有能够制定出一套政府体制,来避免共产党领导的政治革命和社会革命的必要性。

第九章　谁丢失了中国？
——蒋介石的自辩

老实说：古今中外任何革命党都没有我们今天这样颓唐和腐败，也没有像我们今天这样的没有精神，没有纪律，更没有是非标准，这样的党早就应该被消灭被淘汰了！①

时间，1948年1月；讲演者，蒋介石。从1947年到1950年，当同共产党角逐大陆的斗争进入生死关头时，蒋介石经常以这样严厉的语气训斥他的军事将领和政府官吏。他自称，这样做的目的是为了指出国民党人的弊病和虚弱之因，以使他们"转败为胜"。蒋介石这一时期的讲话——若干年里，在公开的出版物中很容易找到，但一直到现在未曾受到注意——以无可争辩的事实，充分地说明了为什么国民党被中国共产党打败。

内战期间，随着战略优势转到了共产党一边，对接二连三的一系列失败，蒋介石是又惊又羞。早在1947年6月，蒋介石曾自夸，"无论就哪一方面而言，我们都占有绝对的优势，军队的装备、作战的技术和经验，匪军不如我们……一切军需补给，如粮秣弹药等，我们也比匪军丰富十倍"②。7个月后，即1948年1月，蒋介石虽然还声称，"物质上

---

① 蒋介石，《蒋总统思想言论集》，第19卷第291页。
② 同上，第241、261页。

我们有很好的装备,有很精良的武器,可以说具备了一切胜利的条件"①,但他问道:"我们剿匪为什么还要遭受挫折,遭受损失呢?"②在1947年到1948年间,蒋介石从不同的方面反复地研究了这个问题。关于军事方面,蒋介石看到,主要的弱点是军官缺乏学识技能、普通士兵待遇较差以及自上而下萎靡不振。

蒋介石承认,许多军官根本谈不上专业技能。从最高级到最低层,大部分军官是在"打糊涂仗"。"大家都不研究学术和典范令,更不注意侦察敌情和地形,随便拟定计划,随便颁发命令,而不能缜密研究,切实准备。"③1948年1月,蒋介石埋怨绝大多数军官"不用脑筋,不肯研究。无论对于什么问题,总是粗枝大叶,不求甚解。至于办事,则更是敷衍表面,不求贯彻"。他说:"现在我们的大多数军人的脑筋真是在睡觉了。"④

下面这段不留情面的谩骂,充分说明蒋介石非常讨厌他的那些对军事一窍不通的高级将领,他说:"你们今天作军长师长的人,如果真正凭自己的学识能力,在外国做一个团长的资格都不够,正因为我们中国一切落后,人才贫乏,所以你们以微薄的才能,担负如此重大的责任。"⑤

至于军官们对他们的士兵不闻不问,蒋介石也是深恶痛绝。他说一些基础训练项目,像瞄准、射击、侦察、联络等,军官们都不放在心上,所以"士兵战斗技术落后,不能作战。"⑥将领们不仅带不出一支有充足的衣食及良好的医药条件的部队,而且还侵吞军饷。因此,蒋介

---

① 蒋介石,《蒋总统思想言论集》,第19卷第304—305页。
② 同上,第305页。
③ 同上,第243、254页。
④ 同上,第305页。
⑤ 蒋介石,《蒋总统思想言论集》,第253页。
⑥ 同上,第243页。

石决定军官要和"部队同吃,同穿,同住"。他说:"共军干部对于这点可以说完全做到了。他们官兵之间,只有职务上的区别,而没有生活上的悬殊。"①相反,国民党军队的待遇能够让"士兵不叛变,不逃跑已算很好了"。②

1947年6月,蒋介石察觉了这样一个问题。他说"不可否认,我们多数将领的精神疏懈,道德低落",高级将领专横跋扈,任人唯亲,已和军阀差不多。"因之,革命精神丧失殆尽,只图自保实力。"③此外,蒋介石还特别指责国民党的军官,不能彼此合作。④ "大家都养成自保自足的恶习,只看到自身带领的一部的利益,对于友军的危难,整个战争的成败,几乎是漠不相关……我们的军队纪律如此废弛,精神如此低落,要与凶顽狡猾的匪军作战,绝无幸免于失败的道理。"⑤

肯尼迪在猪湾惨败后曾这样说,"胜利有100个父亲,而失败是个孤儿"。蒋介石也同样抱怨他的那些将领或邀功争宠、或推卸责任的私心。他说:"如果我们打了败仗,就彼此怨恨,互相攻讦,将自己的过失,尽量掩护,将打败的责任,推得干干净净。"但是,"胜利却争功争赏"⑥。

不仅如此,军官普遍贪污,虚报兵员和偷吃空饷。⑦ 他们还不执行命令,"现在各级军官对上级命令大多阳奉阴违,甚至根本没有执行,以致命令功用完全丧失"⑧。

蒋介石察觉到他的将领们从前线发回的战报是在欺骗他。他指

---

① 蒋介石,《蒋总统思想言论集》,第305页。
② 同上,第243页。
③ 同上,第240、242页。
④ 同上,第264页。
⑤ 同上,第240页。
⑥ 同上,第252页。
⑦ 同上,第258、306页。
⑧ 同上,第262页。

责说,发生在前线的最大骗局,就是那些军官还没有和共军接触,"他们就说敌人第几纵队到了我的正面,第几纵队到了我的侧面,好像形势十分紧张。可到实地调查,不过是少数敌人,甚至在他们正面根本没有这个番号。又如经过一次接触之后,往往夸张胜利,说打死了几千几万敌人。须知现在匪军战术原则的规定,避免和我们主力决战,我们要消灭他几千几万人,差不多是不可能的事。这种夸张的报告,一望而知是假的"①。

1947年6月,蒋介石表示:"如果照我们一般将领的精神道德,学术能力,以及知己知彼的程度而言,那我们今天早就应该被匪军打败了。"②

比起军队来讲,蒋介石对他政权内的那帮行政官僚更是失去了希望。1947年7月,蒋介石表示,在他参加革命的40年中,从来没有对革命的前途产生如此的失望和悲戚。这原因不是经济的危机,不是政治的绝境,也不是共产党一天一天的壮大。他说这些都不是问题所在,原因是国民党和三青团的败坏。他说:"我们的力量完全流于表面形式,而实际的内容,则是空虚到了极点。我们党和团没有基层组织,没有新生的细胞,党员和团员在群众间发生不了作用,整个党的生存,差不多完全寄托在有形的武力上,这是我们真正的危机,也是我唯一的忧愁。"③两个月后,在党团合并时,蒋介石又一次指出党团缺乏组织性、纪律性和训练,"可以说,只有一个空虚的躯壳,毫无实际的力量"④。

国民党和三青团的合并并没有产生引人注目的结果,到1948年2

---

① 蒋介石,《蒋总统思想言论集》,第258页。
② 同上,第253页。
③ 《党团统一组织重要文献》,第17—18页。
④ 蒋介石,《蒋总统思想言论集》,第19卷第281页。

月,蒋介石仍然在抱怨,"我们革命的工作,不但苟且因循,而且毫无进展。"他说,由于党的错误,"一般社会人士抨击本党,不遗余力,甚至把本党同志看做国家民族的罪人。"①

有趣的是,蒋介石直言不讳地流露了他对共产党的欣赏。而他所赞道的每一样东西,也正是国民党缺乏的,如共产党的组织性、纪律性和精神道德。他认为,共产党不仅认认真真地研究和讨论问题,而且踏踏实实地完成任务。"他们不容有一丝含糊笼统的观念,决不允许哗众取宠,半途而废。"而相比之下,"我们一般干部不用脑筋,既不精细,又不确实……所以要陷于失败。"②

蒋介石承认,共产党的特点就是坚持"科学的方法"。在他看来,这种方法是通过延安整风运动慢慢教育培养的。因此,他殷切期望他的部下仿效这一运动,以加强国民党的组织性,提高军队的战斗力。③

在1947年至1948年,尽管蒋介石已经对国民党和他的军队感到悲观,但他并不想放弃和毛泽东的角逐。1947年9月,蒋介石扬言:"虽然(共产党的组织训练和宣传技巧)都比我们高强,然而,我们的主义、思想和(政治)路线却绝对比他们正确,而且合于民族的需要。所以,只要我们能研究他们的一切,明了他们的一切,我们就可以有把握来消灭他。"④

但是,形势的发展并不允许国民党来从容不迫地"研究他们的一切,明了他们的一切"。1949年1月21日,随着经济滑向彻底崩溃的边缘,随着国民党军队退守长江南岸,随着老百姓对南京政府幻想的破灭,蒋介石无可奈何地辞去了他的总统职位。虽然他退居到了浙江

---

① 蒋介石,《蒋总统思想言论集》,第19卷,第290—291页。
② 同上,第292、303页,又见253—254页;《党团统一组织重要文献》,第20页。
③ 同上,第283、302—303页。
④ 同上,第283页。

第九章 谁丢失了中国？——蒋介石的自辩

东北部的老家溪口，在游山玩水中领略秀丽的风光和享受家庭的天伦之乐，可他一直在关注着政局的发展。① 这本来应是解甲归田了。然而，用侍从室秘书曾圣芬的话讲，对蒋介石来说，"这是他一生中最烦恼最紧张的自我反省时期"②。他领导了二十多年的那场运动已经昙花一现。他深感羞愧，他在考虑他失败的原因在哪里。

来溪口的拜访者络绎不绝，有陈立夫、王世杰、张道藩、陶希圣、谷正纲、陈诚、吴礼卿和张其昀，蒋介石就此问题广泛商讨。曹圣芬写道，三个月后，蒋介石的答案是："军事和政府部门对过去的失败都负有责任。但是最主要的责任，这一点不能否认，是因为党的瘫痪，党员、党的组织机构和党的领导方式问题重重。因此，党成了行尸走肉，政府和军队也就丧魂失魄，结果是军队崩败，社会动乱。"③

1949年夏天，蒋介石又一次挤回中国政治的漩涡之中。他利用国民党总裁的职务（虽然他辞去了总统职务，但还保留着这一官衔）和他控制的政府黄金储备（他已将这些黄金秘密从上海运到台北），作为和代总统李宗仁争权的主要武器。最终，共产党的军队巩固了在大陆的统治。李宗仁在1949年12月飞往美国。于是，退居台北的蒋介石，在1950年3月，又登上了国民党政府的宝座。

在1949年4月下旬，蒋介石重返政治舞台后，立刻根据他所获得的认识采取行动。在他短暂的归乡退休期间，他已意识到国民党的"瘫痪"是这个政权恶化、崩溃的最终因素。7月，在广州召开了国民党中央执行委员会会议，蒋介石提议改造国民党。但是，由于军事上的败北所造成的忙乱，建议提出后的一年中，一直没有付诸行动。在台湾，蒋介石重新当上了领导人，才组成以陈诚为首的地位很高的中央

---

① 曹圣芬，第9—10页；蒋经国，《风雨中的宁静》，第154—208页。
② 曹圣芬，第10页。
③ 曹圣芬，第10页。

改造委员会,着手检讨党的主要问题,包括清洗那些与共产党妥协及逃往国外的人。① 同时,蒋介石加紧军事训练和政治教育,力图使他的残兵败将能起死回生。

在这段改造的日子里,蒋介石经常对他的主要官员讲述这些年来失败的原因。他说:"今天,我痛心地指出,从抗战后期到现在,我们革命军队中表现出的贪污腐败,真是无奇不有,简直难以想象。"这支军队已经失掉了"灵魂",没有战斗力和纪律,并由那般无能、狭隘的军官来指挥。结果,"这样的军队就不能不走向失败"②。

从1949年底到1950年,蒋介石对军队、政府和国民党的指责,基本上同他在1947年和1948年的言论一模一样。所不同的是,这时蒋介石更为强调政权和社会组织机制中的弊病和缺陷,是导致垮台的重要因素。蒋介石断言,组织上的主要毛病,就是在所有的军队内,政工人员制度不健全。这个制度在20世纪20年代的时候是有的,但是,在北伐以后,为了统一军队的指挥,就被取消了。蒋介石说道,因为没有政工人员,对军官就没有监督和检查,结果,"就没有办法核实有关战报的准确性,于是,什么样的贪污腐败的事情都发生了"③。同样,没有政工人员,部队的政治教育取消了,当然,"战斗意志削弱了,战斗力也就完全丧失了。特别是,部队不仅不知道保护和团结民众,而且还肆意骚扰他们。这样,根本就谈不上纪律了"④。

组织上的松散,使得共产党的情报人员四处出没,"他们无孔不入"。他们专门潜入政府和军队的首脑机关,探取情报,散布假消息。因此,蒋介石说,在大陆的垮台与其说是被敌人的军事所击败,不如说

---

① 李守孔,第282—283页。
② 蒋介石,《蒋总统思想言论集》,第19卷第379、397页;第20卷第102页。
③ 同上,第19卷第378页。关于军中组织的不健全,又见第397页。
④ 蒋介石,《蒋总统思想言论集》,第19卷第379页。

是自己内部的混乱、畏惧和猜忌造成的,而这些又是共产党的情报人员一手操纵的。"可以说,我们的几百万军队,没有同共军作过一番较量,就被解决了,无数优良的装备送给了共产党,用来消灭我们自己。"①

在这种事后的检讨中,蒋介石一再强调,国民党的军队在技术上比共产党优势,他从未抱怨因为美援的短缺和拖延,而造成国民党武器弹药的不够。尽管如此,蒋介石还是偶尔流露出他对美国的不满。例如,他表示"我们政府错误地相信了马歇尔的调停"。结果,国民党军队犯了战略上的错误,把精锐部队派往了东北,其他各地则暴露在中共的攻击之下。②(这种指责是违背事实的。因为,在1945年11月魏德迈将军就向蒋介石提出过,反对派大量的军队进入东北,认为首先应该巩固对长城以南地区的控制。③)

蒋介石也很懊悔由于同美国人结盟而对他的部下产生的心理影响。他谈到,他的军队总是渴望从与美军的盟约中能得到源源不断的支持,结果,养成了好逸恶劳的心理。④ 从整个社会看,一般人也丢弃了传统的自力更生的想法,变得依赖美援。因此,蒋介石讲,当1949年8月美国国务院发表《白皮书》,表示美国不再给予更多的援助时,"一般人就认为反共胜利的希望已是虚无飘渺了"⑤。

虽然,在1949年前后,蒋介石对他过去的盟友是颇有微词的,可是,在他的演说集里,这种反美论调却是凤毛麟角。从整体来看,他的

---

① 蒋介石,《蒋总统思想言论集》,第20卷第7页。又见该书第19卷第282、380—381;第26卷第35页。
② 同上,第19卷第398页。
③ 《美国与中国的关系》,第131页;邹谠,第341—342页。但美国政府事实上默认了蒋急于恢复国民政府对东北的主权的要求。见《美国与中国的关系》,第607页;菲斯,第430—421页。
④ 蒋介石,《蒋总统思想言论集》,第19卷第388页。
⑤ 同上,第400页。

谈话主要是说明，他相信在大陆的崩溃是国民党自身的弊端和错误的结果，而不是外来影响的压力。

蒋介石的这种自白，是否确实反映了国民党活动的实际状况？在甚至有些夸夸其谈的演说中，他的训斥是否只是为了鼓动他的追随者更为发奋以东山再起？这种猜测不是没有根据。因为，20多年来，蒋介石不断地指责国民党放弃了革命斗争，其内容和20世纪40年代后期的如出一辙。例如，在1928年他就大声疾呼"党员不为主义和民众而奋斗……其原因就是革命党人的颓废，丧失了革命精神和革命热情"①。这样对国民党的尖刻的讲话，在三青团组建时，也即本书的第四章中，我们已经读到。

虽然蒋介石似乎有这样的癖好，喜欢斥责他的部下，悲叹国民党内革命信念的失落，但是，他的这些训斥还是如实地反映了国民党政权内部总的情况。1928年，革命热情的丧失则是事实，蒋介石对此感到痛惜。上世纪40年代，他的各种抨击言论，从其他材料上也可以得到充分的证明，譬如像革新运动时期的一些文章。内战中，他对军官的怒斥，和美国军事顾问团团长巴大维将军的所见所闻极其吻合。1948年11月，巴大维向华盛顿报告说："自从我来这里后，从来就没有一个战役因为武器弹药的缺乏而失利。依我看来，国民党军队的败北是因为糟糕透顶的指挥和其他道德败坏的因素，把军队弄得毫无战斗意志……在整个军界，到处是平平庸庸的高级军官，到处是贪污和欺诈……"②在早些时期，由一个外国人作出这种蔑视性的评判，不免会引起大惊小怪；但是，巴大维的结论和蒋介石的结论恰好异口同声。

蒋介石的那番讲话不仅是一种告诫，也确实是在这些年的失败

---

① 易劳逸，《夭折的革命》，第4—5页。
② 《美国与中国的关系》，第358页。

第九章 谁丢失了中国？——蒋介石的自辩

中,他对国民党活动作出的深思熟虑的评价。这一点,在1956年出版的《苏俄在中国》一书里,得到了更好的证实。在书中,比起1947年至1950年间的言论,蒋介石对大陆失败的解释,就更强调经济的因素和共产党的阴谋。他说道:"毋庸讳言,众多的因素把我们推向了失败。可是,在大陆反共斗争中,致命的一击不是来自管理的缺陷……最致命的一击是来自组织和技术上的严重失误,来自政策和策略上的严重错误。总之,来自我们民族意志的衰退,而这正是需要我们加强的。"[①]

显然,蒋介石并没有把他政权的垮台归之于美国的失信、武器弹药的缺乏甚或共产党军队的力量。在他看来,失败的因素蕴藏在国民党政权的内部。他相信,在内战时期,这个政权不仅腐败无能,而且已是行将覆灭。

若干年来,蒋介石一直想消除那些侵蚀国民革命运动精神的病毒,如暮气沉沉、贪得无厌以及散漫不羁。例如,1932年组织蓝衣社,1938年建立三青团,就是想运用这些团体来恢复业已丧尽的革命精神。1946年,他又发起清查运动,想把那些缺乏革命精神和品质的人,从国民党内开除出去。但是,这些补救均未成功。除了喋喋不休地对部下的斥责外(他们中的有些人受到派系之争的鼓动),任何进一步的行动可能只会把事情弄得更糟。

蒋介石要想撤掉几个失职、贪污的部下,心中还真有点惶惶不安,因为他知道,不会再有什么能干的人去接替这些职位。陈纳德将军曾向蒋介石抱怨中国空军的低效率以及指挥官的无能。事后,陈纳德记下了当时他们谈话的情景:

[①] 蒋介石,《苏俄在中国》,第256页。在蒋拟就的并经1950年7月召开的国民党中央常务委员会通过的《国民党改造纲领》中,蒋前所未有地强调了失败的经济原因:"过去四年剿共战争的失败,是由于我们未能将民生主义的原则付诸实施。"见希尔,第215页。

毁灭的种子

大约 30 分钟,他耐心地听着蒋夫人的翻译,然后用耸肩手势打断了我的话,咕哝了几句,急匆匆地离开了屋子。

"他说你讲的那些事他知道了,他也晓得你提到的那些人不行。"蒋夫人翻译说。

"既然他了解他们,为什么不采取措施呢。"我迷惑不解地问。

"他说能够与他同事的也就是这些人了,如果我们把他们都罢免,那谁留下来干事呢?"蒋夫人答道。过了不久,当我在中国为组建一支美国空军而奋斗时,我也真正体会到委员长的苦衷。他最麻烦的事情是没有忠实可靠、技术娴熟的部下。他玩弄着用张三去反对李四然后从中得利的把戏。他不时砍掉几个人头,以警示他的耐心是有限度的。①

在中国,随着空军的诞生,像这种技术性很强的地方缺少高水平的人员,大可不必奇怪。令人惊讶的是,蒋介石和他的亲信也认识到在军事、政治和政府部门等领域缺少可以依靠的机敏干练的人才。1941 年至 1948 年曾任国民党中央秘书长要职的吴铁城,在临终前就哀叹说:"在国民党内,能者不得人尽其才,在党外,贤达之士又不肯丢弃偏见,与政府通力合作。结果,大陆就失去了。"②陈布雷这位长期深受蒋介石信任的顾问和秘书,他所焦虑的也是同样的问题,他认为中国就是缺少学识精到、公而忘私而又愿为党国效力的人才。③

正像陈纳德说的,因为蒋介石深感无可用之人才,所以确实是处于进退维谷的尴尬局面。例如,如果他撤掉那些半瓶子醋的军官,可谁来接替他们呢?毫无疑问,蒋介石也意识到撤职只能是雪

---

① 陈纳德,第 77 页。
② 吴铁城,第 200 页。
③ 陈布雷,第 99 页。

上加霜。这也是一条理由,说明蒋介石为什么不愿接受革新派的要求,清除那些被认为是腐败无能的政学系官僚。其实,即使蒋介石知道他们庸碌无能,但他可能也认为,如果他把革新运动分子擢至高位,也不见得更可靠。

不过,蒋介石所以不能挽回其失败的真正原因,还是在他难以理解问题的实质。大概这也是他作为一个国家领袖最主要、最致命的弱点。蒋介石把政治问题、行为问题甚至经济方面的问题都视为实质上的道德问题,他不懂得,他所设立的政治机构及他所制定的政策正是其政权垮台的真正原因。他也不懂得,他的官僚的腐败无能,是因为在他所建立的政治体系中这些官僚们基本上可以免受外界的批评和压力的影响。他不明白士兵不愿打仗,农民抵制纳税和拒不当兵,是因为他未曾落实那些能够唤起他们去打仗、来相助的政策。在 1949 年到 1950 年期间,蒋介石偶尔也承认国民党被共产党打败的原因,即在于背弃了民生主义。① 但是,在这个问题上,他似乎从来没有彻底省悟过,所以也就不会把它视为最重要的原因了。即使在 1956 年出版的《苏俄在中国》一书中,他也仍然把在大陆的失败主要归因于道德的和心理的因素。他从来没有考虑过建立使民众对政府有认同感的政治组织,或进行为民众带来福利的社会和经济的改革,这些举措都有可能使他在同共产党的斗争中,得到另一个完全不同的结果。

---

① 希尔,第 215 页;蒋经国,《风雨中的宁静》,第 155 页。

结论：暴风雨与革命

如果一座建筑物在暴风雨中倒塌了，那它倒塌的原因是什么呢？一个科学的回答将首先要求对建筑物的结构特性，其次对风暴之强度，作出仔细的考察。如果发现这座建筑物的结构已经腐坏，人们就必须仔细掂量：倘若没有暴风雨，它是否就不会倒塌。然而事实是暴风雨已经来过了，建筑物已经倒塌了，那么，可以说暴风雨是建筑物倒塌的原因吗？这个问题颇有些哲理的精妙。国民政府为什么会在1949年败于共产主义革命的问题亦富有同样的哲理。

国民党人从来未能创造出一个完善的坚固的政治结构。当他们在1927年取得政权时，他们所继承的是一个已经分崩离析达一个世纪之久的政治制度，这个制度在军阀时期（1916—1927）几乎寿终正寝。国民党人如果能够改变这种国家分裂的趋势，这无疑将会提高他们的声望。然而，国民政府的权力却仍然受到继续存在的各省军阀的限制，受到乡村豪绅阶层的抵制。

国民党人未能创造出一个能够感受到民众需求的、能够实行它所宣称的政治和经济改革的高效率的行政机构，从而使其结构进一步削弱。在其建立政权后不久，以汪精卫、陈公博为首的国民党左翼，就提出了有可能使国民党人维持其政治结构的制度和政策方案。左翼指责蒋介石建立个人独裁，要求国民党恢复1924年孙逸仙领导革命时期的曾经赋予国民运动以活力的政策和精神。他们提倡土地改革、惩罚反革命和国民党内更大的民主。他们还认为国民党应当通过扶助农工和其他群众的自治组织而加强与普通民众的联系。他们坚持认为,只有在这样的群众基础上,才能够防止革命成为官僚主义者和军事寡头的游戏——事实上正是如此。蒋准确地看出这些左翼是对他的领导权的威胁。1928年,他对他们发动了一个强有力的虽然在总体上来说是不流血的镇压。年轻人,正是他们构成了左翼队伍的大部分,被明确地命令离开政治,回到他们的学习中去。其他的左翼分子被有效地剥夺了权力。汪精卫受到谴责,陈公博被"永远开除"出党。因此,从1929年始,蒋介石便能够把他个人关于革命的观念强加于党和政府之上。

在孙逸仙的时代,军事在国民运动中并不是一个十分重要的因素。孙的排序,首先是党,其次是政府,最后是军队。然而,在蒋的领导下,它被彻底颠倒过来。在十年的南京政府统治时期,蒋介石所领导的军队成为政府的统治部门,蒋本人成为政权中凌驾于一切的存在。① 正如曾经一度担任过蒋的顾问的何廉(Franklin Ho)所回忆:"委员长走到哪里,真正的政府权力就在那里。就权力而言,他是一切方面的头儿。"② 或如蒋本人在1940年对埃德加·斯诺所说的那样,"我到哪里,政府、内阁、抵抗(日本)的中心就到哪里"③。

由于蒋是这样支配着政权,在决定国民党统治的性质方面,他的政治观就极为重要。就他对政治进程的观点来说,他完全是传统型的。像清朝的皇帝一样,对他来说政治就是在统治层中的争斗。因此

---

① 关于南京十年时期的国民党人,详见易劳逸《夭折的革命》及《国民党统治下的中国》,第1—82页。
② 何廉,第160页。
③ 斯诺,《委员长》,第646页。

为了扩大他的权力,他操纵和联合了一部分上层人士去反对另一部分作为他对手的上层人士。他似乎从来没有意识到那个时代世界上的强国是那些成功地动员了绝大部分民众而不只是以上层社会支持他们的目标的那些国家。他从未意识到——毛泽东则已意识到——通过获取统治结构以外的支持而产生新的权力源泉是可能的。当然,蒋也有许多关于民主的谈论,他无疑也希望得到民众的支持。然而,他关于民主和民众支持的概念是民众应该毫无疑虑地追随他们的领袖,就像士兵服从指挥员一样。这种观念显示出他对于民众政治心理学的理解是多么可怜,它阻止他推进政治参与和经济计划,而这本可以给他的政权打下一个坚实的社会基础。因此,他从来没有超越出上层政治,而使自己陷于玩弄脆弱的平衡以实施统治的活动中。

前面的章节并无意表明,如果汪精卫和国民党左翼在1928—1929年的权力斗争中成功地取代了蒋,那么通往国家强盛繁荣的道路就一定会是平坦的。实际上,有理由设想,他们也会受到同样的官僚主义、腐败、派别活动和权力欲的侵蚀,这些东西对蒋领导的政权是毁灭性的。① 然而,这一点是毫无疑义的:蒋介石压制左翼关于群众自治组织、土地改革、国民党内的民主化进程以及由国民党对政府和军队实施控制的建议,拒绝了有可能为一个有效率的赢得人心的政府创造出坚固基础的措施。

在国民党对中国20多年的统治时期中,向它的统治结构所袭来的风暴,没有什么比抗日战争更为猛烈,没有什么比它带来更为严酷的损害。这场战争对其政权所造成的最为直接和显而易见的损害便是蒋的军队的削弱。战争的第一年中中央军所遭受的全面损失,在很

---

① 易劳逸,《夭折的革命》,第306页。

结论：暴风雨与革命

大程度上使在过去十年中所得到的即使是有限度的人和装备的改善也化为乌有。接下来的战斗、缩减了的物资资源以及长期的对峙局面同样给蒋的军队带来重大损失。军队的虚弱具有重大的政治影响，正如西达·斯考克波尔所说："即使正统性遭受到巨大的损失后，一个国家仍然可能是相当稳固的——完全可以对付内部的民众暴动——尤其是如果它的强制组织仍然是紧密的和有效率的话。"[1]然而，在这场战争中，国民党的主要强制组织军队已不再是"紧密的和有效率"的了。

这个政权还由于它向中国西部的被迫撤退而受到削弱。在沿海和东部城市地区，它已经拥有可靠的岁入资源，它已建立起一套管理机构（尽管它在地方这一级不是强有力的）并由此而获得一定的稳定性。它向所有的中国和外国货物征收税款。与之对比，国民党人在华西各省份则发现了一个奇异的、几乎可以说是另一个国家的天地。现代化很少触及那儿，即使是大城市。整个华西占有全部国土的3/4却只占有国家总电量的4%和工厂数的6%。[2] 农业是占有压倒性优势的经济，民众对与那些来自"下游"的城市化的官员们很少有认同感。地方社会由秘密社会和农村的豪绅们统治着，他们唯恐失去他们长期的政治、军事和经济的统治，反对来自国民政府的干预和竞争。因此国民政府在华西的资源动员充满着困难，它的岁入很快削减了63%。[3]

国民党人犯了一个严重的错误，他们未能改变他们的统治和作战方式以适应华西新环境的紧张状态。战前，政府能够无视农村问题，因为城市中心的经济资源已足以维持它的统治。它的军队同样也能

---

[1] 斯考克波尔，第32页。
[2] 李紫翔，第23页；吴相湘《第二次中日战争史》，下册，第659页。
[3] 卡普，《四川与中华民国》，第156—157页；张嘉璈，第15—16页。

够偏重于从西方学来的正统的战术和技术,因为它能够方便地从华东地区的工厂及外国得到武器和物资。

尽管华西地区的情形全然不同于沿海地区,但国民政府却很少努力去调整它的政治、经济和军事方针以适应那里的未开化状态。事实上,它倒想一夜之间在四川和云南地区创造出一个现代化的工业基地。因此,它投入了巨额资金从沿海地区迁移工厂,从西方进口昂贵的设备和原料,以及修筑新的公路和铁路。由于它缺少税收基础以支撑这些开支,通货膨胀的旋风便开始形成了。对于政府来说,另一可行的方案应是鼓励一种较简单较廉价的工业生产形式,吸引富有传统特色的本土手工业到华西地区。成立于1938年7月的中国工业合作协会,实际上表达了一种非官方的企图,意图开发工业产品的另一类资源。但是,工业合作的充分潜力从来没有被政府首脑们认识到,因为他们认为这种与他们高度官僚化的体制截然不同的以民众为基础的运动是由共产党人所操纵的。①

由于农村(而不是城市)是战时粮食、资金和人力的主要来源,国民党人需要发展这样一种制度,它既使他们从农村地区获取最大限度的资源,又仍然能够保持劳动群众的好感和合作。然而,他们不是调整其政策以达到这些目标,而是继续推行与农村腐败、无能的上层集团不稳定地结合在一起的、机构臃肿开支庞大的官僚政治。国民党人本也可以采取游击战争的战术来对付日本,但是游击战需要军队和老百姓之间的紧密合作,这样的合作只能通过改善军队的纪律和改进政府的社会和经济政策才能达到,这样人民才会有为军队的胜利做出贡献的积极性。

共产党人在他们的根据地表明,国家落后的贫穷的内地实际上是

---

① 关于工合运动,参见雷诺德著。

能够承受一场重大的政治和军事运动的。共产党人依靠游击战术、唤起民众和发展小型的工业生产,随着战争的推移而强大起来。与之相反,国民党人囿于战前的统治和作战观念,在经济上、政治上和军事上均受削弱。

不能适应变化了的内地环境的最严重结果和战争给国民党人带来的最重大的毁灭性影响是通货膨胀。由于退出了东部沿海地区,国民党政府在相当程度上失去了它的岁入的主要来源,最有影响的如关税、盐税和工业税。由于它对内地的政治控制——横向各省、纵向农村豪绅和城市有产阶级——仍然是软弱的,它从来没有充分地发展岁入的替代来源,结果不得不依赖无节制的赤字财政。通货膨胀便发生了。起初价格上升还比较和缓,在战争的第一年内只增长了40％,但是从1941年下半年到1944年,价格每年都以一倍以上的速度上涨。在这以后上涨率再一次激增,仅在从1945年1月至8月的七个月中,价格就上涨了251％。这个结果是灾难性的,它使整个国家衰弱下去——军队、政府、经济和整个社会。为什么腐败达到了前所未有的地步,为什么大多数人民受着难以忍受的贫困的煎熬,为什么军队缺乏士气和战斗力,通货膨胀是一个重大原因。①

这场战争损害了国民党人还因为正是战争使共产党人成长壮大。在战前的十年中,国民党人在各地追剿共产党人,使他们蒙受重大损失,无法获得一个稳固的大块根据地。但是,1937年以后,国民党的压力减轻了,在日本名义上的占领区内的游击作战使共产党人扩展了他们的革命网络,其规模为战前所无法想象。战争期间,共产党人还发展了他们的组织技能,获得了军事经验,这使他们在内战时期大受

---

① 易劳逸,《国民党统治下的中国》,第136—150页。

裨益。①

　　战争就是这样打击了国民党政权。然而,这个政权并没有在1944年或1945年崩溃,而在对日战争结束后继续生存了四年。它维持权力地位的资源是什么? 具有前面章节已经讲述过的普遍虚弱,它怎么能维持如此之长的时间? 一些答案可能在于大多数中国人的低政治意识,以及政府当局奉行的政治高压,以扼杀国统区内有勇气从事反政府活动的少数人的声音。这两个问题都值得进一步研究。看起来矛盾的是,那些使政权衰弱的体制特性反过来可以为它的继续存在产生作用。例如,缺乏社会基础和组织民众参与政治进程的制度化的手段,使得政府无需直接地负有对它的失职和犯罪作出说明的义务。如果是议会民主制,那么它的执政任期将一定会是短命的。但是,由于它是一个由军队所支持的政权,公众舆论对它的政治寿命几乎没有直接的影响。这个时期军事力量是政治权力的主要来源,如果这个政权要倒台,它很可能就是军队反对的结果。1944年,当一些省的军事首领们形成一个反对重庆的联盟时,这是很可能发生的。然而,蒋是一个操纵他的竞争对手的大师,正像他在20世纪20年代和30年代所做过的若干次那样,他成功地防止了他的对手在战争期间形成一个反对他的坚固同盟。例如,正如我们在第一章中所看到的那样,为了换取省方的让步,他好几次通过给予财政上的补偿来平息龙云和云南人的情绪,在豫湘桂战役中,蒋也通过向他们提供武器来换取他们放弃计划中的暴动。

　　这个政权能存在下来,还因为它对现状总的来说是迁就而不是挑战。如果国民党人企图实现他们宣布过的土地改革的纲领,或是如果他们试图在战争中间从地方统治集团手中取得对实物税和征兵制度

---

① 这是片冈铁哉《中国的抵抗与革命》的一个主题。

的控制权,或是再命令各省军事首脑遣散他们的军队,他们将肯定面临着大规模的暴动。然而,因为这个政权对旧社会的统治人物持容忍态度,这些人物也便对政府持容忍态度。这不是一个能产生进步的改革或强有力的政府的方案,但是就短期来说,它至少有助于维持国民党人的权力地位。

但是,如果不是苏俄在对日战争之后对东北的介入,国民党政府的当权时间可能比实际上要更长一些。在1945年2月雅尔塔协议的基础上,苏联在8月8日——第一颗原子弹在广岛爆炸的两天后——对日宣战,很快占领了整个东北。一旦控制了那里后,苏联人便为中国共产党人进入东北各省提供便利,并向他们移交已经投降了的日本人的大批战争物资。他们还阻挠国民党人在那里重建军事和行政统治的努力,并从东北运走了许多工厂。关于这些事件已有很多著述,但是,它们对国民党政权的命运的影响却很少得到重视。①

例如,假使苏联人没有进入东北,并由此而向中国共产党提供一块征服中国关内地区的基地,那么,国民党也许有可能把他们的注意力和资源放到战后重建上去,而不是不得不进行一场全面内战。当然,中国共产党在中国关内地区将仍然具有威胁。但是,敌对行动的规模可以肯定将小得多,反抗力量将不可能由于得到日本武器装备的供应而得到加强。

对于国民党政权来说,这样一个假定的结果将是重大的。这样,在经济上,东北的丰富资源将能重新并入中国关内经济体系。国民党将无需运送大量的食物和粮食给东北的国民党军队,从而加剧中国关内农民的贫困和愤怒。他们可以用这些向东北供应的大量食物缓和

---

① 例见邹谠,第237—287、324—340页。

华北的长期短缺。日本人所创造的具有相当规模的工业基础将能够提供重工业产品以便利中国关内工业的复兴,提供轻工业产品以缓和战后消费品的巨大需求。东北能为国家经济复兴作出贡献的潜力可以从这样的事实中看出:如在1944—1945年中,它所生产的生铁就达中国关内地区全年产量的8.5倍,电力达2.5倍,水泥达8.5倍。1944年东北收获了3 549 000吨大豆,如果国民党在战后时期能得到这批物资,它将能够通过出口每年获得6 000万至9 000万美元的外币。东北的144家制材厂也将基本上消除进口外国木材的需求。[1]

而且,由于中国关内工业被战后的一大堆问题,包括原料和燃料(这其中有许多本可以从东北获得)的短缺所困扰,它无法生产出抗日战争之后是如此需要的消费品。为了缓和这些问题并由此减轻通货膨胀的压力,国民政府只得鼓励从国外进口,外国货潮涌般进入中国。作为这种政策的一个直接后果,国家的外汇储备到1947年2月实际上便已空虚。进口还伤害了中国的民族工业。外国棉花、稻米和其他农业产品的输入压低了农产品的价格,伤害了农民,阻碍了农村地区的恢复。[2]

但是,东北事件的最具损害性的影响是它所带来的不断恶化的通货膨胀。在1945—1949年期间,足有65%—70%的政府开支被用于军事,这其中有许多被用于东北的作战。为了从财政上支持内战,政府就像它在抗日战争中所做的那样,求助于发行纸币。值得注意的是1945年以后的时期中的赤字财政数额——65%——大约等于军费开支的数额。因此,如果没有这样庞大的军事预算,国民政府差不多是能够通过税收和其他非通货膨胀的措施来支付它的全部开支的,那样

---

[1] 张嘉璈,第222、225页;郑友桂(音),第193页。
[2] 张嘉璈,第223—224页。

将能够避免极度的通货膨胀。历史已证明,通货膨胀使这个政权和人民为它所付出的代价太过于昂贵了。①

以上这些只是对如果国民党能够在战后重新获得对东北的主权控制,中国的进程将发生怎样的变化的一些看法。国民政府在通过战后时期这个浅滩的航程中虽然仍会充满困难,但这一说法至少是可以讨论的:这些困难将要小得多,国民政府将能够应付它们,如果不是由于苏俄占领东北而加剧了这些困难的话。

然而,苏俄对东北的占领至多是政权垮台的直接原因之一。根本原因在更深处,在于一个缺乏社会基础的军事独裁政权的内在的结构虚弱,在于对日战争的削弱作用。作为这两个因素的结果,到1945年,国民党人的运动已完全衰落。它的弱点在它实现其政治目标的有限性、行政机构的腐败和缺乏效率、派系之间的自我毁灭的倾轧、军队的普遍的无能和士气低落中得到充分体现。考虑到这种全面的瓦解,国民党政权似乎极不可能巩固它对国家的有效统治,甚至连对东北的全面控制也不可能做到。因此可以说,苏联人的干预只不过是有助于摧垮已经腐朽的建筑物的一阵狂风。没有这阵风,建筑物可能会矗立得稍长一些,但是它迟早要倒塌——是较早,而不是较迟——看起来是一定的,因为任何政府的存在都不可能不碰到问题,就像我们起初用于比喻的建筑物不可能存在于真空里,不受大自然风雨的吹打一样。

---

① 郑友桂,第158页。

Bibliography

The locations and file numbers of hard-to-find items are indicated within parentheses in the Bibliography. Archives and libraries in Taiwan thus referred to are the Bureau of Investigation (under the Ministry of Justice, Hsin-tien); the archives of the National Resources Commission (in the Academia Historica, or Kuo-shih-kuan, Ta-ch'i-chiao); the Institute of Modern History, Academia Sinica (Nan-kang); the Tangshih-hui (Kuomintang Party History Commission, Taipei); the Sun Yatsen Library (in the Sun Yat-sen Memorial Hall, Taipei); and the Taiwan Branch of the National Central Library (Taipei).

Archival materials were obtained also from the following repositories in the United States: the National Archives in Washington, D. C. (reccords of the Department of State, Office of Strategic Services, and Office of War Information); the Office of the Chief of Military History in Washington, D. C.; and the Archives of the United Nations in New York City (records of the United Nations Relief and Rehabilitation Administration).

I also used the collections of the Chinese Research Institute of Land Economics (Chung-kuo ti-cheng yen-chiu-so) in Taipei. This collection has now been microfilmed and is available from the Chinese Materials Center (Taipei) under the title "Materials on Chinese Problems in Economy, Agriculture, Lands, and Water Utilization in the 1930's and 1940's."

The Amerasia Papers : A Clue to the Catastrophe of China. 2 vols. Washington, D. C., 1970.

Barnett, A. Doak. *China on the Eve of Communist Takeover.* New York, 1963.

Barrett, David D. *Dixie Mission : The United States Army Observer Group in Yenan, 1944.* Berkeley, Calif., 1970.

Belden, Jack. *China Shakes the World*, New York, 1949.

Boei Kenshūjo Senshishitsu. *Kanan no Kaisen* (The Honan campaign).

Tokyo, 1967.

Boorman, Howard L., ed. *Biographical Dictionary of Republican. China.* 4 vols. New York, 1967—1970.

Boyle, John Hunter. *China and Japan at War, 1937—1945: The Politics of Collaboration.* Stanford, Calif., 1972.

Buck, John Lossing. *An Agricultural Survey of Szechwan Province, China.* Chungking, 1943.

——. and Chong-chan Yien. "Economic Effects of War upon Farmers in Peng-hsien, Szechwan," *Economic Facts*, 19 (Apr. 1943).

Bunker, Gerald E. *The Peace Conspiracy: Wang Ching-wei and the China War, 1937—1941.* Cambridge, Mass., 1972.

Butow, Robert J. C. *Tojo and the Coming of the War.* Princeton, N. J., 1961.

Carey, Arch. *The War Years at Shanghai, 1941—1945—1948.* New York, 1963.

Carlson, Evans Fordyce. *The Chinese Army: Its Organization and Military Efficiency.* New York, 1940.

CC hao-men tzu-pen nei-mu (The inside story of the CC Clique's wealth). N. p. [Hong Kong?], 1947.

Chan-shih i-cheng (Wartime medical administration). 1938. (Tang-shih-hui # 6355/6477.)

Chang Ch'i-ying. "Mi-ch'ao te fen-hsi" (Analysis of the rice riots), *Ching-chi p'ing-lun*, 1, no. 9 (May 30, 1947).

——. "San-shih-liu-nien Chung-kuo ching-chi kai-k'uang" (China's economic situation in 1947), *Tung-fang tsa-chih*, 44, no. 7 (July 1948).

——. "San-shih-wu-nien-tu te Chung-kuo ching-chi" (The Chinese economy in 1946, part 2), *Tung-fang tsa-chih*, 43, no. 11 (June 15, 1947).

Chang Ch'i-yun. *Tang-shih kai-yao* (Survey of party history), 5 vols. Taipei, 1951.

Chang Chia-mo et al. *P'an-pien fu-fei fen-tzu miu-lun* (The lies of those who rebelled and defected to the Communists). N. p., n. d. (Bureau of Investigation # 213. 52/369.)

Chang Hsi-ch'ang et al. *Chan-shih te Chung-kuo ching-chi* (China's wartime economy). Kweilin, 1943.

Chang Hsi-ch'ao. "K'ang-chan wu-nien yü nung-ts'un ching-chi" (Five years of war and the village economy), *Chung-kuo nung-ts'un*, 8, no. 5/6 (1942).

Chang Hsiang-p'u. "Chin-shan i-chiu" (Memories at Chin-shan), *Chung-wai tsa-chih*, 12, no. 5 (Nov. 1972).

Chang Hsiao-mei. *Yün-nan ching-chi* (The economy of Yunnan). Chungking, 1941.

Chang I-fan. "'Ching-chi kai-ko fang-an'chih p'i-p'ing yü Kuo-min-tang ching-chi cheng-ts'e chih 'chuan-pien'" (A critique of the 'Economic reform proposal' and the 'reversal' of the Kuomintang's economic policy), *Ching-chi chou-pao*, 4, no. 19 (May 8, 1947).

Chang Kan-p'ing. *K'ang-Jih ming-chiang Kuan Lin-cheng* (Kuan Lin-cheng, famous general during the war against Japan). Hong Kong, 1969.

Chang Kia-ngau. *The Inflationary Spiral: The Experience in China*, 1939—1950. Cambridge, Mass., 1958.

Chang P'ei-kang. "T'ung-huo-p'eng-chang-hsia te nung-yeh ho nungmin" (Agriculture and peasants during inflation), *Ching-chi p'ing-lun*, 1, no. 2 (Apr. 12, 1947).

Chang Shao-tseng. "Ju-ho chieh-chüeh shih-ping t'ao-wang wen-t'i" (How to resolve the problem of troop desertions), *Cheng-kung choupao*, 3, no. 4 (Aug. 8, 1941).

Chang Wen-shih. *Yün-nan nei-mu* (Inside story of Yunnan). Hong Kong, 1949.

Chao Hsiao-i. "Fa-yang Ch'ung-ch'ing ching-shen" (Glorify the spirit of Chungking), *Chung-wai tsa-chih*, 10, no. 6 (Dec. 1, 1971).

Chao Shih-hsün. "'Wang Yün-lao yü chin-yüan-ch'üan-an chih-i' chih pu-ch'ung" (Addenda to 'Doubts about Wang Yün-wu and the case of the gold yüan'), *Chuan-chi wen-hsüeh*, no. 211 (Dec. 1979).

Chassin, Lionel Max. *The Communist Conquest of China: A History of the Civil War*, 1945—1949. Cambridge, Mass., 1965.

Chen Kuang. "Ch'uan-Shan-Kan nung-ts'un ching-chi niao-k'an" (An overview of the village economy of Szechwan, Shensi, and Kansu), *Ching-chi chou-pao*, 2, no. 3 (Jan. 17, 1946).

Chen, Ta. *See* Ch'en Ta.

Ch'en Cheng-mo. "Cheng-chih ko-hsin yü hsing-cheng hsiao-lü" (Political renovation and administrative efficiency), *Ko-hsin chou-k'an*, 1, no. 5 (Aug. 24, 1946).

——. "T'ien-fu cheng-shih yü liang-shih cheng-chieh chih chien-t'ao" (An evaluation of the tax-in-kind and compulsory grain borrowing), *Ssu-ch'uan ching-chi chi-k'an*, 1, no. 2 (Mar. 15, 1944).

Ch'en Ch'eng. *Pa-nien k'ang-chan ching-kuo kai-yao* (A summary of experiences in the eight-year war of resistance). N. p., n. d. Published by the Ministry of Defense.

Ch'en Chien-fu. "Ko-hsin te chi-pen yüan-wang" (The fundamental hope of renovation), *Ko-hsin chou-k'an*, 1, no. 1 (July 27, 1946).

Ch'en Han-sheng. "Wu-chia yü Chung-ts'un" (Prices and China's villages), *Chung-kuo nung-ts'un*, 8, no. 5/6 (1942).

Ch'en Hsiao-wei. *Wei-she-ma shih-ch'ü ta-lu* (Why we lost the mainland). Taipei, 1964.

Ch'en Hung-chin. "San-shih-erh-nien chih Ssu-ch'uan nung-yeh" (Szechwan's economy in 1943), *Ssu-ch'uan ching-chi chi-k'an*, 1, no. 2 (Mar. 15, 1944).

Ch'en, Jerome. *Mao and the Chinese Revolution*. London, 1965.

Ch'en Li-fu. "Chien-kuo chih tao" (The way to national reconstruction), *Ko-hsin yüeh-k'an*, 1 (Aug. 1, 1946).

Ch'en Po-ta. *Land Rent in Pre-Liberation China*. Peking, 1958.

Ch'en Pu-lei. *Ch'en Pu-lei hui-i-lu* (Memoirs of Ch'en Pu-lei). Hong Kong, 1962.

Ch'en Shao-hsiao. *Chin-ling ts'an-chao chi* (Sunset at Nanking). Hong Kong, 1963.

——. *Hei-wang-lu* (Records of the black net). Hong Kong, 1966.

Ch'en Ta. *Lang-chi shih-nien* (Ten years' wandering). Shanghai, 1946.

——(Chen Ta). *Population in Modern China*. Chicago, 1946.

Ch'en Tun-cheng. *Tung-luan te hui-i* (Memoirs of upheaval). Tai-pei, 1979.

Ch'en Wei-hua. "Pan-li i-cheng te chi-ko chung-yao chieh-tuan" (Several important phases of managing conscription), *Cheng-hsün yüeh-k'an*, 1, no. 2/3 (Mar. 23, 1941).

Ch'en Ying-lung. "K'ang-chan ch'i-chien wo-te sheng-huo p'ien-tuan" (A slice of my life during the war against Japan), *I-wen-chih*, 148 (Jan. 1978).

Ch'en Yu-san, and Ch'en Ssu-te. *T'ien-fu cheng-shih chih-tu* (The system of collecting the land tax in kind). Chungking, 1945.

Ch'en Yü. "Wei ko-hsin yün-tung chin i-chiao" (Some thoughts on the ko-hsin movement), *Ko-hsin chou-k'an*, 1, no. 7 (Sept. 7, 1946).

Cheng Chao-ch'iu. "Ping-i hsün-shih so-chi" (Observations during a tour of inspection of conscription), *Cheng-hsün yüeh-k'an*, 1, no. 2/3 (Mar. 23,

1941).

Cheng-hsün yüeh-k'an (Conscription and training monthly), 1940—1941. Published by Headquarters, Hunan Provincial Army-Control Area. (Tang-shih-hui ♯ 2824/0277.)

Cheng-kung chou-pao (Political work weekly). 1941. Published by the Political Bureau of the Military Affairs Commission. (Tang-shih-hui ♯ 1814/1037.)

Cheng, Yu-kwei. *Foreign Trade and Industrial Development of China*. Washington, D. C., 1956.

Ch'eng-ku ch'ing-nien (Ch'eng-ku youth). Shensi. 1941. (Bureau of Investigation ♯ 4315/6050.)

Ch'eng Tse-jun. *Hsien-chieh-tuan-te ping-i wen-t'i* (Problems of conscription at the present stage). N. p., 1942. (Bureau of Investigation ♯ 590. 1107/440.)

Ch'eng Yüan-ch'en. "Ko-hsin yün-tung chih hsü ch'eng-kung pu hsü shih-pai" (The renovation movement can only succeed, it must not fail), *Ko-hsin chou-k'an*, 1, no. 5 (Aug. 24, 1946).

Chennault, Claire Lee. *Way of a Fighter*. New York, 1949.

Chi-mei. "Tang-ch'ien fang-chih-yeh te wei-chi" (The current textile crisis), *Ching-chi chou-pao*, no. 13 (Sept. 25, 1948).

Chi T'ien. *Cheng-chih chiang-hua* (Political talks). Taipei, 1950. Published by the Ministry of Defense.

Ch'i, Hsi-sheng. *Nationalist China at War: Military Defeats and Political Collapse*, 1937—1945. Ann Arbor, Mich., 1982.

Chiang Ching-kuo. *Calm in the Eye of a Storm*. Taipei, 1978.

——. "Hu-pin jih-chi" (Shanghai diary), *in T'ung-ting ssu-t'ung*.

——. *Tien-ti tsai hsin-t'ou* (Drops in the heart). Taipei, 1978.

——. *T'ung-ting ssu-t'ung* (Contemplating pains of the past). N. p., 1955.

Chiang Kai-shek. *Chiang tsung-t'ung ssu-hsiang yen-lun chi* (A col-lection of President Chiang's thoughts and speeches). 30 vols. Taipei, 1966.

——. *Resistance and Reconstruction: Messages During China's Six Years of War, 1937—1943*. New York, 1943.

——. *Soviet Russia in China: A Summing Up at Seventy*. Taipei, 1969. Original edition 1956.

Chiang kuan-ch'ü chen-ch'ing shih-lu (A true record of conditions in the areas controlled by Chiang Kai-shek). N. p., n. d. [1946?]. (Bureau of Investigation ♯ 281/811.)

Chiang Meng-lin. "Hsin-ch'ao" (New tide), *Chuan-chi wen-hsüeh*, 11, no. 2 (Aug. 1967).

Chiang Shang-ch'ing. *Cheng-hai mi-wen* (Inside stories of the political world). Hong Kong, 1966.

——. *Wang-shih chin-t'an* (Reminiscences of times past). 3d ed. Hong Kong, 1972.

Chiang-su-sheng-cheng-fu 34/35 nien cheng-ch'ing shu-yao (Essentials of the administrative situation of the Kiangsu government in 1945 and 1946). N. p., preface dated Dec. 1946. (Institute of Modern History # 927. 214/089.)

Chiao-fei chung-yao chan-i chih chui-shu yü chien-t'ao (Recollections and evaluations of important Communist-suppression campaigns). 6 vols. N. p., 1950. (Bureau of Investigation # 592. 8/741.)

Ch'iao Chia-ts'ai. *T'ieh-hsüeh ching-chung chuan* (A biography of resolve and loyalty). Taipei, 1978.

Ch'ien Chia-chü. *Chung-kuo ching-chi hsien-shih chiang-hua* (Talks on the current condition of the Chinese economy). Hong Kong, 1947.

Ch'ien Chiang-ch'ao. "Tang-ch'ien nung-min te hsü-yao" (The peasants current needs), *Nung-kung yüeh-k'an*, 4 (July 15, 1947).

Ch'ien Tuan-sheng. *The Government and Politics of China*. Cambridge, Mass., 1961.

Chin Ta-k'ai. "Chung-kuo ch'ing-nien te chüeh-hsing" (The awakening of China's youth), *Min-chu p'ing-lun*, 2, no. 4 (Aug. 20, 1950).

Chin Tien-jung. "Hsi-nan lao-chiang Liu Chen-huan chuan-chi" (Biography of the old general from the southwest, Liu Chenhuan, parts 8 and 9), *Ch'un-ch'iu*, 173 (Sept. 16, 1964), 174 (Oct. 1, 1964).

Ch'in Shou-chang. "Kuan-liao cheng-chih te p'o-shih" (A dissection of bureaucratic government), *Ko-hsin yüeh-k'an*, 6 (Jan. 10, 1947).

——. "Shih-hsing tang-nei min-chu" (Implement democracy within the party), *Ko-hsin yüeh-k'an*, 1 (Aug. 1, 1946).

Ch'in Te-ch'un. *Ch'in Te-ch'un hui-i-lu* (Ch'in Te-ch'un's memoirs). Taipei, 1967.

China Handbook, 1937—1945. New York, 1947.

China Handbook, 1950. New York, 1950.

China Weekly Review. Shanghai. 1945—1949.

Chinese Press Review. Prepared by the U. S. Consulates General in Chung-king and Shanghai. (Microfilm.)

Ching-chi chou-pao (Economics weekly). Shanghai. 1945—1948.

Ching-chi p'ing-lun (Economics review). Shanghai. 1947—1948.

Ching Sheng. *Chan-shih Chung-kuo ching-chi lun-k'uo* (Survey of China's wartime economy). N. p., 1944.

Ch'ing Lin. "Shu-sung shang-ping chuan-yüan te kan-hsiang" (Thoughts about transferring wounded to the hospitals), *Chan-shih i-cheng*, 9 (May 21, 1938).

Ch'ing-nien t'ung-hsün (Youth report). 1943. Published by Central Head quarters, Three People's Principles Youth Corps. (Tang-shih-hui # 5022/8037.)

Chou Hsing. "Kuo-ch'ü pan-li cheng-ping chih i-pan cheng-chieh" (General problems of managing conscription in the past), *Cheng-hsün yüeh-k'an*, 1, no. 2/3 (Mar. 23, 1941).

Chou K'ai-ch'ing. *Ssu-ch'uan yü tui-Jih k'ang-chan* (Szechwan and the anti-Japanese war), Taipei, 1971.

Chou-pao (Weekly report). Shanghai. 1945—1946.

Chou Shun-hsin. *The Chinese Inflation*, 1937—1949. New York, 1963.

Chow, Yung-teh. *Social Mobility in. China: Status Careers Among Gentry in a Chinese Community*. New York, 1966.

Chu. "Liang-shih cheng-chieh yü liang-chia" (The tax-in-kind and grain prices), *Ching-chi p'ing-lun*, 1, no. 19 (Aug. 9, 1947).

Chu Tzu-shuang. *Chung-kuo kuo-min-tang li-tz'u ch'üan-kuo tai-pi-ao ta-hui yao-lan* (Successive national party congresses of the Chinese Kuomin-tang, an anthology). Chungking, 1945.

——. *Chung-kuo kuo-min-tang liang-shih cheng-ts'e* (The Chinese Kuo-mintang's grain policy). Chungking, 1944.

Chu Wen-ch'ang. "Wo tui 'Wang Yün-lao yü chin-yüan-ch'üan' te k'an-fa" (My view of 'Wang Yün-wu and the gold yüan'), *Chuan-chi wen-hsüeh*, 213 (Feb. 1980), pp. 51—52.

Chu Yüeh-shan, ed. *Hsiang-mo chi* (Record of quelling demons). N. p., 1946. (Bureau of Investigation # 281/940.)

Chü-wai-jen. "Chi tang-nien ch'uan-shuo-chung te 'shih-san t'ai-pao'" (Reminiscences of the legendary thirteen princes, parts 1—24), *Ch'un-ch'iu*, 95—118 (June 16, 1961—June 1, 1962).

Chuan-chi-wen-hsüeh (Biographical literature). Taipei. 1962—1982.

"Ch'üan-kuo ko-tan-wei t'e-ch'ing kai-k'uang" (The situation of the secret services in the various units throughout the country). Prepared by Chung-yang tiao-ch'a t'ung-chi chü (Central party bureau of investigation and statistics). Handwritten document, ca. 1941. (Bureau of Investigation # 276/815.)

Ch'üan-kuo liang-shih kai-k'uang (The national grain situation). Ed. Hsing-cheng-yüan hsin-wen-chü (News office of the Executive Yüan). N. p., 1947. (Bureau of Investigation # 554. 6/716.)

"Ch'üan-kuo t'ien-fu k'ai-shih cheng-shih" (The whole nation begins collecting the tax-in-kind), *Ching-chi chou-pao*, 3, no. 6 (Aug. 8, 1946).

"Ch'üan-kuo t'ien-liang hui-i chi-yao" (Essentials of the national grain conference), *Ts'ai-cheng p'ing-lun*, 17, no. 2 (Aug. 1947).

Ch'un-ch'iu ("The Observation Post"). Hong Kong. 1957—1982.

Chung-kuo ching-chi nien-chien, 1947 (Chinese Economic Year-Book, 1947). Comp. T'i Ch'ao-pai. Hong Kong, 1947.

"Chung-kuo kuo-min-tang tang-yüan tang-cheng ko-hsin yün-tung ch'u-ch'i kung-tso fang-an" (Work program for the first stage of the Kuomintang's party-government renovation movement), *Ko-hsin yüeh-k'an*, 2 (Sept. 1, 1946).

Chung-kuo lao-kung yün-tung shih (History of the Chinese labor movement), 5 vols. Taipei, 1959.

Chung-kuo nung-ts'un (Village China). Kweilin. 1942.

Chung-wai tsa-chih ("Kaleidoscope Monthly"). Taipei. 1967—1982.

"Chung-yang cheng-wu chi-kuan san-shih-nien-tu kung-tso ch'eng-chi k'ao-ch'a pao-kao" (A report of an investigation of the achievements of central administrative agencies in 1941). Comp. Hs-ing-cheng-yüan mi-shu-ch'u (Secretariat of the Executive Yüan). Handwritten, dittoed. (Bureau of Investigation # 573/806.)

Chung-yang jih-pao (Central daily). Shanghai. 1945—1949.

Clubb, Edmund. "Chiang Kai-shek's Waterloo: The Battle of Hwai-Hai," *Pacific Historical Review*, 25, no. 4 (Nov. 1956).

Cottrell, A. "Hu-nan chi-huang te ts'an-hsiang" (The tragedy of the Hunan famine), *Ching-chi chou-pao*, 3, no. 6 (Aug. 8, 1946).

Dorn, Frank. *The Sino-Japanese War, 1937—1941: From Marco Polo Bridge to Pearl Harbor*. New York, 1974.

Eastman, Lloyd E. *The Abortive Revolution: China Under Nationalist Rule, 1927—1937*. Cambridge, Mass., 1974.

——. *China Under Nationalist Rule: Two Essays*. Urbana, Ⅲ., 1981.

——. "Facets of am Ambivalent Relationship: Smuggling, Puppets, and Atrocities During the War, 1937—1945," in Akira Iriye, ed., *The Chinese and the Japanese: Essays in Political and Cultural Interactions*. Princeton, N. J., 1980.

Eckstein, Harry. "On the Etiology of Internal Wars," in Ivo K. Feierabend et al., eds., *Anger, Violence, and Politics: The-ories and Research*. Englewood Cliffs, N. J., 1972.

Economic Facts. Published by Department of Agricultural Economics, University of Nanking, Chengtu, 1943—1946.

Epstein, Israel. *The Un finished Revolution in China*. Boston, 1947.

Fan Hui. "K'an che yen-chung te liang-ko yüeh" (Consider these two critical months), *Chou-pao*, 30 (Mar. 30, 1946).

Fang-tieh ch'u-chien hsü-chih (Essentials for rooting out enemy agents). N. p., n. d. [1943]. (Bureau of Investigation # 276. 2/804.)

Farmer, Rhodes. *Shanghai Harvest: A Diary of Three Years in the China War*. London, 1945.

Fei Hsiao-t'ung. *China's Gentry: Essays in Rural-Urban Relations*. Chicago, 1953.

——. "P'ing Yen Yang-ch'u 'K'ai-fa min-li chien-she hsiang-ts'ung'" (A critique of Jimmy Yen's 'Develop the people's strength and recon-struct the villages'), *Kuan-ch'a*, 5, no, 1 (Aug. 28, 1948).

Feis, Herbert. *The China Tangle: The American Effort in China from Pearl Harbor to the Marshall Mission*. Princeton, N. J., 1953.

Feng I-lu. *Hsü-P'ang chan-i chien-wen lu* (A record of what I saw and heard of the battle of Hsü-P'ang). Hong Kong, 1964.

Feng Yü-hsiang, *Wo so-jen-shih-te Chiang Chieh-shih* (The Chiang Kai-shek I know). Hong Kong, 1949.

Feng Yu-ta. "Lung Yün t'ao-tiao-le!" (Lung Yün has escaped!), *Hsinwen t'ien-ti*, 54 (Dec. 16, 1948).

Fessler, Loren. "Who is CCK? What is Taiwan?" *American Universities Field Staff: Reports*, no. 28 (part 2) and no. 29 (part 3) (1978).

Foreign Relations of the United States. Washington, D. C., 1937—1949.

Freyn, Hubert. *Free China's New Deal*. New York, 1943.

Fujiwara Akira. "The Role of the Japanese Army," in Dorothy Borg and Shumpei

Okamoto, eds., *Pearl Harbor as History: Japanese-American Relations, 1931—1941*. New York, 1973.

Gendai Chūgoku jimmei jiten (Biographical dictionary of Republican China). Tokyo, 1966.

Gill, Graeme J. *Peasants and Government in the Russian Revolution*. New York, 1979.

Gillespie, Richard Eugene. "Whampoa and the Nanking Decade (1924—1936)." Ph. D. cliss., The American University, 1971.

Gillin, Donald G. "Problems of Centralization in Republican China: The Case of Ch'en Ch'eng and the Kuomintang," *Journal of Asian Studies*, 29, no. 4 (Aug. 1970).

Hall, J. C. S. *The Yunnan Provincial Faction, 1927—1937*. Canberra, 1976.

Han Ssu. *K'an! Cheng-hsüeh-hsi* (Look! The Political Study Clique). Hong Kong, 1947.

Hanson, Haldore. *Humane Endeavor: The Story of the China War*. New York, 1939.

Hattori Takushirō. *Dai Tōa sensō zenshi* (The Great East Asian War). Tokyo, 1965.

Ho, Franklin L. "The Reminiscences of Ho Lien (Franklin L. Ho)," as told to Crystal Lorch, postscript dated July 1966. Unpub. ms. in Special Collections Library, Butler Library, Columbia University.

Ho Ying-ch'in. "Chi-nien ch'i-ch'i k'ang-chan tsai po chung-kung te hsü-wei hsüan-ch'uan" (Commemorating the Sino-Japanese war and again refuting the Communists' false propaganda), *Tzu-yu chung*, 3, no. 3 (Sept. 20, 1972).

Ho Yüeh-seng. "Ju-ho t'ui-chin tang te ko-hsin yün-tung" (How to advance the party's renovation movement), *Ko-hsin chou-k'an*, 1, no. 5 (Aug. 24, 1946).

———. "Kan k'uai chiu-cheng she-hui te p'ien-hsiang" (Quickly correct society's tendencies), *She-hui p'ing-lun*, 3 (Sept. 16, 1945).

———. "Tang te fu-pai yüan-yin chih fen-hsi" (An analysis of the party's decadence), *Ko-hsin chou-k'an*, 1, no. 4 (Aug. 17, 1946).

———. "Tang te ping-pai yüan-yin chih fen-hsi" (An analysis of the causes of the party's sickness), *Ko-hsin chou-k'an*, 1, no. 3 (Aug. 10, 1946).

Hsiao Cheng. *T'u-ti kai-ko wu-shih-nien: Hsiao Cheng hui-i-lu* (Fifty years of land reform: memoirs of Hsiao Cheng). Taipei, 1980.

Hsiao-chuang. "T'ou-shih Ch'uan-hsi te nung-ti yü nung-ts'un" (Western

Szechwan's farmland and villages in perspective), *Kuan-ch'a*, 5, no. 4 (Sept. 18, 1948).

Hsien. "Kuo-ying shih-yeh ku-p'iao k'ai-shih ch'u-shou" (Sales of shares in state-run enterprises begin), *Ching-chi p'ing-lun*, 3, no. 23 (Sept. 18, 1948).

Hsin-ching-chi pan-yüeh-k'an (New economics semi-monthly). 1939—1945.

Hsin ch'ou-an-hui (The new peace-planning conference). N. p. , 1946.

Hsin-Chung-hua, fu-k'an (New China, supplement). 1944—1949.

"Hsin chü-mien ch'ien-hsi te p'ai-hsi cheng-tou chi jen-shih pu-chih" (Factional conflicts and personnel arrangements on the eve of the new situation), *Kuan-ch'a*, 2, no. 8 (Apr. 19, 1947).

Hsin kuan-ch'ang hsien-hsing chi (A new "current situation in offi-cialdom"). N. p. , 1946.

Hsin-wen t'ien-ti (News world). Chungking. 1945.

Hsing-tsung chou-k'an (CNRRA weekly). 1946—1947. Published by the Compilation and Translation Department, Chinese National Relief and Rehabilitation Administration. (Tang-shih-hui # 2122/2693.)

Hsu Dau-lin. "Chinese Local Administration Under the National Government: Democracy and Self-Government Versus Traditional Centralism. " Unpub. manuscript.

Hsu Long-hsuen and Chang Ming-kai, comps. *History of the Sino-Japanese War (1937—1945)*. Taipei, 1971.

Hsü Fu-kuan. "Shih shei chi-k'uei-le Chung-kuo she-hui fan-kung te liliang?" (Who is it that destroys the anti-Communist force of Chinese society?), *Min-chu p'ing-lun*, 1, no. 7 (Sept. 16, 1949).

Hsü, K'ai-yü. *Wen I-to*. Boston, 1979.

Hsü K'an. "Chung-kuo chan-shih te liang-cheng" (China's wartime grain administration), *Liang-cheng yüeh-k'an*, 1, no. 1 (Apr. 16, 1943).

——. *Hsü K'o-t'ing hsien-sheng wen-ts'un* (Collected papers of Hsü K'an). Taipei, 1970.

——. "K'ang-chan shih-ch'i liang-cheng chi-yao" (A record of grain administration during the war against Japan), *Ssu-ch'uan wen-hsien yüeh-k'an*, 11/12 (July 1, 1963).

Hsü Tao-fu. "Chiang-hsi liang-chia k'uang-chang yüan-yin chih yen-chiu" (A study of the reasons for the wild increases of grain. prices in Kiangsi), *Liang-cheng yüeh-k'an*, 1, no. 4 (Apr. 1941).

Hu Ch'i-ju. "Ch'u-hsün Ting-fan tui ch'ü-pao-chia chang chi ko-chieh chiang-tz'u" (Lecture to heads of ch'ü, pao, and chia and to all circles during an inspection of Ting-fan hsien), *Ping-i hsün-k'an*, 2 (Nov. 25, 1939).

Hu Fa-p'eng. "Chiang-hsi nung-ts'un tsai k'u-nan-chung" (Kiangsi's villages in distress), *Ching-chi chou-pao*, 7, no. 18 (Nov. 4, 1948).

Hu Feng. "Chan-shih Che-chiang nung-ts'un ching-chi te hui-ku" (A look back at Chekiang's wartime rural economy), *Ching-chi chou-pao*, 2, no. 12 (Mar. 28, 1946).

"Hu-nan 'Nung-chien kung-ssu' chiu-fen nei-mu" (Inside story of the dispute over the Hunan Agricultural Reconstruction Corpora-tion), *Ching-chi chou-pao*, 7, no. 8 (Nov. 4, 1948).

Hu-pei-sheng-cheng-fu pao-kao, 1942/4—10 (Report of the Hupeh provincial government, Apr. -Oct. 1942). N. p., n. d.

Hu-pei-sheng-cheng-fu shih-cheng pao-kao 1942/11—1943/9 (Administrative report of the Hupeh provincial government, Nov. 1942—Sept. 1943). N. p., n. d.

Hu-pei-sheng-cheng-fu shih-cheng pao-kao (t'ien-liang pu-fen), 1942/11—1943/9 (Administrative report of the Hupeh provincial government [section on grain], Nov. 1942—Sept. 1943). N. p., n. d.

Hu-pei-sheng-cheng-fu shih-cheng pao-kao, 1943/10—1944/9 (Administrative report of the Hupeh provincial government, Oct. 1943—Sept. 1944). N. p., n. d.

Hu shang-chiang Tsung-nan nien-p'u (Chronological biography of General Hu Tsung-nan). Taipei, n. d.

Huang Chien-ch'ing. "Chih yu i-t'iao-lu: ch'ing-tang" (There is only one way: party purge), *Ko-hsin chou-k'an*, 1, no. 10 (Sept. 28, 1946).

Huntington, Samuel P. *Political Order in Changing Societies*. New Haven, Conn., 1968.

I-cheng yüeh-k'an (Conscription monthly). 1945. Published by Ministry of Conscription. (Tang-shih-hui # 615/2724/1877.)

I-erh-i ts'an-an t'e-chi (Special collection on the December 1 Massacre). N. p., n. d.

I-wen-chih ("The Art and Literature Journal"). Taipei. 1972.

Jen Chang. "Wei ko-hsin yün-tung ta-pien" (Retorting for the renovation movement), *Ko-hsin chou-k'an*, 1, no. 2 (Aug. 3, 1946).

245

Johnson, Chalmers A. *Peasant Nationalism and Communist Power: The Emergence of Revolutionary China*, 1937—1945. Stanford, Calif., 1962.

"Ju-ho kai-chin chin-hou te ping-i" (How to improve conscription in the future), *Ping-i hsün-k'an*, 7 (Jan. 15, 1940).

Juan Hua-kuo. "Ko-hsin sheng-chung ti-i-p'ao: tang-yüan tsung-ch'ing-ch'a" (The first shot of renovation: the general review of party members), *Ko-hsin chou-k'an*, 1, no. 13.

Jung Chai, *Chin-ling chiu-meng* (Old dreams of Nanking). Hong Kong, 1968.

Kalyagin, Aleksandr Ya. *Along Alien Roads*. Unpublished translation by Steven I. Levine of *Po Neznakomym dorogam* (Moscow, 1969).

K'ang-chan pa-nien-lai Ping-i hsing-cheng kung-tso tsung-pao-kao (General report of administration of military conscription during the eight-year war of resistance). N. p., 1945.

K'ang Tse. "Pen-t'uan tsu-chih kung-tso kai-k'uang yü san-shih-i-nien-tu chi-chien chung-yao kung-tso" (The organizational work of this corps and several important tasks in 1942), *Ch'ing-nien t'ung-hsün*, 3, no. 1 (Jan. 31, 1943).

Kao Shu-k'ang. "Ko-hsin yün-tung te t'ung-chih-men hsing-tung ch'ilai!" (Comrades of the renovation movement, become active!), *Ko-hsin chou-k'an*, 1, no. 5 (Aug. 24, 1946).

Kapp, Robert A. "The Kuomintang and Rural China in the War of Resistance, 1937—1945," in F. Gilbert Chan, ed., *China at the Crossroads: Nationalists and Communists, 1927—1949*. Boulder, Col., 1980.

——. *Szechwan and the Chinese Republic: Provincial Militarism and Central Power, 1911—1938*. New Haven, Conn., 1973.

Kataoka, Tetsuya. *Resistance and Revolution in China: The Communists and the Second United Front*. Berkeley, Calif., 1974.

Kirby, William Corbin. "Foreign Models and Chinese Modernization: Germany and Republican China, 1921—1941." Ph. D. diss., Harvard University, 1981.

Ko-hsin chou-k'an (Renovation weekly). Nanking. 1946. (Tang-shih-hui # 4450/0292.)

Ko-hsin yüeh-k'an (Renovation monthly). Changsha. 1946. (Taiwan Branch, National Central Library # S/005. 05/4072/1.)

Ko-ming wen-hsien (Documents of the revolution), vols. 62—63. Taipei, 1973.

Ku Pao. "Yün-nan t'ien-fu cheng-shih yü nung-min fu-tan" (Yunnan's tax-in-kind and the farmers' burden), *Hsin-ching-chi*, 6, no. 11 (Mar. 1, 1942).

Kuan-ch'a (The observer). Shanghai. 1946—1948.

Kuan Chi-yü. *Chung-kuo shui-chih* (China's tax system). N. p., 1945.

Kuo-fang-pu (Ministry of National Defense). *Chung-yang chih-hsing wei-yüan-hui ti-liu-chieh ti-ssu-tz'u ch'üan-t'i hui-i chün-shih pao-kao* (Military report to the 4th plenum of the 6th CEC). N. p., 1947. (Bureau of Investigation # 166. 517/741.)

Kuo-fang-pu shih-cheng-chü (Office of Military History, Ministry of National Defense). *K'an-luan chien-shih* (Brief history of re-bellion-suppression). 4 vols. N. p., 1962.

Kuo-fang-pu tsung-cheng-chih-pu (General Political Bureau, Ministry of National Defense). *Kuo-chün cheng-chih kung-tso chih-tao yao-tien* (Important points to guide political work in the national army). N. p., 1950. (Bureau of Investigation # 596. 72/741.)

Kuo Jung-chao. *Mei-kuo Ya-erh-ta mi-yüeh yü Chung-kuo* (A Critical Study of the Yalta Agreement and Sino-American Relations). Taipei, 1967.

"Kuo-min-tang chün-kuan-ping-men ch'i-lai!" (Officers and men in the Kuomintang army, arise!), in Chang Chia-mo et al., *P'an-pien fu-fei fen-tzu miu-lun*.

"Kuo-min-tang chün-tui shen-ming ta-i kuang-jung chuang-chü" (Daring and glorious achievements of the Kuomintang's armed forces), in Chang Chia-mo et al., *P'an-pien fu-fei fen-tzu miu-lun*.

"Kuo-min-tang tang-t'uan ho-ping ch'ien-hou" (The full story of the merger of the Kuomintang's party and corps), *Kuan-ch'a*, 3, no. 5 (Sept. 27, 1947).

Lefebvre, Georges. *The Great Fear of 1789: Rural Panic in Revolu-tionary France*. New York, 1973.

Lei Chao-yüan. "Ling i-nien-lai i-cheng chih chien-t'ao" (Discussion of administering conscription in Ling-hsien during the past year), *Cheng-hsün yüeh-k'an*, 1, no. 2/3 (Mar. 23, 1941).

Lei Chen. *Lei Chen hui-i-lu* (Lei Chen's memoirs). Hong Kong, 1978.

Lei Ch'in. "Kuang-hsi shan-hou chiu-chi wen-t'i ch'u-i" (My views on the question of relief and rehabilitation in Kwangsi), *Ling-pi-ao lun-t'an*, 1, no. 1 (Dec. 15, 1945).

Levine, Steven I. "Comments on Chin-tung Liang, The Sino-Soviet Treaty of Friendship and Alliance of 1945: The Inside Story," in Paul K. T. Sih, ed.,

Nationalist China During the Sino-Japanese War.

——. "Mobilizing for War: Rural Revolution in Manchuria as an Instrument of War." Paper presented to the Conference on Chinese Communist Rural Bases, Cambridge, Mass., Aug. 14—21, 1978.

Li I-wei. "Pan-li Li-ling i-cheng chih kai-shu" (General observations on managing conscription in Li-ling hsien), *Cheng-hsün yüeh-k'an*, 1, no. 4 (Apr. 30, 1941).

Li I-yeh. *Chung-kuo jen-min tse-yang ta-pai Jih-pen ti-kuo-chu-i* (How the Chinese people defeated Japanese imperialism). Peking, 1951.

Li P'in-hsien. *Li P'in-hsien hui-i-lu* (Memoirs of Li P'in-hsien). Tai-pei, 1975.

Li Shou-k'ung. *Chung-kuo hsien-tai shih* (Chinese contemporary history). 4th ed. Taipei, 1967.

Li Ta. "Ko-hsin yün-tung te san to ching-shen" (The renovation movement's three great sources of vitality), *Ko-hsin chou-k'an*, 1, no. 6 (Aug. 31, 1946).

Li T'i-ch'ien. "T'ien-fu ying che-cheng fa-pi" (The land tax should be collected in fa-pi), *She-hui p'ing-lun*, 24 (Aug. 16, 1946).

Li Tsung-huang. *Chu Tien hui-i-lu* (Memoirs of my chairmanship of Yunnan). Nanking, 1947.

——. *Li Tsung-huang hui-i-lu* (Memoirs of Li Tsung-huang). Tai-pei, 1972.

Li Tsung-ying. "Shan-hou kung-tso chien-t'ao" (Discussion of reha-bilitation work), *Hsing-tsung chou-k'an*, 22 (Sept. 14, 1946).

Li Tzu-hsiang. "K'ang-chan i-lai Ssu-ch'uan chih kung-yeh" (Szechwan's industry during the war), *Ssu-ch'uan ching-chi chi-k'an*, 1, no. 1 (Dec. 15, 1943).

Liang-cheng yüeh-k'an (Grain administration monthly). 1941. Pub-lished by the Grain-Control Department, Ninth War Zone. (Tang-shih-hui # 9393/1877.)

Liang Han-ts'ao. "Fa-k'an tz'u" (Inaugural statement), *Ko-hsin chou-k'an*, 1, no. 1 (July 27, 1946).

Liang-hsiung. *Tai Li chuan* (Biography of Tai Li). Taipei, 1980.

Liang Sheng-chün. *Chiang Li tou-cheng nei-mu* (The inside story of the struggle between Chiang Kai-shek and Li Tsung-jen). Hong Kong, 1954.

Lin Chen. *Chung-kuo nei-mu* (Chinese inside story). Shanghai, 1948.

Lin Chen-yung. *Ping-i-chih kai-lun* (Survey of the military conscription system). N. p., 1940.

Ling-piao lun-t'an (Ling-piao forum). Kweilin. 1945—1946. (Tang-shih-hui # 2238/5008.)

Ling Yün. "Shang-hsin wang-shih hua ho-t'an" (Sadly recounting the peace talks), *I-wen-chih*, 87 (Dec. 1972).
Liu Chien-ch'ün. *Yin-ho i-wang* (Memories at Yin-ho). Taipei, 1966.
Liu Chih. *Wo-te hui-i* (My reminiscences). Taipei, 1966.
Liu Ch'iu-[?]. "Chan-shih Ssu-ch'uan liang-shih sheng-ch'an" (Wartime Szechwan's grain production), *Ssu-ch'uan ching-chi chi-k'an*, 2, no. 4 (Oct. 1, 1945).
Liu, F. F. *A Military History of Modern China, 1924—1949*. Princeton, N. J., 1956.
Liu Pu-t'ung. "Lun kuo-min-tang chih fu-hsing" (On revival of the Kuomintang), *Ko-hsin chou-k'an*, 1, no. 6 (Aug. 31, 1946).
Lo Tun-wei. *Wu-shih-nien hui-i-lu* (Memoirs of fifty years). Taipei, 1952.
Lou Li-chai. "Kuan-yü t'ien-fu cheng-shih" (Regarding the tax-in-kind), *Ching-chi chou-pao*, 2, no. 23 (Mar. 13, 1946).
Ma Hua. "San-shih-san-nien Ssu-ch'uan chih t'ien-fu cheng-shih yü cheng-chieh" (Szechwan's tax-in-kind and compulsory borrowing in 1944), *Ssu-ch'uan ching-chi chi-k'an*, 2, no. 2 (Apr. 1, 1945).
——— "Ssu-ch'uan t'ien-fu cheng-shih yü liang-shih cheng-kou [-chieh] wen-t'i" (The problem of the tax-in-kind and compul-sory grain purchases [borrowing] in Szechwan), *Ssu-ch'uan ching-chi chi-k'an*, 1, no. 2 (Mar. 15, 1944).
Meng Hsien-chang. *Chung-kuo chin-tai ching-chi-shih chiao-ch'eng* (Lectures on China's modern economic history). Shanghai, 1951.
Miles, Milton E. *A Different Kind of War*. Garden City, N. Y., 1967.
Min-chu p'ing-lun ("The Democratic Review"). Hong Kong. 1949—1950.
Mo Hsüan-yüan. "Tang-cheng ko-hsin te t'u-ching" (The path of party and government renovation), *Ko-hsin yüeh-k'an*, 2 (Sept. 1. 1946).
———. "Tang-cheng ko-hsin yün-tung chih yao-i" (The basic meaning of the party-government renovation movement), *Ko-hsin yüeh-k'an*, 1 (Aug. 1, 1946).
New York Times. 1937—1949.
North China Daily News. Shanghai. 1948.
Nung-kung yüeh-k'an (Ministry of agriculture and industry monthly). (Tang-shih-hui # 5523/1077.)
Oliver, Frank. *Speciat Undectared War*. London, 1939.
Pan, Hong-shen. "Marketing of Agricultural Products in Penghsien, Szechwan," *Economic Facts*, 26 (Nov. 1943).

P'an Kuang-sheng. "K'ang-chan shih-ch'i Ssu-ch'uan t'e-chung kung-ch'eng chi-shih" (A record of special building projects in Szechwan during the war), *Ssu-ch'uan wen-hsien*, 81 (May 1, 1969).

Panikkar, K. M. *In Two Chinas: Memoirs of a Diplomat*. London, 1955.

Payne, Robert. *China Awake*. New York, 1947.

Pepper, Suzanne. *Civil War in China: The Potitical Struggle, 1945—1949*. Berkeley, Calif., 1978.

The Personalities and Potitical Machinery of Formosa: From Per-sonal Recollections. Cambridge, Mass., 1954.

"Ping-i chih-tu chih san-p'ing yüan-tse" (The conscription system's three-equals principle), *Ping-i hsün-k'an*, 2 (Nov. 25, 1939).

Ping-i hsün-k'an (Conscription). 1939—1940. Published by Head-quarters, Kuei-Hsing Division-Control Area. (Tang-shih-hui # 2727/7280.)

P'ing erh-chung-ch'üan-hui (Criticizing the second plenum). N. p., n, d. [1946].

Powell, Lyle Stephenson. *A Surgeon in Wartime China*. Lawrence, Kans., 1946.

P'u Hsi-hsiu. "Kuo-min-tang san-chung-ch'üan-hui chi" (A record of the Kuomintang's third plenum), *Kuan-ch'a*, 2, no. 6 (Apr. 5, 1947).

Reynolds, Douglas Robertson. "The Chinese Industrial Cooperative Movement and the Political Polarization of Wartime China, 1938—1945." Ph. D. diss., Columbia University, 1975.

Romanus, Charles F., and Riley Sunderland. *Stilwell's Command Problems*. Washington, D. C., 1956.

———. *Stilwell's Mission to China*. Washington, D. C., 1953.

———. *Time Runs Out in CBI*. Washington, D. C., 1959.

Roth, Andrew. "Szechwan: The Key to China's Resistance," *Amerasia*, 5, no. 8 (Oct. 1941).

San-ch'ing-t'uan te ch'an-sheng yü mu-ti ho hsing-chih (The origins, purpose, and nature of the Three People's Principles Youth Corps). N. p., n. d. Handwritten, dittoed. (Bureau of Inves-tigation # 282/804.)

San-min-chu-i ch'ing-nien-t'uan ti-i-tz'u ch'üan-kuo tai-piao ta-hui t'i-an hui-lu (Resolutions of the Youth Corps' first national congress). N. p., 1943. (Sun Yat-sen Library # 038. 16/1: 04.)

San-min-chu-i ch'ing-nien-t'uan t'uan-shih tzu-liao ti-i-chi ch'u-kao (Historical materials on the Three People's Principles Youth Corps, first collection, first draft). N. p., 1946. (Sun Yat-sen Library # 038. 19/01/1.)

"Sanmin shugi seinendan no seikaku to ninmu" (The nature and tasks of the Three People's Principles Youth Corps), Tōa, 14, no. 5 (May 1, 1941).

Scott, James C. *The Moral Economy of the Peasant : Rebellion and Subsistence in Southeast Asia*. New Haven, Conn., 1976.

Service, John S. *Lost Chance in China*, ed. Joseph W. Esherick. New York, 1974.

Sha Hsüeh-chün. "Chung-kung ts'an-t'ou kuo-fang-pu tao-chih ta-lu pien-se" (Communists infiltrate the Ministry of Defense, leading to the mainland's changing colors), *Tung-fang tsa-chih*, 7, no. 8 (Feb. 1, 1974).

"Shan-pao liu-t'uan ch'üan-t'i kuan-ping k'ai tso-t'an-hui" (All officers and men of the 6th regiment of the Shansi militia hold a meeting), in Chang Chia-mo et al., *P'an-pien fu-fei fen-tzumiu-lun*.

She-hui p'ing-lun (Society review). 1945—1948. (Tang-shih-hui # 3421/8001.)

Shen Tsung-han. "Food Production and Distribution for Civilian and Military Needs in Wartime China, 1937—1945," in Paul K. T. Sih, ed., *Nationalist China During the Sino-Japanese War*.

———. *The Sino-American Joint Commission on Rural Reconstruction : Twenty Years of Cooperation for Agricultural Development*. Ithaca, N. Y., 1970.

Shen Yün-lung. "Tui chin-yüan-ch'üan-an ying chin-i-pu chui-tsung yen-chiu" (We ought further to pursue and research the case of the gold yüan), *Chuan-chi wen-hsüeh*, 214 (Mar. 1980).

———. "Wang Yün-lao yü chin-yüan-ch'üan-an chih-i" (Doubts about Wang Yün-wu and the case of the gold yüan), *Chuan-chi wen-hsüeh*, 209 (Oct. 1979).

Sheridan, James E. *Chinese Warlord : The Career of Feng Yü-hsiang*. Stanford, Calif., 1966.

Shieh, Milton J. T. *The Kuomintang : Setected Historical Docu-ments, 1894—1969*. New York, 1972.

Shih-chi p'ing-lun ("The Century Critic"). Nanking. 1947—1948.

Shih Fu-liang. "Lun tang-ch'ien te ching-kuan ch'ing-hsing" (On the current state of economic controls), *Kuan-ch'a*, 5, no. 10 (Oct. 30, 1948).

Shih-hsin. "Wei-yüan-chang shih-ts'ung-shih fu-wu chi-wang" (Rem-iniscences of serving in the generalissimo's office of attend-ants), *Ch'un-ch'iu*, 125 (Sept.

16, 1962).

Shih yü wen ("Time and Culture"). Shanghai. 1947—1948.

"Shō Kai-seki no Unnan chūōka kōsaku" (Chiang Kai-shek's centrali-zation of Yunnan), *Tōa*, 13, no. 3 (Mar. 1, 1940).

Shou-chung. "T'ui-hsing ping-i chih ch'u-lun" (On promoting military service), *Ping-i hsün-k'an*, 34 (Nov. 30, 1940).

Shyu, Lawrence Nae-lih. "China's 'Wartime Parliament': The People's Political Council, 1938—1945," in Paul K. T. Sih, ed., *Nationalist China During the Sino-Japanese War*.

——. "The People's Political Council and China's Wartime Prob-lems, 1937—1945." Ph. D. diss., Columbia University, 1972.

Sih, Paul K. T., ed. *Nationalist China During the Sino-Japanese War, 1937—1945*. Hicksville, N. Y., 1977.

Skocpol, Theda. *States and Social Revolutions: A Comparative Analysis of France, Russia, and China*. Cambridge, Eng., 1979.

Smith, Robert Gillen. "History of the Attempt of the United States Medical Department to Improve the Effectiveness of the Chinese Army Medical Service, 1941—1945." Ph. D. diss., Columbia University, 1950.

Snow, Edgar. *The Battle for Asia*. New York, 1941.

——. "The Generalissimo," *Asia*, Dec. 1940, pp. 646—48.

Ssu-ch'uan ching-chi chi-k'an (Szechwan economics quarterly). Chungking. 1943—1946.

Ssu-ch'uan-sheng ching-chi tiao-ch'a pao-kao (Report on an investi-gation of the Szechwan economy). Comp. Chung-kuo nung-min yin-hang. In *Chung-hua-min-kuo shih-liao ts'ung-pien* (Miscellany of historical materials on the Chinese Republic), vol. A32. Taipei, 1976.

Ssu-ch'uan wen-hsien yüeh-k'an (Szechwan documents monthly). Taipei. 1963—1972.

Ssu-t'u Ni-ying. "Lung Yün li-k'ai Yün-nan" (Lung Yün's departure from Yunnan), *Hsin-wen t'ien-ti*, 21 (Mar. 1, 1947).

"Statements of Japanese Officers, World War II." Office of the Chief of Military History, Washington, D. C.

Stilwell, Joseph W. *The Stilwell Papers*. Arr. and ed. by Theodore H. White. New York, 1972.

Stilwell Papers. National Archives, Washington, D. C.

Stuart, John Leighton. *Fifty Years in China*. New York, 1954.

Sun Chen. "K'an-luan chung-ch'i ta-lu lun-hsien chih ching-kuo" (The middle phase of rebellion-suppression: experiences during the fall of the mainland), *Ssu-ch'uan wen-hsien yüeh-k'an*, 58 (June 1, 1967).

Sung T'ung-fu. "T'ien-fu cheng-shih yü chün-hsü min-shih" (The tax-in-kind and military and civilian rations), in Wu Hsiang-hsiang et al., eds., *Chung-kuo chin-tai-shih lun-ts'ung* (An-thology on modern Chinese history), series 1, vol. 9. Taipei, 1956.

Sze, Szeming. *China's Health Problems*. Washington, D. C., 1944.

Ta-hou-fang nung-ts'un ching-chi p'o-huai te ts'an-hsiang (The tragic situation of the economic bankruptcy of the villages in the wartime rear areas). N. p., n. d. [1944]. (Bureau of Investigation # 289/843.)

Ta I-chin. "Cheng-i-chung te pi-chih wen-t'i" (The monetary question in debate), *Ching-chi chou-pao*, 5, no. 7 (Aug. 14, 1947).

——. "Ch'i-ko-yüeh-lai te Chung-kuo ching-chi ch'ing-shih" (China's economic situation in the past seven months), *Kuan-ch'a*, 4, no. 23/24 (Aug. 7, 1948).

Ta-kung-pao ("L'Impartial"). Chungking and Shanghai. 1937—1949.

Tai Kao-hsiang. "K'ang-chan shih-ch'i chih Ssu-ch'uan i-cheng" (Conscription in Szechwan during the war of resistance), *Ssu- ch'uan wen-hsien yüeh-k'an*, 11/12 (July 1, 1963).

"T'ai-yüeh san-ch'ing-t'uan hsiu-cheng fan-kung kung-tso shou-ts'e" (Anti-Communist work-manual, revised by the Three People's Principles Youth Corps of T'ai-yüeh), in *Kuo-min-tang te t'e-'wu cheng-ts'e* (The Kuomintang's special-services policy). Printed by Shan-tung-chün-ch'ü cheng-chih-pu (Political Bu-reau of the Shangtung military zone). N. p., 1944. (Bureau of Investigation # 276/803.)

Tang-cheng ko-hsin yün-tung (The party-government renovation movement). Ed. Chung-kuo kuo-min-tang yun-nan-sheng chih-hsing weiyüan-hui (Yunnan provincial executive committee of the Kuomintang). N. p., n. d. (Taiwan Branch, National Central Library # 005. 28/1490.)

"Tang-t'uan t'ung-i i-hou" (After unification of the party and the corps), *Ko-hsin yüeh-k'an*, 16 (Dec 15, 1947).

Tang-t'uan t'ung-i tsu-chih chung-yao wen-hsien (Important docu-ments pertaining to organizational unification of the party and the corps). N. p.,

n. d.

Tang yü t'uan te kuan-hsi (The relationship between the party and the corps). Ed. San-min-chu-i ch'ing-nien-t'uan chung-yang t'uan-pu (Central Headquarters, Three People's Principles Youth Corps). N. p. , 1940.

T'ang Eh-po hsien-sheng chi-nien chi (T'ang En-po festschrift). N. p. , 1964.

Teng Wen-i. *Mao-hsien fan-nan chi* (A record of braving dangers and withstanding difficulties). 2 vols. Taipei, 1973.

"Ti-hsia tou-cheng lu-hsien kang-ling" (Essentials of the policy of underground struggle), *Kung-fei yü min-meng chih chien* (Between the Communist bandits and the Democratic League). N. p. , 1947. (Bureau of Investigation # 263. 31/817.)

Ti-liu-chieh chung-yang chih-hsing wei-yüan-hui ti-erh-tz'u ch'üan-t'i hui-i t'i-an yüan-wen (Resolutions presented to the 2d plenum of the 6th central executive committee). 2 vols. (Sun Yat-sen Library # 036. 1/6: 24/1.)

Tien, Hung-mao. *Government and Politics in Kuomintang China*, 1927—1937. Stanford, Calif. , 1972.

Tōa (East Asia). Tokyo, 1928—1945.

Tōa nisshi (East Asian chronological record). Tokyo. 1940.

Tong, Hollington K. *China and the World Press* Nanking, Preface dated Feb. 1948.

Tong, Te-kong, and Li Tsung-jen. *The Memoirs of Li Tsung-jen*. Boulder, Col. 1979.

"T'ou-chi-chia te hsin lo-yüan" (Opportunist's new playground), *Shih-chi p'ing-lun*, 4, no. 14 (Oct. 2, 1948).

Ts'ai Chen-yün. *Chiang Ching-kuo tsai Shanghai* (Chiang Ching-kuo in Shanghai). Nanking, 1948.

Ts'ai-cheng nien-chien, san pien (Financial administration yearbook, part 3). Comp. Ts'ai-cheng-pu ts'ai-cheng nien-chien pien-tsu-an ch'u. Nanking, 1948.

Ts'ai-cheng p'ing-lun (Financial review). Hong Kong. 1939—1947.

Ts'ao Sheng-fen. "Ts'ung Hsi-k'ou tao Ch'eng-tu" (From Hsi-k'ou to Chengtu), *Chung-wai tsa-chih*, 2, no. 5 (Nov. 1967).

Tsou, Tang. *America's Failure in China*, 1941—1950. Chicago, 1963.

"Tsung-chieh che ch'i-shih-t'ien" (General assessment of these seventy days), *Ching-chi p'ing-lun*, 7, no. 19 (Nov. 11, 1948).

"Ts'ung li-fa-yüan te p'ai-hsi shuo-tao kuo-min-tang te kai-tsao" (Factions in the

Legislative Yüan and Kuomintang reform), *Kuan-ch'a*, 4, no. 22 (July 31, 1948).

T'uan-wu huo-tung shou-ts'e (Manual for corps activities). N. p. , 1944. (Bureau of Investigation # 167. 43/811.)

Tung Chia-mu. "Chiang Ching-kuo chi-mo fan-nao" (Chiang Ching-kuo: lonely and troubled), *Hsin-wen t'ien-ti*, 50 (Oct. 16, 1948).

Tung-fang tsa-chih (" Eastern Miscellany "). Shanghai, 1947—1948; Taiwan, 1974.

Tung Shih-chin. "K'ang-chan i-lai Ssu-ch'uan chih nung-yeh" (Szechwan's agriculture since the beginning of the war against Japan), *Ssu-ch'uan ching-chi chi-k'an*, 1, no. 1 (Dec. 15, 1943).

——. "T'u-ti fen-p'ei wen-t'i" (The question of land distribution), *Ching-chi p'ing-lun*, 3, no. 10 (June 12, 1948).

Tzu-yu chung (Freedom bell). Hong Kong. 1972.

United States Relations with China : With Special Reference to the Period 1944—1949. Washington, D. C. , 1949.

"Unnanshō no seiji keizaiteki chi'i" (The political and economic position of Yunnan), *Tōa*, 15, no. 7 (July 1, 1942).

Utley, Freda. *China at War*. New York, 1939.

Wang Cheng. "The Kuomintang: A Sociological Study of Demoralization. " Ph. D. diss. , Stanford University, 1953.

Wang Chung-wen. "Wei fu-shang chiang-shih hu-yü ping kung-hsien chi-tien chiu-shang kung-tso-shang te i-chien" (Appealing on behalf of officers and men, and presenting some suggestions regarding firstaid work), *Chan-shih i-cheng*, 16 (Aug. 1, 1938).

Wang Chung-wu. "Hsien-chieh-tuan chih wu-chia wen-t'i" (The problem of commodity prices at the present time), *Tung-fang tsa-chih*, 43, no. 16 (Oct. 1947).

——. "Wan-chiu tang-ch'ien ching-chi wei-chi chih tui-ts'e" (The means of resolving the current economic crisis), *Tung-fang tsa-chih*, 44, no. 8 (Aug. 1948).

Wang Fei. "Lun sui-ch'ing-ch'ü t'u-ti chai-ch'üan te fa-hsing chün-pei" (On preparations for the issuance of land loans in the paci-fication areas), *Ching-chi p'ing-lun*, 3, no. 10 (June 12, 1948).

Wang Tsu-hua. "Chien-ch'üan ping-i te chi-ko hsien-chüeh wen-t'i" (Several priority questions regarding military conscription), *I-cheng yüeh-k'an*, 1, no. 1 (Apr. 1945).

——. "Kai-shan i-cheng-fa te chi-ko ch'ieh-yao wen-t'i" (Several critical questions regarding improving the conscription law), *I-cheng yüeh-k'an*, 1, no. 2 (May 1945).

Wang Tzu-liang. *Che-hsi k'ang-chan chi-lüeh* (A record of the war of resistance in western Chekiang). Taipei, 1966.

Wang, Yin-yuen. "Changes in Farm Wages in Szechwan," *Economic Facts*, 43 (Apr. 1945).

Wang Yin-yüan. "Hsien-chia yü t'ien-ti hsien-tsu" (Price control and rent control on land), *Hsin-ching-chi*, 8, no. 9 (Mar. 1, 1943).

——. "Ssu-ch'uan chan-shih nung-kung wen-t'i" (The problem of farm wages in wartime Szechwan), *Ssu-ch'uan ching-chi chi-k'an*, 2, no. 3 (July 1, 1945).

——. "Ssu-ch'uan chan-shih wu-chia yü ko-chi jen-min chih kou-mai-li" (Commodity prices in Szechwan during the war and the people's standard of living), *Ssu-ch'uan ching-chi chi-k'an*, 1, no. 3 (June 15, 1944).

Wang Yu-chuan. "The Organization of a Typical Guerrilla Area in South Shantung," in Evans Fordyce Carlson, *The Chinese Army: Its Organization and Military Efficiency*.

Wartime China as Seen by Westerners. Chungking, preface dated 1942.

Wedemeyer, Albert C. *Wedemeyer Reports!* New York, 1958.

Wei Min. "Ko-hsin te chung-tien" (The crux of renovation), *Ko-hsin yüeh-k'an*, 2 (Sept. 1, 1946).

Weng Kuo-kuei. "San-shih-ssu nien-tu i-cheng chih chan-wang" (The outlook for conscription in 1945), *I-cheng yüeh-k'an*, 1, no. 1 (Apr. 1945).

White, Theodore H. *In Search of History: A Personal Adventure*. New York, 1978.

——. and Annalee Jacoby. *Thunder Out of China*. New York, 1946.

"Wo-men te hu-sheng" (Our cry), *Tang-cheng ko-hsin yün-tung*, pp. 1—9.

Woodbridge, George. *UNRRA: The History of the United Nations Relief and Rehabilitation Administration*. New York, 1950.

Wu Ch'i-yüan. *Yu chan-shih ching-chi tao p'ing-shih ching-chi* (From a wartime economy to a peacetime economy). Shanghai, 1946.

Wu Ching-ch'ao. *Chieh-hou tsai-li* (Calamity after pillage). Shanghai, 1947.

Wu Hsiang-hsiang. *Min-kuo pai-jen chuan* (One-hundred biographies of the republican period). Taipei, 1971.

———. *Ti-erh-tz'u Chung-Jih chan-cheng shih* (History of the second Sino-Japanese war). 2 vols. Taipei, 1973.

———. "Total Strategy Used by China and Some Major Engagements in the Sino-Japanese War of 1937—1945," in Paul K. T. Sih, ed., *Nationalist China During the Sino-Japanese War*.

———. "Wang Yün-wu yü chin-yüan-ch'üan te fa-hsing" (Wang Yün-wu and the issuance of the gold yüan), *Chuan-chi wen-hsüeh*, 213 (Feb. 1980).

Wu Kuo-chen. "Reminiscences of Dr. Wu Kuo-cheng (October 21, 1953—) for the years 1946—1953 as told to Prof. Nathaniel Peffer, Nov. 1960." Unpub. ms. in Special Collections Library, Butler Library, Columbia University.

Wu Shan. "Hu-nan te tang-t'uan hu-tou" (Conflict between the party and the corps in Hunan), *Shih yü wen*, 2, no. 7 (Oct. 24, 1947).

Wu Tan-ko. "Ssu-ch'uan-sheng ti-fang t'an-pai" (Szechwan's local t'an-pai), *Ssu-ch'uan ching-chi chi-k'an*, 1, no. 2 (Mar. 15, 1944).

Wu T'ieh-ch'eng. *Wu T'ieh-ch'eng hui-i-lu* (Memoirs of Wu T'ieh-ch'eng). Taipei, 1969.

Wu Ting-ch'ang. *Hua-ch'i hsien-pi hsü-chi* (Random notes in Hua-chi, supplement). Kweiyang, 1943.

Wu Yuan-li. *An Economic Survey of Communist China*. New York, 1956.

Yang Chia-lo, ed., *Ta-lu lun-hsien-ch'ien chih Chung-hua min-kuo* (The Chinese Republic before the loss of the mainland). 5 vols. Taipei, 1974.

Yang Li-k'uei. "Ch'ing-nien hsün-lien yü t'ung-chih" (The training and control of youth), *Ch'eng-ku ch'ing-nien*, 1 (Apr. 1941).

Yang Yu-chiung. "Wo-men yao-ch'iu kai-pien cheng-chih feng-ch'i" (We demand a change in governmental style), *Ko-hsin chou-k'an*, 1, no. 1 (July 27, 1946).

Yao Cheng-min. "P'ei-tu hsüeh-sheng yün-tung chih hui-ku" (Recol-lections of the student movement at Chungking), *Ssu-ch'uan wen-hsien yüeh-k'an*, 124 (Dec. 1, 1972).

Yao Sung-ling. "Ching-tao Chang Kung-ch'üan hsien-sheng" (In memory of Chang Kia-ngau), *Chuan-chi wen-hsüeh*, 211 (Dec. 1979).

Yeh Ch'ing. "Ko-hsin yün-tung ti-i-ko chi-pen yüan-tse" (The first principle of the renovation movement), *Ko-hsin chou-k'an*, 1, no. 4 (Aug. 17, 1946).

———. "Shih-hsing tang-nei min-chu" (Implement democracy within the party), *Ko-hsin chou-k'an*, 1, no. 7 (Sept. 7, 1946).

——. "Su-ch'ing kuan-liao-chu-i" (Eliminate bureaucratism), *Ko-hsin chou-k'an*, 1, no. 12.

——. "Ta-tao kuan-liao tzu-pen" (Down with bureaucratic capital-ism), *Ko-hsin chou-k'an*, 1, no. 15 (Nov. 2, 1946). Reprin-ted in Ch'en Chung-min, *Kuan-liao tzu-pen p'i-p'an* (A critique of bureaucratic capitalism). Nanking, 1948.

——. "Tang-yüan tsung-ch'ing-ch'a yü ko-hsin yün-tung" (The general review of party members and the renovation movement), *Ko-hsin chou-k'an*, 1, no. 13.

Yeh Feng-ch'un. "Wo-men yao-ch'iu chan-k'ai ko-hsin yün-tung" (We demand the expanding of the renovation movement), *Ko-hsin chou-k'an*, 1, no. 2 (Aug. 3, 1946).

Yen Cheng-wu. "Tse-yang t'uan-chieh ko-ming t'ung-chih" (How to unite revolutionary comrades), *Ko-hsin chou-k'an*, 1, no. 4 (Aug. 17, 1946).

Yen Jen-keng. "Ching-chi hu? Cheng-chih hu?" (Economics? Poli-tics?), *Ching-chi p'ing-lun*, 1, no. 12 (June 21, 1947).

Yen Lin. "Nung-ts'un p'o-ch'an yü tang-ch'ien ching-chi wei-chi" (Rural collapse and the current economic crisis), *Ching-chi chou-pao*, 3, no. 24 (Dec. 12, 1946).

Yen Ling. "Ching-chi 'tsung-tung-yüan' i-hou" (After the general mobilization of the economy), *Ching-chi chou-pao*, 5, no. 3 (July 17, 1947).

Young, Arthur N. *China and the Helping Hand, 1937—1945*. Cambridge, Mass., 1963.

——. *China's Wartime Finance and Inflation, 1937—1945*. Cam-bridge, Mass., 1965.

Yü Ch'ang-ho. "Wo-kuo chan-shih lao-tung cheng-ts'e" (China's wartime labor policy), *Hsin-Chung-hua*, *fu-k'an*, 2, no. 9 (Sept. 1944).

Yün An. *Chiang-nan mi-shih* (Secret history of southern Kiangsu). Hong Kong, 1952.

参考书目

《亚美杂志论文集:中国灾难的线索》,两卷,华盛顿,1970
鲍大可:《共产党接管前夕的中国》,纽约,1963
包瑞德:《迪克西使团:美军驻延安观察组,1944》,伯克利,1970
杰克·贝尔登:《中国震撼世界》,纽约,1949
日本防卫研究所战史室:《河南会战》,东京,1967
包华德编:《中华民国传记辞典》,4卷,纽约,1967—1970
约翰·亨特·博依尔:《中日战争,1937—1945:合作政治》,斯坦福,1972
卜　凯:《中国四川省农业调查》,重庆,1943
卜凯和严中站(音):《战争对四川彭县农民的经济影响》,《经济统计》第19期(1943年4月)
杰拉尔德·E. 邦克:《和平阴谋:汪精卫与中国的战争,1937—1941》,麻省剑桥,1972
罗伯特·J. C. 布托:《东条英机与战争的来临》,普林斯顿,1961
阿奇·凯利:《上海的战争岁月,1941—45—48》,纽约,1963
卡尔逊:《中国陆军:编制与战斗力》,纽约,1940
《CC豪门资本内幕》,出版地不明(香港?),1947
《战时医政》,1938
张奇瑛:《米潮的分析》,《经济评论》第1卷第9期(1947年5月30日)
《三十六年中国经济概况》,《东方杂志》第44卷第7期(1948年7月)
《三十五年度的中国经济》,《东方杂志》第43卷第11期(1947年6月)
张其昀:《党史概要》,5卷,台北,1951
张嘉谋等编:《叛变附匪分子谬论》,出版地及出版日期不明
张锡昌等编:《战时的中国经济》,桂林,1943
章士钊:《抗战五年与农村经济》,《中国农村》,第8卷第5/6期(1942年)
张相普(音):《青山忆旧》,《中外杂志》,第12卷第5期(1972年11月)
张肖梅:《云南经济》,重庆,1941

张一凡:《经济改革方案之批评与国民党经济政策之"转变"》,《经济周报》,第 4 卷第 19 期(1947 年 5 月)
张赣萍:《抗日名将关麟征》,香港,1969
张嘉璈:《通货膨胀:中国的经历,1939—1950》,麻省剑桥,1958
张培刚:《通货膨胀下的农业和农民》,《经济评论》,第 1 卷第 1 期(1947 年 4 月)
张少曾(音):《如何解决士兵逃亡问题》,《成功周报》,第 3 卷第 4 期(1941 年 8 月)
张文实:《云南内幕》,香港,1949
赵小义(音):《发扬重庆精神》,《中外杂志》,第 10 卷第 6 期(1971 年 12 月)
赵世洵:《王云老与金元券案质疑之补充》,《传记文学》,第 211 期(1979 年 12 月)
莱昂内尔·M. 蔡辛:《共产党征服中国,内战史,1945—1949》,麻省剑桥,1965
振　光:《川陕甘农村经济鸟瞰》,《经济周报》,第 2 卷第 3 期(1946 年 1 月)
陈正谟:《政治革新与行政效率》,《革新周刊》,第 1 卷第 5 期(1946 年 8 月)
《田赋征实与粮食征借之检讨》,《四川经济季刊》,第 1 卷第 2 期(1944 年 3 月)
陈诚:《八年抗战经过概要》,出版地及出版日期不明
陈健夫:《革新的基本愿望》,《革新周刊》,第 1 卷第 1 期(1946 年 7 月)
陈翰笙:《物价与农村》,《中国农村》,第 8 卷第 5/6 期(1942 年)
陈孝威:《为什么失去大陆》,台北,1964
陈洪进:《三十二年之四川农业》,《四川经济季刊》,第 1 卷第 2 期(1944 年 3 月)
陈志让:《毛泽东与中国革命》,伦敦,1965
陈立夫:《建国之道》,《革新月刊》第 1 期(1946 年 8 月)
陈伯达:《解放前中国地租》,北京,1958
陈布雷:《陈布雷回忆录》,香港,1962
陈少校:《金陵残照记》,香港,1963
《黑网录》,香港,1966
陈　达:《浪迹十年》,上海,1946
《现代中国的人口》,芝加哥,1946
陈敦正:《动乱的回忆》,台北,1979
陈卫华(音):《办理役政的几个重要阶段》,《征训月刊》,第 1 卷第 2/3 期(1942 年 3 月)
陈英龙(音):《抗战期间我的生活片段》,《艺文志》,第 148 期(1978 年 1 月)
陈友三、陈思德编:《田赋征实制度》,重庆,1945
陈　愚:《为革新运动进一招》,《革新周刊》,第 1 卷第 7 期(1946 年 9 月)
郑兆求(音):《兵役巡视手记》,《征训月刊》,第 1 卷第 2/3 期(1941 年 3 月)
《征训月刊》,湖南省军管区司令部,1940—1941
《政工周报》,军事委员会政治部,1941

郑友桂(音):《中国的对外贸易与工业发展》,华盛顿,1956

《城固青年》,陕西,1941

程则军(音):《现阶段的兵役问题》,出版地不明,1942

程元斟:《革新运动只许成功不许失败》,《革新周刊》第 1 卷第 5 期(1946 年 8 月)

陈纳德:《战士之路》,纽约,1949

季梅(音):《当前纺织业的危机》,《经济周报》,第 13 期(1948 年 9 月)

季天(音):《政治讲话》,台北,1950

齐锡生:《战争中的国民党中国:军事失败与政治崩溃,1937—1945》,密歇根,1982

蒋经国:《风雨中的宁静》,台北,1978

《沪滨日记》,载《痛定思痛》

《痛定思痛》,出版地不明,1955

蒋介石:《蒋总统思想言论集》,30 卷,台北,1966

《抗战建国:1937—1943 六年抗战文电集》,纽约,1943

《苏俄在中国:七十概述》,台北,1969

《蒋管区真情实录》,出版地及出版日期不明

蒋梦麟:《新潮》,《传记文学》,第 11 卷第 2 期(1967 年 8 月)

江上清:《政海秘闻》,香港,1966

江上清:《往事清谈》,香港,1972

《江苏省政府 34/35 年政情述要》,出版地不明,1946

《剿匪重要战役之追述与检讨》,6 卷,出版地不明,1950

乔家才:《铁血精忠传》,台北,1978

千家驹:《中国经济现实讲话》,香港,1947

钱江潮:《当前农民的需要》,《农工月刊》,第 4 期(1947 年 7 月)

钱端升:《中国的政府与政治》,麻省剑桥,1961

金达凯:《中国青年的觉醒》,《民主评论》,第 2 卷第 4 期(1950 年 8 月)

金典戎:《西南老将刘震寰传记》,《春秋》第 173 期(1964 年 9 月)、第 174 期(1964 年 10 月)

秦绶章:《官僚政治的剖析》,《革新月刊》第 6 期(1947 年 1 月)

《实行党内民主》,《革新月刊》第 1 期(1946 年 9 月)

秦德纯:《秦德纯回忆录》,台北,1967

《中华志,1937—1945》,纽约,1947

《中华志,1950》,纽约,1950

《蜜勒氏评论报》,上海,1945—1949

《中国新闻评论》

《经济周报》,上海,1945—1948

《经济评论》,上海,1947—1948

镜　升:《战时中国经济轮廓》,出版地不明,1944

庆　霖:《输送伤兵转院的感想》,《战时医政》第 9 期(1938 年 5 月)

三青团中央:《青年通讯》,1943

周兴(音):《过去办理征兵之一般症结》,《征训月刊》,第 1 卷第 2/3 号(?)(1941 年 3 月)

周开庆:《四川与对日抗战》,台北,1971

《周报》,上海,1945—1946

周舜莘:《中国的通货膨胀,1937—1949》,纽约,1963

周荣德:《中国的社会流动:士绅在中国社会中的地位变迁》,纽约,1966

朱:《粮食征借与粮价》,《经济评论》,第 1 卷第 19 期,(1947 年 8 月)

朱子爽:《中国国民党历次全国代表大会要览》,重庆,1945

《中国国民党粮食政策》,重庆,1944

朱文长:《我对王云老与金圆券的看法》,《传记文学》第 213 期(1980 年 2 月)

朱岳山(音):《降魔记》,出版地不明,1946

局外人:《忆当年传说中的"十三太保"》,《春秋》第 95—118 期(1961 年 6 月 16 日—1962 年 6 月)

《传记文学》,台北,1962—1982

"中央调查统计局":《全国各单位特情概况》

"行政院"新闻局:《全国粮食概况》,出版地不明,1947

《全国田赋开始征收》,《经济周报》,第 3 卷第 6 期(1946 年 8 月)

《全国田粮会议纪要》,《财政评论》,第 17 卷第 2 期(1947 年 8 月)

《春秋》,香港,1957—1982

《中国经济年鉴,1947》,香港,1947

《中国国民党党员党政革新运动初期工作方案》,《革新月刊》,第 2 期(1946 年 9 月)

《中国劳工运动史》,5 卷,台北,1959

《中国农村》,桂林,1942

《中外杂志》,台北,1967—1982

"行政院"秘书处编:《中央政务机关三十年度工作成绩考察报告》,

《中央日报》,上海,1945—1949

柯乐博:《蒋介石的滑铁卢:淮海战役》,《太平洋历史评论》,第 25 卷第 4 期(1956 年 11 月)

A. 考特瑞尔:《湖南饥荒的惨相》,《经济周报》,第 3 卷第 6 期(1946 年 8 月)

弗兰克·多恩:《中日战争,1937—1941年:从卢沟桥到珍珠港》,纽约,1974

易劳逸:《夭折的革命:国民党统治下的中国,1927—1937》,麻省剑桥,1974

《国民党统治下的中国:两篇论文》,伊利诺斯,1981

《矛盾关系的多重面相:抗战时期的走私、傀儡与暴行》,载入江昭编:《中国人与日本人:政治与文化互动论文集》,普林斯顿,1980

哈利·埃克斯坦:《论内战原因》,载伊沃·K. 费尔拉本德等编:《愤怒、暴力与政治:理论与研究》,新泽西,1972

《经济统计》,成都,1943—1946

爱泼斯坦:《中国未完成的革命》,波士顿,1947

范 蕙:《看这严重的两个月》,载《周报》第30期(1946年3月)

《防谍锄奸须知》,出版地及出版日期不明

罗兹·法默:《上海的收获:中国战争中的三年日记》,伦敦,1945

费孝通:《中国士绅:城乡关系论文集》,芝加哥,1953

《评晏阳初"开发民力建设乡村"》,《观察》,第5卷第1期(1948年8月)

赫伯特·菲斯:《中国的纠葛:从珍珠港事变到马歇尔使华的美国在中国的努力》,普林斯顿,1953

冯亦鲁:《徐蚌战役见闻录》,香港,1964

冯玉祥:《我所认识的蒋介石》,香港,1949

冯由达:《龙云逃掉了》,《新闻天地》第54期(1948年12月)

劳伦·菲斯勒:《CCK是谁,台湾是什么?》,《美国大学教职工报告》,第28、29期(1978)

《美国外交文件集》,华盛顿,1937—1949

傅 瑞:《自由中国的新政》,纽约,1943

藤原彰:《日本陆军的作用》,载多萝西·博格及冈本俊平编《作为历史的珍珠港事变:日美关系,1931—1941》,纽约,1973

《近代中国人名辞典》,东京,1966

格雷姆·J. 基尔:《俄国革命中的农民与政府》,纽约,1979

理查德·尤根·吉莱斯皮:《黄埔与南京十年(1924—1936)》,美利坚大学博士论文,1971

唐纳德·G. 吉林:《民国时期的中央化问题:以陈诚和国民党为例》,《亚洲研究杂志》第29卷第4期,(1970年8月)

J. C. S. 霍尔:《滇系,1927—1937》,堪培拉,1976

韩思(音):《看!政学系》,香港,1947

霍尔多·汉森:《人道努力:中国战争的故事》,纽约,1939

服部卓四郎:《大东亚战争史》,东京,1965

何　廉：《何廉回忆录》，未出版
何应钦：《纪念七七抗战再驳中国的虚伪宣传》，《自由钟》，第 3 卷第 3 期，(1972 年 9 月)
贺岳僧：《如何推进党的革新运动》，《革新周刊》，第 1 卷第 5 期(1946 年 8 月)
《赶快纠正社会的偏向》，《社会评论》第 3 期(1945 年 9 月)
《党的腐败原因之分析》《革新周刊》，第 1 卷第 4 期(1946 年 8 月)
《党的病态原因之分析》，《革新周刊》，第 1 卷第 3 期(1946 年 8 月)
萧　铮：《土地改革五十年》，台北，1980
小　庄：《透视川西的农地和农村》，《观察》，第 5 卷第 4 期(1948 年 9 月)
冼(音)：《国营事业股票开始出售》，《经济评论》，第 3 卷第 23 期，(1948 年 9 月)
《新经济半月刊》，1939—1945
《新筹安会》，出版地不明，1946
《新中国》副刊，1944—1949
《新局面前夕的派系争斗及人事布局》，《观察》，第 2 卷第 8 期(1947 年 4 月)
《新官场现形记》，出版地不明，1946
《新闻天地》，重庆，1945
《行总周刊》，1946—1947
徐道邻：《国民政府治下的中国地方行政：民主自治与传统集权》，未刊手稿
许朗轩和张明凯编：《日中战争史(1937—1945)》，台北，1971
徐复观：《谁是击溃了中国社会反共的力量》，《民主评论》，第 1 卷第 7 期，(1949 年 9 月)
许芥昱：《闻一多》，波士顿，1979
徐　堪：《中国战时的粮政》，《粮政月刊》，第 1 卷第 1 期，(1943 年 4 月)
《徐可亭先生文丛》，台北，1970
《抗战时期粮政纪要》，《四川文献月刊》，11/12(1963 年 7 月)
许道夫：《江西粮价狂涨原因之研究》，《粮政月刊》，第 1 卷第 4 期(1941 年 4 月)
胡其如：《出巡定蕃县对局、保、甲长及各界讲词》，《兵役旬刊》，第 2 期(1939 年 11 月)
胡友鹏：《江西农村在困难中》，《经济周报》第 7 卷第 18 期(1948 年 11 月)
胡　风：《战时浙江农村经济的回顾》，《经济周报》第 2 卷第 12 期(1946 年 3 月)
《湖南"农建公司"纠纷内幕》，《经济周报》第 7 卷第 8 期(1948 年 11 月)
《湖北省政府报告，1942 年 11 月—1943 年 9 月》
《湖北省政府施政报告(田粮部分)，1942 年 11 月—1943 年 9 月》
《湖北省政府施政报告，1943 年 10 月—1944 年 9 月》
《胡上将宗南年谱》，台北，出版时间不明

黄坚清:《只有一条路——清党》,载《革新》周刊第 1 卷第 10 期(1946 年 9 月)

塞缪尔·P. 亨廷顿:《变化中的社会的政治秩序》,康涅狄格,1968

《役政月刊》,兵役署,1945

《一二·一惨案特集》,出版地及出版日期不明

《艺文志》,台北,1972

任　彰:《为革新运动答辩》,载《革新周刊》第 1 卷第 2 期(1946 年 8 月)

查默斯·A. 约翰逊:《农民的民族主义与共产党政权:革命中国的出现,1937—1945》,斯坦福,1962

《如何改进今后的兵役》,《兵役旬刊》第 7 期(1940 年 1 月)

阮华国:《革新声中第一炮:党员总清查》,《革新周刊》第 1 卷第 13 期

荣　斋:《金陵旧梦》,香港,1968

亚历山大·卡利亚金:《它乡之路》,莫斯科,1969

《抗战八年来兵役行政工作总报告》,出版地不明,1945

康　泽:《本团组织工作概况与三十一年度几件重要工作》,载《青年通讯》第 3 卷第 1 期(1943 年 1 月)

高叔康:《革新运动的同志们行动起来!》,《革新周刊》第 1 卷第 5 期(1946 年 8 月)

罗伯特·A. 卡普:《抗日战争中的国民党与农业中国,1937—1945》,载 F. 基尔伯特·陈编《十字路口的中国:国民党与共产党,1927—1949》,科罗拉多,1980

《四川与中华民国:地方军阀主义与中央政权,1911—1938》,康涅狄格,1973

片冈铁哉:《中国的抗战与革命:共产党与第二次统一战线》,伯克利,1974

柯伟林:《外国榜样与中国的现代化:德国与中华民国,1921—1941》,哈佛大学博士论文,1981

《革新周刊》,南京,1946

《革新月刊》,长沙,1949

《革命文献》,第 62—63 卷

谷　苞:《云南田赋征实与农民负担》,《新经济》,第 6 卷第 11 期(1942 年 3 月)

《观察》,上海,1946—1948

关吉玉:《中国税制》,出版地不明,1945

"国防部":《中央执行委员会第六届第四次全体会议军事报告》,出版地不明,1947

"国防部"史政局:《戡乱简史》,4 卷,出版地不明,1947

《国军政治工作指导要点》,出版地不明,1950

郭荣赵:《美国雅尔塔密约与中国》,台北,1967

《国民党军官兵们,起来!》,载张嘉谋等编《叛变附匪分子谬论》

《国民党军队深明大义光荣壮举》，载张嘉谋等编《叛变附匪分子谬论》
《国民党党团合并前后》，《观察》，第3卷第5期(1947年9月)
乔治·勒菲弗：《1789年大恐惧：法兰西革命时期的农村恐慌》，纽约，1973
雷兆元(音)：《鄢县一年来役政之检讨》，《征训月刊》，第1卷第2/3期(1941年3月)
雷震：《雷震回忆录》
雷勤(音)：《广西善后救济问题刍议》，《岭表论坛》，第1卷第1期(1945年第12期)
梁思文：《评梁敬(錞)1945年中苏友好同盟条约内幕》，载薛光前编《日中战争中的国民党中国》
《战争动员：作为战争工具的东北农村革命》，会议论文，1978
李一为(音)：《办理醴陵役政之概述》，《征训月刊》第1卷第4期(1941年4月)
李一叶：《中国人民怎样打败日本帝国主义》，北京，1951
李品仙：《李品仙回忆录》，台北，1975
李守孔：《中国现代史》，台北，1967
李　建：《革新运动的三大精神》，《革新周刊》第1卷第6期(1946年8月)
李体潜：《田赋应折成法币》，《社会评论》第24期(1946年8月)
李宗黄：《驻滇回忆录》，南京，1947
《李宗黄回忆录》，台北，1972
李宗瀛：《善后工作检讨》(1946年9月)，《行总周刊》第22期(1946年9月)
李紫翔：《抗战以来四川之工业》，《四川经济季刊》，第1卷第1期(1943年12月)
《粮政月刊》，1941
梁寒操：《发刊词》，《革新周刊》第1卷第1期(1946年7月)
梁　雄：《戴笠传》，台北，1980
梁声全：《蒋李斗争内幕》，香港，1954
林　真：《中国内幕》，上海，1948
林真容(音)：《兵役之概论》，出版地不明，1940
《岭表论坛》，桂林，1945—1946
凌云(音)：《伤心往事话和谈》，见《艺文志》第87页(1972年12月)
刘健群：《银河忆往》，台北，1966
刘　峙：《我的回忆》，台北，1966
刘秋篁：《战时四川粮食生产》，《四川经济季刊》，第2卷第4期(1945年10月)
刘　馥：《现代中国军事史，1924—1929》，普林斯顿，1956
刘不同：《论国民党之复兴》，《革新周刊》第1卷第6期(1946年8月)
罗敦伟：《五十年回忆录》，台北，1952

娄立斋：《关于田赋征实》，《经济周报》第2卷第23期(1946年3月)

马　骅：《三十三年四川之田赋征实与征借》，《四川经济季刊》，第2卷第2期(1945年4月)

《四川田赋征实与粮食征购(借)问题》，《四川经济季刊》，第1卷第2期(1944年3月)

孟宪章：《中国近代经济史教程》，上海，1951

密尔顿·E. 迈儿斯：《另一种战争》，纽约，1967

《民主评论》，香港，1949—1950

莫萱元：《党政革新的途径》，《革新月刊》第2期(1946年9月)

《党政革新运动之要义》，《革新月刊》第1期(1946年8月)

《纽约时报》，1937—1949

《字林西报》，上海，1948

《农工月刊》

欧里渥：《特殊的不宣而战的战争》，伦敦，1939

潘宏申(音)：《四川彭县的农产品市场》，《经济统计》，第26期(1943年11月)

潘光声(音)：《抗战时期四川特种工程纪实》，《四川文献》第81期(1969年5月)

K. M. 潘尼卡：《在两个中国：一个外交官的回忆》，伦敦，1955

罗伯特·佩恩：《中国觉醒》，纽约，1947

胡素珊：《中国的内战，1945—1949年的政治斗争》，伯克利，1978

《个性与台湾的政治机器：来自个人的回忆》，麻省剑桥，1954

《兵役制度之三平原则》，《兵役旬刊》第2期(1939年11月)

《兵役旬刊》，1939—1940

《评二中全会》，出版地及出版时间不明(1946?)

莱尔·斯蒂芬森·鲍威尔：《战时中国的一个军医》，堪萨斯，1946

浦熙修：《国民党三中全会记》，《观察》第2卷第6期(1947年4月)

道格拉斯·罗伯逊·雷诺兹：《中国工业合作运动与战时中国的政治两极化，1938—1945》，哥伦比亚大学博士论文，1975

查尔斯·F. 罗曼纳斯和赖利·桑德兰：《史迪威指挥权问题》，华盛顿，1956

《史迪威赴华使命》，华盛顿，1953

《中印缅战区失去的时机》，华盛顿，1959

安德鲁·罗斯：《四川：中国抵抗的关键》，《亚美杂志》，第5卷第8期(1941年10月)

《三青团的产生与目的和性质》，出版地及出版时间不明

《三民主义青年团第一次全国代表大会提案汇录》，出版地不明(译者查为重庆)，1943

《三民主义青年团团史资料第一辑初稿》,出版地不明(译者查为南京),1946

《三民主义青年团的性质和任务》,载《东亚》,第 14 卷第 5 期(1941 年 5 月)

詹姆斯·C. 斯考特:《农民的道德经济:东南亚的造反和生存》,康涅狄格,1976

谢伟思:《在中国失去的机会》,周锡瑞编,纽约,1974

沙学浚:《中共渗透国防部导致大陆变色》,《东方杂志》第 7 卷第 8 期(1947 年 2 月)

《山保六团全体官兵开座谈会》,载张嘉谋编《叛变附匪分子谬论》

《社会评论》,1945—1948

沈宗翰:《战时中国的粮食生产和军民需要之分配,1937—1945》,载薛光前编《中日战争时期的国民党中国》

《中美农村复兴联合委员会:农业发展合作 20 年》,纽约,1970

沈云龙:《对金圆券案应进一步追踪研究》,《传记文学》第 214 期(1980 年 3 月)

《王云老与金圆券案质疑》,《传记文学》第 209 期(1979 年 10 月)

詹姆斯·E. 谢里登:《中国军阀:冯玉祥一生》,斯坦福,1966

密尔顿 J. T. 希尔:《国民党历史文献选编,1894—1969》

《世纪评论》,南京,1947—1948

施复亮:《论当前的经管情形》,《观察》,第 5 卷第 10 期(1948 年 10 月)

石新(音):《委员会侍从室服务记往》,《春秋》,第 125 期(1962 年 9 月)

《时与文》,上海,1947—1948

《蒋介石的云南中央化工作》,《东亚》,第 13 卷第 3 期(1940 年 3 月)

守中(音):《推行兵役之刍论》,《兵役旬刊》第 34 期(1940 年 11 月)

徐乃力:《中国的战时国会:国民参政会,1938—1945》,载薛光前编《中日战争时期的国民党中国》

《国民参政会和中国战时问题,1937—1945》,哥伦比亚大学博士论文,1972

薛光前编:《中日战争时期的国民党中国,1937—1945》,纽约,1977

西达·斯考克波尔:《国家和社会革命:法国、俄国和中国的比较分析》,英国剑桥,1979

罗伯特·吉伦·史密斯:《美国卫生部设法改进中国陆军卫生署效能的史实,1941—1945》,哥伦比亚大学博士论文,1950

斯　诺:《争夺亚洲的战争》,纽约,1941

《大元帅》,载《亚洲》,1940 年 12 月,第 646—648 页

《四川经济季刊》,重庆,1943—1946

《四川省经济调查报告》,载《中华民国史料丛编》,A32 卷

《四川文献月刊》,台北,1963—1972

司徒霓影:《龙云离开云南》,《新闻天地》,第 21 期(1947 年 3 月)

《日本军人的声明,第二次世界大战》,华盛顿
史迪威:《史迪威文件》,白修德编,纽约,1972
史迪威文件,美国国家档案馆
司徒雷登:《在华五十年》,纽约,1954
孙　震:《戡乱中期大陆沦陷之经过》,《四川文献月刊》,第8期(1967年6月)
宋同福:《田赋征实与军需民生》,载吴相湘等编《中国近代史论丛》第一辑第9册,台北,1956
斯思明(音):《中国的卫生问题》,华盛顿,1944
《大后方农村经济破坏的惨相》,出版地及出版时间不明(1944?)
笪移今:《争议中的币制问题》,《经济周报》,第5卷第7期(1947年8月)
《七个月来的中国经济形势》,《观察》,第4卷第23/24期(1948年8月)
《大公报》,重庆和上海,1937年—1949年
戴高翔:《抗战时期之四川役政》,《四川文献月刊》,第11/12期,(1963年7月)
《太原三青团修正反共工作守则》,载山东军区政治部编《国民党的特务政策》,出版地不明,1944
中国国民党云南省执行委员会编:《党政革新运动》,出版地及出版时间不明
《党团统一以后》,《革新月刊》第16期(1947年12月)
《党团统一组织重要文献》,出版地及出版时间不明(译者查为南京,1947)
三民主义青年团中央团部:《党与团的关系》,出版地不明(译者查为重庆),1940
《汤恩伯先生纪念集》出版地不明,1964
邓文仪:《冒险犯难记》,2册,台北,1973
《地下斗争路线纲领》,载《共匪与民盟之间》,出版地不明,1947
《第六届中央执行委员会第二次全体会议提案原文》,2册
田弘茂:《国民党中国的政府与政治,1927—1937》,斯坦福,1972
《东亚》,东京,1928—1945
《东亚日志》,东京,1940年
董显光:《中国与世界新闻界》,南京,1948
唐德刚与李宗仁:《李宗仁回忆录》,科罗拉多,1979
《投机家的新乐园》,《世纪评论》第4卷第14期(1948年10月)
蔡真云:《蒋经国在上海》,南京,1948
"财政部"财政年鉴编选处:《财政年鉴,三编》,南京,1948
《财政评论》,香港,1937—1947
曹圣芬:《从忻口到成都》,《中外杂志》,第2卷第5期(1967年11月)
邹　谠:《美国在中国的失败,1941—1950》,芝加哥,1963
《总结这七十天》,《经济评论》,第7卷第19期(1948年11月)

《从立法院的派系说到国民党的改造》,《观察》,第 4 卷第 22 期(1948 年 7 月)

《团务活动手册》,出版地不明,1944

董佳木:《蒋经国寂寞烦恼》,《新闻天地》,第 50 期(1948 年 10 月)

《东方杂志》,上海,1947—1948;台北,1974

董时进:《抗战以来四川之农业》,《四川经济季刊》,第 1 卷第 1 期(1943 年 12 月)

《土地分配问题》,《经济评论》第 3 卷第 10 期(1948 年 6 月)

《自由钟》,香港,1972

《美国与中国的关系:尤其是关于 1944—1949 年时期》,华盛顿,1949

《云南省的政治经济地位》,《东亚》第 15 卷第 7 期(1942 年 7 月)

弗雷达·厄特利:《战争中的中国》,纽约,1939

王成(音):《对国民党士气低落的社会学研究》,斯坦福大学博士论文,1953

王仲文:《为负伤将士呼吁并贡献几点救伤工作上的意见》,《战时医政》,第 16 期(1938 年 3 月)

王仲武:《现阶段之物价问题》,《东方杂志》第 43 卷第 16 期(1947 年 10 月)

《挽救当前经济危机之对策》,《东方杂志》第 44 卷第 8 期(1948 年 8 月)

王　非:《论绥靖区土地债券的发行准备》,《经济评论》第 3 卷第 10 期(1948 年 6 月)

汪祖华:《健全兵役的几个先决问题》,《役政月刊》,第 1 卷第 1 期(1945 年 4 月)

《改善役政法的几个切要问题》,《役政月刊》,第 1 卷第 2 期(1945 年 5 月)

王梓良:《浙西抗战记略》,台北,1966

汪荫元:《四川农工的变化》,《经济统计》,第 31 期(1945 年 4 月)

《限价与田地限租》,《新经济》,第 8 卷第 9 期(1943 年 3 月)

《四川战时农工问题》,《四川经济季刊》,第 2 卷第 3 期(1945 年 7 月)

《四川战时物价与各级人民之购买力》,《四川经济季刊》,第 1 卷第 3 期(1944 年第 6 期)

王友传(音):《鲁南一个典型的游击区的组织》,载卡尔逊《中国陆军:它的组织和作战力》

《西方人眼中的战时中国》,重庆,序于 1942

魏德迈:《魏德迈报告》,纽约,1958

魏　民:《革新的重点》,《革新月刊》第 2 期(1946 年 9 月)

翁国柱:《三十四年度役政之展望》,《役政月刊》,第 1 卷第 1 期(1945 年 4 月)

白修德:《寻找历史:一个人的冒险》,纽约,1978

白修德和贾安娜:《中国暴风雨》,纽约,1946

《我们的呼声》,载《党政革新运动》第 1—9 页

乔治·伍德布里奇:《联合国善后救济总署史》,纽约,1950

伍启元：《由战时经济到平时经济》，上海，1946

吴景超：《劫后灾黎》，上海，1947

吴相湘：《民国百人传》，台北，1971

《第二次中日战争史》，两册，台北，1973

《中日战争中中国的总战略与一些主要战役》，载薛光前编《中日战争中的国民党中国》

《王云五与金圆券的发行》，《传记文学》第 213 期（1980 年 2 月）

吴国桢：《吴国桢回忆录》，未出版

伍　人：《湖南的党团互斗》，《时与文》第 2 卷第 7 期

伍丹戈：《四川省地方摊派》，《四川经济季刊》第 1 卷第 2 期（1944 年 5 月）

吴铁城：《吴铁城回忆录》，台北，1969

吴鼎昌：《花溪闲笔续集》，贵阳，1943

吴远立（音）：《共产党中国经济概览》，纽约，1956

杨家骆编：《大陆沦陷前之中华民国》，5 卷，台北，1974

杨立奎：《青年训练与统制》，《城固青年》第 1 期（1941 年 4 月）

杨幼炯：《我们要求改变政治风气》，《革新周刊》第 1 卷第 1 期（1946 年 7 月）

姚蒸民（音）：《陪都学生运动之回顾》，《四川文献月刊》，第 124 期（1972 年 12 月）

姚崧龄：《敬悼张公权先生》，《传记文学》，第 211 期（1979 年 12 月）

叶　青：《革新运动第一个基本原则》，《革新周刊》第 1 卷第 4 期（1946 年 8 月）

《实行党内民主》，《革新周刊》第 1 卷第 7 期（1946 年 9 月）

《肃清官僚主义》，《革新周刊》第 1 卷第 12 期

《打倒官僚资本》，《革新周刊》第 1 卷第 15 期（1946 年 11 月）

《党员总清查与革新运动》，《革新周刊》第 1 卷第 13 期

叶逢春：《我们要求展开革新运动》，《革新周刊》第 1 卷第 2 期（1946 年 8 月）

严铮五：《怎样团结革命同志》，《革新周刊》第 1 卷第 4 期（1946 年 8 月）

严仁庚：《经济乎？政治乎？》，《经济评论》第 1 卷第 12 期（1947 年 6 月）

炎　林：《农村破产与当前经济危机》，《经济周报》，第 3 卷第 24 期（1946 年 12 月）

严　凌：《经济总动员以后》，《经济周报》，第 5 卷第 3 期（1947 年 7 月）

杨　格：《中国与外援，1937—1945》，麻省剑桥，1963

《中国的战时财政与通货膨胀》，麻省剑桥，1965

余长河：《我国战时劳动政策》，《新中华副刊》，第 2 卷，第 9 期（1944 年 9 月）

云　庵：《江南秘史》，香港，1952

译后记

国民党为什么失败,这是1949年国民党政府垮台后,在太平洋东西两岸长期争论的一个问题,也是现代中国发展过程中一个非常值得反思的问题。

在中国,对于大陆学者来说,由于各种因素的制约,我们对国民党统治中国二十多年历史的研究还很不够,当然也就对这段历史时期中所包含的许多值得借鉴的历史经验缺乏全面的分析和认识。所以,至今我们也没有产生出一部比较系统的具有一定理论水平的分析国民党为什么失败的著作。同样,对于台湾学者来说,由于国民党人对自己的失败抱着无穷的懊恼、后悔和对共产党人的仇视,所以就竭力掩饰自己的失败。他们或是避而不谈、避重就轻,或是寻找借口、诿罪他人。因此,在台湾出版的有关书中,我们也没有看到一本比较客观且认真地探讨国民党失败原因的著作。

在西方,尤其在美国,关于国民党为什么失败,曾经是一个相当热门的话题。不管是官僚政客,学者文人,都为此争论不休。因此,在一段时间内,各种各样的评价,众说纷纭的解释充塞于报章杂志、大学讲台和政治集会之中。其中,既有许多学术研究的真知灼见,也不乏危言耸听的政治偏见。归纳起来,大概有这样三种看法:第一,以美国政府在1949年8月发表的《美国与中国的关系》(即白皮书)为代表。它一方面竭力为美国政府干涉中国内政进行辩解,另一方面又不得不说明国民党的失败,不是因为美国政府的援助不力,而是因为国民党自身的腐败无能和人心丧尽。此外,也是苏联政府的阴谋和对中国共产党的恣恿。第二,一些文人政客声称,国民党的失败是美国政府的罪过。他们说,从罗斯福、杜鲁门到马歇尔和艾奇逊,不是坚持反共防线,而是采取妥协绥靖的政策,国民党的失败,也就是这个政策的牺牲品。第三,大多数学者认为国民党的失败是因为其自身的腐败、反动以及对三民主义的背叛。他们以充分的材料,对国民党政权的各个方面进行了剖析,提出了比较客观、公正的看法。到了 70 年代,尤其是进入 80 年代后,这种观点逐渐为多数人所赞同,并且出版了不少内容丰富、值得一读的著作。

《毁灭的种子》就是这类著作中的一本,也是分析国民党失败原因的最新成果。该书的作者易劳逸先生是美国伊利诺大学历史系教授,他是一位研究中国现代问题的专家,也是一位治学严谨、富有成果的学者。易劳逸先生对国民党统治中国的历史有过系统的研究。在《毁灭的种子》之前,他还发表了另外两本著作:《中国国民党的法西斯组织:蓝衣社》和《流产的革命:国民党统治下的中国(1927—1937)》。显而易见,这两本书和《毁灭的种子》是一脉相承的姐妹篇,它们比较系统、客观地回答了国民党为什么失败这样一个引人注目的问题。

正如前面所说,对于国民党失败原因的分析,到目前为止,我们还没有一本在史实和理论上具有一定广度和深度的著作。这不能不说是我们研究工作中的一个很大缺陷。因此,当李宗一老师向我们推荐了这本书时,我们感到,如果能把这本书翻译出来,介绍给国内的读者,不仅会对我们的研究工作起到推动的作用,而且还能使关心这一问题的广大读者从中有所收益。

令人高兴的是,我们的翻译工作得到了很多人的帮助,进展顺利。李宗一老师给予了热情的支持。本书的作者易劳逸教授也给予了热忧的帮助。在1987年10月初于南京召开的《民国档案和民国史国际学术讨论会》上，我们见到了易劳逸教授，同他谈了我们的想法。他非常爽快地答应了我们的请求，回国后不久，就给我们寄来了中文本的序言。此外，中国青年出版社的潘平同志也为我们的译稿付出了很多心血。借此机会，我们向他们表示衷心的感谢。

译 者

1988.4

  本书初次翻译出版时，根据中国青年出版社的意见，大部分注释未译。此次再版，将全部注释及参考书目译出，以备读者检索。译者并对译文重新作了校正。本书序言、第一、八章由王贤知校译、第四、五章由贾维校译，其余章节及参考书目由王建朗校译。

  原著中，大部分注释未标明征引书名，只标明作者及所引书目页码。译者依原著格式译出，作者如需进一步查考出处，敬请参阅书后所附参考书目。

  此次再版，承蒙府建明先生耐心督导，在此深表感谢。

译 者

2008.10

"海外中国研究丛书"书目

1. 中国的现代化 [美]吉尔伯特·罗兹曼 主编 国家社会科学基金"比较现代化"课题组 译 沈宗美 校
2. 寻求富强:严复与西方 [美]本杰明·史华兹 著 叶凤美 译
3. 中国现代思想中的唯科学主义(1900—1950) [美]郭颖颐 著 雷颐 译
4. 台湾:走向工业化社会 [美]吴元黎 著
5. 中国思想传统的现代诠释 余英时 著
6. 胡适与中国的文艺复兴:中国革命中的自由主义,1917—1937 [美]格里德 著 鲁奇 译
7. 德国思想家论中国 [德]夏瑞春 编 陈爱政 等译
8. 摆脱困境:新儒学与中国政治文化的演进 [美]墨子刻 著 颜世安 高华 黄东兰 译
9. 儒家思想新论:创造性转换的自我 [美]杜维明 著 曹幼华 单丁 译 周文彰 等校
10. 洪业:清朝开国史 [美]魏斐德 著 陈苏镇 薄小莹 包伟民 陈晓燕 牛朴 谭天星 译 阎步克 等校
11. 走向21世纪:中国经济的现状、问题和前景 [美]D.H.帕金斯 著 陈志标 编译
12. 中国:传统与变革 [美]费正清 赖肖尔 主编 陈仲丹 潘兴明 庞朝阳 译 吴世民 张子清 洪邮生 校
13. 中华帝国的法律 [美]D.布朗 C.莫里斯 著 朱勇 译 梁治平 校
14. 梁启超与中国思想的过渡(1890—1907) [美]张灏 著 崔志海 葛夫平 译
15. 儒教与道教 [德]马克斯·韦伯 著 洪天富 译
16. 中国政治 [美]詹姆斯·R.汤森 布兰特利·沃马克 著 顾速 董方 译
17. 文化、权力与国家:1900—1942年的华北农村 [美]杜赞奇 著 王福明 译
18. 义和团运动的起源 [美]周锡瑞 著 张俊义 王栋 译
19. 在传统与现代性之间:王韬与晚清革命 [美]柯文 著 雷颐 罗检秋 译
20. 最后的儒家:梁漱溟与中国现代化的两难 [美]艾恺 著 王宗昱 冀建中 译
21. 蒙元入侵前夜的中国日常生活 [法]谢和耐 著 刘东 译
22. 东亚之锋 [美]小R.霍夫亨兹 K.E.柯德尔 著 黎鸣 译
23. 中国社会史 [法]谢和耐 著 黄建华 黄迅余 译
24. 从理学到朴学:中华帝国晚期思想与社会变化面面观 [美]艾尔曼 著 赵刚 译
25. 孔子哲学思微 [美]郝大维 安乐哲 著 蒋弋为 李志林 译
26. 北美中国古典文学研究名家十年文选 乐黛云 陈珏 编选
27. 东亚文明:五个阶段的对话 [美]狄百瑞 著 何兆武 何冰 译
28. 五四运动:现代中国的思想革命 [美]周策纵 著 周子平 等译
29. 近代中国与新世界:康有为变法与大同思想研究 [美]萧公权 著 汪荣祖 译
30. 功利主义儒家:陈亮对朱熹的挑战 [美]田浩 著 姜长苏 译
31. 莱布尼兹和儒学 [美]孟德卫 著 张学智 译
32. 佛教征服中国:佛教在中国中古早期的传播与适应 [荷兰]许理和 著 李四龙 裴勇 等译
33. 新政革命与日本:中国,1898—1912 [美]任达 著 李仲贤 译
34. 经学、政治和宗族:中华帝国晚期常州今文学派研究 [美]艾尔曼 著 赵刚 译
35. 中国制度史研究 [美]杨联陞 著 彭刚 程钢 译

36. 汉代农业:早期中国农业经济的形成　[美]许倬云 著　程农 张鸣 译　邓正来 校
37. 转变的中国:历史变迁与欧洲经验的局限　[美]王国斌 著　李伯重 连玲玲 译
38. 欧洲中国古典文学研究名家十年文选　乐黛云 陈珏 龚刚 编选
39. 中国农民经济:河北和山东的农民发展,1890—1949　[美]马若孟 著　史建云 译
40. 汉哲学思维的文化探源　[美]郝大维 安乐哲 著　施忠连 译
41. 近代中国之种族观念　[英]冯客 著　杨立华 译
42. 血路:革命中国中的沈定一(玄庐)传奇　[美]萧邦奇 著　周武彪 译
43. 历史三调:作为事件、经历和神话的义和团　[美]柯文 著　杜继东 译
44. 斯文:唐宋思想的转型　[美]包弼德 著　刘宁 译
45. 宋代江南经济史研究　[日]斯波义信 著　方健 何忠礼 译
46. 一个中国村庄:山东台头　杨懋春 著　张雄 沈炜 秦美珠 译
47. 现实主义的限制:革命时代的中国小说　[美]安敏成 著　姜涛 译
48. 上海罢工:中国工人政治研究　[美]裴宜理 著　刘平 译
49. 中国转向内在:两宋之际的文化转向　[美]刘子健 著　赵冬梅 译
50. 孔子:即凡而圣　[美]赫伯特·芬格莱特 著　彭国翔 张华 译
51. 18世纪中国的官僚制度与荒政　[法]魏丕信 著　徐建青 译
52. 他山的石头记:宇文所安自选集　[美]宇文所安 著　田晓菲 编译
53. 危险的愉悦:20世纪上海的娼妓问题与现代性　[美]贺萧　韩敏中 盛宁 译
54. 中国食物　[美]尤金·N.安德森 著　马孆 刘东 译　刘东 审校
55. 大分流:欧洲、中国及现代世界经济的发展　[美]彭慕兰 著　史建云 译
56. 古代中国的思想世界　[美]本杰明·史华兹 著　程钢 译　刘东 校
57. 内闱:宋代的婚姻和妇女生活　[美]伊沛霞 著　胡志宏 译
58. 中国北方村落的社会性别与权力　[加]朱爱岚 著　胡玉坤 译
59. 先贤的民主:杜威、孔子与中国民主之希望　[美]郝大维 安乐哲 著　何刚强 译
60. 向往心灵转化的庄子:内篇分析　[美]爱莲心 著　周炽成 译
61. 中国人的幸福观　[德]鲍吾刚 著　严蓓雯 韩雪临 吴德祖 译
62. 闺塾师:明末清初江南的才女文化　[美]高彦颐 著　李志生 译
63. 缀珍录:十八世纪及其前后的中国妇女　[美]曼素恩 著　定宜庄 颜宜葳 译
64. 革命与历史:中国马克思主义历史学的起源,1919—1937　[美]德里克 著　翁贺凯 译
65. 竞争的话语:明清小说中的正统性、本真性及所生成之意义　[美]艾梅兰 著　罗琳 译
66. 中国妇女与农村发展:云南禄村六十年的变迁　[加]宝森 著　胡玉坤 译
67. 中国近代思维的挫折　[日]岛田虔次 著　甘万萍 译
68. 中国的亚洲内陆边疆　[美]拉铁摩尔 著　唐晓峰 译
69. 为权力祈祷:佛教与晚明中国士绅社会的形成　[加]卜正民 著　张华 译
70. 天潢贵胄:宋代宗室史　[美]贾志扬 著　赵冬梅 译
71. 儒家之道:中国哲学之探讨　[美]倪德卫 著　[美]万白安 编　周炽成 译
72. 都市里的农家女:性别、流动与社会变迁　[澳]杰华 著　吴小英 译
73. 另类的现代性:改革开放时代中国性别化的渴望　[美]罗丽莎 著　黄新 译
74. 近代中国的知识分子与文明　[日]佐藤慎一 著　刘岳兵 译
75. 繁盛之阴:中国医学史中的性(960—1665)　[美]费侠莉 著　甄橙 主译　吴朝霞 主校
76. 中国大众宗教　[美]韦思谛 编　陈仲丹 译
77. 中国诗画语言研究　[法]程抱一 著　涂卫群 译
78. 中国的思维世界　[日]沟口雄三 小岛毅 著　孙歌 等译

79. 德国与中华民国　［美］柯伟林 著　陈谦平 陈红民 武菁 申晓云 译　钱乘旦 校
80. 中国近代经济史研究：清末海关财政与通商口岸市场圈　［日］滨下武志 著　高淑娟 孙彬 译
81. 回应革命与改革：皖北李村的社会变迁与延续　韩敏 著　陆益龙 徐新玉 译
82. 中国现代文学与电影中的城市：空间、时间与性别构形　［美］张英进 著　秦立彦 译
83. 现代的诱惑：书写半殖民地中国的现代主义（1917—1937）　［美］史书美 著　何恬 译
84. 开放的帝国：1600年前的中国历史　［美］芮乐伟·韩森　梁侃 邹劲风 译
85. 改良与革命：辛亥革命在两湖　［美］周锡瑞 著　杨慎之 译
86. 章学诚的生平与思想　［美］倪德卫 著　杨立华 译
87. 卫生的现代性：中国通商口岸健康与疾病的意义　［美］罗芙芸 著　向磊 译
88. 道与庶道：宋代以来的道教、民间信仰和神灵模式　［美］韩明士 著　皮庆生 译
89. 间谍王：戴笠与中国特工　［美］魏斐德 著　梁禾 译
90. 中国的女性与性相：1949年以来的性别话语　［英］艾华 著　施施 译
91. 近代中国的犯罪、惩罚与监狱　［荷］冯客 著　徐有威 等译　潘兴明 校
92. 帝国的隐喻：中国民间宗教　［英］王斯福 著　赵旭东 译
93. 王弼《老子注》研究　［德］瓦格纳 著　杨立华 译
94. 寻求正义：1905—1906年的抵制美货运动　［美］王冠华 著　刘甜甜 译
95. 传统中国日常生活中的协商：中古契约研究　［美］韩森 著　鲁西奇 译
96. 从民族国家拯救历史：民族主义话语与中国现代史研究　［美］杜赞奇 著　王宪明 高继美 李海燕 李点 译
97. 欧几里得在中国：汉译《几何原本》的源流与影响　［荷］安国风 著　纪志刚 郑诚 郑方磊 译
98. 十八世纪中国社会　［美］韩书瑞 罗友枝 著　陈仲丹 译
99. 中国与达尔文　［美］浦嘉珉 著　钟永强 译
100. 私人领域的变形：唐宋诗词中的园林与玩好　［美］杨晓山 著　文韬 译
101. 理解农民中国：社会科学哲学的案例研究　［美］李丹 著　张天虹 张洪云 张胜波 译
102. 山东叛乱：1774年的王伦起义　［美］韩书瑞 著　刘平 唐雁超 译
103. 毁灭的种子：战争与革命中的国民党中国（1937—1949）　［美］易劳逸 著　王建朗 王贤知 贾维 译
104. 缠足："金莲崇拜"盛极而衰的演变　［美］高彦颐 著　苗延威 译
105. 饕餮之欲：当代中国的食与色　［美］冯珠娣 著　郭乙瑶 马磊 江素侠 译
106. 翻译的传说：中国新女性的形成（1898—1918）　胡缨 著　龙瑜宬 彭珊珊 译
107. 中国的经济革命：20世纪的乡村工业　［日］顾琳 著　王玉茹 张玮 李进霞 译
108. 礼物、关系学与国家：中国人际关系与主体性建构　杨美惠 著　赵旭东 孙珉 译　张跃宏 译校
109. 朱熹的思维世界　［美］田浩 著
110. 皇帝和祖宗：华南的国家与宗族　［英］科大卫 著　卜永坚 译
111. 明清时代东亚海域的文化交流　［日］松浦章 著　郑洁西 等译
112. 中国美学问题　［美］苏源熙 著　卞东波 译　张强强 朱霞欢 校
113. 清代内河水运史研究　［日］松浦章 著　董科 译
114. 大萧条时期的中国：市场、国家与世界经济　［日］城山智子 著　孟凡礼 尚国敏 译　唐磊 校
115. 美国的中国形象（1931—1949）　［美］T. 克里斯托弗·杰斯普森 著　姜智芹 译
116. 技术与性别：晚期帝制中国的权力经纬　［英］白馥兰 著　江湄 邓京力 译

117. 中国善书研究　［日］酒井忠夫 著　刘岳兵 何英莺 孙雪梅 译
118. 千年末世之乱:1813年八卦教起义　［美］韩书瑞 著　陈仲丹 译
119. 西学东渐与中国事情　［日］增田涉 著　由其民 周启乾 译
120. 六朝精神史研究　［日］吉川忠夫 著　王启发 译
121. 矢志不渝:明清时期的贞女现象　［美］卢苇菁 著　秦立彦 译
122. 明代乡村纠纷与秩序:以徽州文书为中心　［日］中岛乐章 著　郭万平 高飞 译
123. 中华帝国晚期的欲望与小说叙述　［美］黄卫总 著　张蕴爽 译
124. 虎、米、丝、泥:帝制晚期华南的环境与经济　［美］马立博 著　王玉茹 关永强 译
125. 一江黑水:中国未来的环境挑战　［美］易明 著　姜智芹 译
126. 《诗经》原意研究　［日］家井真 著　陆越 译
127. 施剑翘复仇案:民国时期公众同情的兴起与影响　［美］林郁沁 著　陈湘静 译
128. 华北的暴力和恐慌:义和团运动前夕基督教传播和社会冲突　［德］狄德满 著　崔华杰 译
129. 铁泪图:19世纪中国对于饥馑的文化反应　［美］艾志端 著　曹曦 译
130. 饶家驹安全区:战时上海的难民　［美］阮玛霞 著　白华山 译
131. 危险的边疆:游牧帝国与中国　［美］巴菲尔德 著　袁剑 译
132. 工程国家:民国时期(1927—1937)的淮河治理及国家建设　［美］戴维·艾伦·佩兹 著　姜智芹 译
133. 历史宝筏:过去、西方与中国妇女问题　［美］季家珍 著　杨可 译
134. 姐妹们与陌生人:上海棉纱厂女工,1919—1949　［美］韩起澜 著　韩慈 译
135. 银线:19世纪的世界与中国　林满红 著　詹庆华 林满红 译
136. 寻求中国民主　［澳］冯兆基 著　刘悦斌 徐硙 译
137. 墨梅　［美］毕嘉珍 著　陆敏珍 译
138. 清代上海沙船航运业史研究　［日］松浦章 著　杨蕾 王亦铮 董科 译
139. 男性特质论:中国的社会与性别　［澳］雷金庆 著　［澳］刘婷 译
140. 重读中国女性生命故事　游鉴明 胡缨 季家珍 主编
141. 跨太平洋位移:20世纪美国文学中的民族志、翻译和文本间旅行　黄运特 著　陈倩 译
142. 认知诸形式:反思人类精神的统一性与多样性　［英］G.E.R.劳埃德 著　池志培 译
143. 中国乡村的基督教:1860—1900 江西省的冲突与适应　［美］史维东 著　吴薇 译
144. 假想的"满大人":同情、现代性与中国疼痛　［美］韩瑞 著　袁剑 译
145. 中国的捐纳制度与社会　伍跃 著
146. 文书行政的汉帝国　［日］富谷至 著　刘恒武 孔李波 译
147. 城市里的陌生人:中国流动人口的空间、权力与社会网络的重构　［美］张骊 著　袁长庚 译
148. 性别、政治与民主:近代中国的妇女参政　［澳］李木兰 著　方小平 译
149. 近代日本的中国认识　［日］野村浩一 著　张学锋 译
150. 狮龙共舞:一个英国人笔下的威海卫与中国传统文化　［英］庄士敦 著　刘本森 译　威海市博物馆 郭大松 校
151. 人物、角色与心灵:《牡丹亭》与《桃花扇》中的身份认同　［美］吕立亭 著　白华山 译
152. 中国社会中的宗教与仪式　［美］武雅士 著　彭泽安 邵铁峰 译　郭潇威 校
153. 自贡商人:近代早期中国的企业家　［美］曾小萍 著　董建中 译
154. 大象的退却:一部中国环境史　［英］伊懋可 著　梅雪芹 毛利霞 王玉山 译
155. 明代江南土地制度研究　［日］森正夫 著　伍跃 张学锋 等译　范金民 夏维中 审校
156. 儒学与女性　［美］罗莎莉 著　丁佳伟 曹秀娟 译

157. 行善的艺术:晚明中国的慈善事业(新译本)　[美]韩德玲 著　曹晔 译
158. 近代中国的渔业战争和环境变化　[美]穆盛博 著　胡文亮 译
159. 权力关系:宋代中国的家族、地位与国家　[美]柏文莉 著　刘云军 译
160. 权力源自地位:北京大学、知识分子与中国政治文化,1898—1929　[美]魏定熙 著　张蒙 译
161. 工开万物:17世纪中国的知识与技术　[德]薛凤 著　吴秀杰 白岚玲 译
162. 忠贞不贰:辽代的越境之举　[英]史怀梅 著　曹流 译
163. 内藤湖南:政治与汉学(1866—1934)　[美]傅佛果 著　陶德民 何英莺 译
164. 他者中的华人:中国近现代移民史　[美]孔飞力 著　李明欢 译　黄鸣奋 校
165. 古代中国的动物与灵异　[英]胡司德 著　蓝旭 译
166. 两访中国茶乡　[英]罗伯特·福琼 著　敖雪岗 译
167. 缔造选本:《花间集》的文化语境与诗学实践　[美]田安 著　马强才 译
168. 扬州评话探讨　[丹麦]易德波 著　米锋 易德波 译　李今芸 校译
169. 《左传》的书写与解读　李惠仪 著　文韬 许明德 译
170. 以竹为生:一个四川手工造纸村的20世纪社会史　[德]艾约博 著　韩巍 译　吴秀杰 校
171. 东方之旅:1579—1724耶稣会传教团在中国　[美]柏理安 著　毛瑞方 译
172. "地域社会"视野下的明清史研究:以江南和福建为中心　[日]森正夫 著　于志嘉 马一虹 黄东兰 阿风 等译
173. 技术、性别、历史:重新审视帝制中国的大转型　[英]白馥兰 著　吴秀杰 白岚玲 译
174. 中国小说戏曲史　[日]狩野直喜　张真 译
175. 历史上的黑暗一页:英国外交文件与英美海军档案中的南京大屠杀　[美]陆束屏 编著/翻译
176. 罗马与中国:比较视野下的古代世界帝国　[奥]沃尔特·施德尔 主编　李平 译
177. 矛与盾的共存:明清时期江西社会研究　[韩]吴金成 著　崔荣根 译　薛戈 校译
178. 唯一的希望:在中国独生子女政策下成年　[美]冯文 著　常姝 译
179. 国之枭雄:曹操传　[澳]张磊夫 著　方笑天 译
180. 汉帝国的日常生活　[英]鲁惟一 著　刘洁 余霄 译
181. 大分流之外:中国和欧洲经济变迁的政治　[美]王国斌 罗森塔尔 著　周琳 译　王国斌 张萌 审校
182. 中正之笔:颜真卿书法与宋代文人政治　[美]倪雅梅 著　杨简茹 译　祝帅 校译
183. 江南三角洲市镇研究　[日]森正夫 编　丁韵 胡婧 等译　范金民 审校
184. 忍辱负重的使命:美国外交官记载的南京大屠杀及劫后的社会状况　[美]陆束屏 编著/翻译
185. 修仙:古代中国的修行与社会记忆　[美]康儒博 著　顾漩 译
186. 烧钱:中国人生活世界中的物质精神　[美]柏桦 著　袁剑 刘玺鸿 译
187. 话语的长城:文化中国历险记　[美]苏源熙 著　盛珂 译
188. 诸葛武侯　[日]内藤湖南 著　张真 译
189. 盟友背信:一战中的中国　[英]吴芳思 克里斯托弗·阿南德尔 著　张宇扬 译
190. 亚里士多德在中国:语言、范畴和翻译　[英]罗伯特·沃迪 著　韩小强 译
191. 马背上的朝廷:巡幸与清朝统治的建构,1680—1785　[美]张勉治 著　董建中 译
192. 申不害:公元前四世纪中国的政治哲学家　[美]顾立雅 著　马腾 译
193. 晋武帝司马炎　[日]福原启郎 著　陆帅 译
194. 唐人如何吟诗:带你走进汉语音韵学　[日]大岛正二 著　柳悦 译

195. 古代中国的宇宙论　[日]浅野裕一 著　吴昊阳 译
196. 中国思想的道家之论:一种哲学解释　[美]陈汉生 著　周景松 谢尔逊 等译　张丰乾 校译
197. 诗歌之力:袁枚女弟子屈秉筠(1767—1810)　[加]孟留喜 著　吴夏平 译
198. 中国逻辑的发现　[德]顾有信 著　陈志伟 译
199. 高丽时代宋商往来研究　[韩]李镇汉 著　李廷青 戴琳剑 译　楼正豪 校
200. 中国近世财政史研究　[日]岩井茂树 著　付勇 译　范金民 审校
201. 魏晋政治社会史研究　[日]福原启郎 著　陆帅 刘萃峰 张紫毫 译
202. 宋帝国的危机与维系:信息、领土与人际网络　[比利时]魏希德 著　刘云军 译
203. 中国精英与政治变迁:20世纪初的浙江　[美]萧邦奇 著　徐立望 杨涛羽 译　李齐 校
204. 北京的人力车夫:1920年代的市民与政治　[美]史谦德 著　周书垚 袁剑 译　周育民 校
205. 1901—1909年的门户开放政策:西奥多·罗斯福与中国　[美]格雷戈里·摩尔 著　赵嘉玉 译
206. 清帝国之乱:义和团运动与八国联军之役　[美]明恩溥 著　郭大松 刘本森 译
207. 宋代文人的精神生活(960—1279)　[美]何复平 著　叶树勋 单虹泽 译
208. 梅兰芳与20世纪国际舞台:中国戏剧的定位与置换　[美]田民 著　何恬 译
209. 郭店楚简《老子》新研究　[日]池田知久 著　曹峰 孙佩霞 译
210. 德与礼——亚洲人对领导能力与公众利益的理想　[美]狄培理 著　闵锐武 闵月 译
211. 棘闱:宋代科举与社会　[美]贾志扬 著
212. 通过儒家现代性而思　[法]毕游塞 著　白欲晓 译
213. 阳明学的位相　[日]荒木见悟 著　焦堃 陈晓杰 廖明飞 申绪璐 译
214. 明清的戏曲——江南宗族社会的表象　[日]田仲一成 著　云贵彬 王文勋 译
215. 日本近代中国学的形成:汉学革新与文化交涉　陶德民 著　辜承尧 译
216. 声色:永明时代的宫廷文学与文化　[新加坡]吴妙慧 著　朱梦雯 译
217. 神秘体验与唐代世俗社会:戴孚《广异记》解读　[英]杜德桥 著　杨为刚 查屏球 译　吴晨 审校
218. 清代中国的法与审判　[日]滋贺秀三 著　熊远报 译
219. 铁路与中国转型　[德]柯丽莎 著　金毅 译
220. 生命之道:中医的物、思维与行动　[美]冯珠娣 著　刘小朦 申琛 译
221. 中国古代北疆史的考古学研究　[日]宫本一夫 著　黄建秋 译
222. 异史氏:蒲松龄与中国文言小说　[美]蔡九迪 著　任增强 译　陈嘉艺 审校
223. 中国江南六朝考古学研究　[日]藤井康隆 著　张学锋 刘可维 译
224. 商会与近代中国的社团网络革命　[加]陈忠平 著
225. 帝国之后:近代中国国家观念的转型(1885—1924)　[美]沙培德 著　刘芳 译
226. 天地不仁:中国古典哲学中恶的问题　[美]方岚生 著　林捷 汪日宣 译